메이저리그
전설들
2

메이저리그
전설들
2

마구를 던진 투수들

김형준 · 이창섭
지음

북콤마

일러두기

- 책 속의 인명은 국립국어원의 외래어 표기 용례와 표준국어대사전을 따랐다.
  다만 몇몇 선수들의 인명(릭 밴덴헐크 등)은 오래 사용해 굳어진 것을 그대로
  유지했다.

- 선수들의 프로필과 공식 기록은 베이스볼 레퍼런스를 따랐다.

- 투수의 성적을 적을 때는 승수와 패수, 평균자책점 순으로 함께 적었다.

- 선수들의 데뷔 연도는 메이저리그 데뷔 연도에 따랐다. 새철 페이지도 니그로리그
  데뷔 시점이 아니라 클리블랜드 인디언스에서 데뷔한 시점에 따라 배치했다.

- 선수들의 나이를 언급할 때는 대부분의 경우 만 나이를 적었다.

타자를 공격하다: 투수, 야구의 진정한 주인공

야구는 아홉 번 공격하고, 아홉 번 방어한다. 공격은 타자가 하고, 방어는 투수와 투수를 돕는 수비수들이 한다.

하지만 뒤집어 생각하면 어떨까. 투수가 공을 던지는 것으로, 게임은 시작된다. 먼저 공격하는 쪽은 투수다. 안타를 치든, 볼넷을 고르든, 타자는 투수의 선공을 이겨내야 한다. 스트라이크를 던지는 데 두려움이 없었던 클리프 리는 공격수attacker였다. 스트라이크존을 공격하려면 자신을, 자신이 던지는 공을 신뢰해야 한다.

태초에 투수의 역할은 타자에게 '치기 좋은 공'을 제공하는 것이었다. 콜드 스트라이크라는 개념이 없어서, 마치 홈런더비처럼, 타자는 투수의 공을 마음대로 골라 칠 수 있었다. 그 대신 투수를 너무 힘들게 하지 않아야 한다는 불문율(gentleman rule)이 있었다. 야구는 신사의 스포츠라는 말이 나왔던 이유다.

야구가 진정한 야구로 거듭난 것은 투수의 반격이 시작되면서부터다. 조연이 되기를 거부한 투수들은 '치기 어려운 공'을 던지기 위한 방법을 찾아 나섰다.

야구공에 있는 108개 실밥(seam)을 다양하게 이용한 변화구들이 탄생했으며, 속도를 조절하기 위한 노력들이 더해졌다. 역대 최다승 좌완 워런 스판의 유명한 말 '타격은 타이밍, 피칭은 타이밍 빼앗기'는 속도 조절의 개념을 설명한 것이다.

때로는 파격이 답이 됐다. 투수는 공에 더 많은 회전을 걸기 위해 노력한다. 더 많은 회전이 걸린 공은 제구가 쉬워지며, 대체로 더 좋은 움직임을 만들어낸다. 하지만 나비처럼 비행하는 너클볼은 회전을 최대한 없애기 위해 노력한 '상식 파괴'의 공이다. 한 세대에 한 명이 나올까 말까 한 너클볼 투수들은 마치 무공의 문파를 이어가듯 자신의 비기를 다음 투수에게 전수한다.

비열한 방법도 등장했다. 칼 메이스가 던진 공에 레이 채프먼이 맞고 사망하는 사건으로 인해 담배를 씹어 나온 물을 묻혀 던지는 스핏볼이 금지된 1920년 이후에도, 일부 투수들은 물리법칙을 뒤틀 수 있는 부정 물질을 찾아내려고 노력했다. 부정 투구의 대가였던 1970년대 투수 게일로드 페리는 "소금과 후추, 초콜릿 시럽을 빼고는 다 테스트했다"고 고백했다. 부정 투구 논란은 현재까지 이어져, 스트롱맨 대회에서 돌을 들어 올릴 때 쓰는 제품이 유행함에 따라 생긴 파인타르 논란이 2021년 메이저리그를 강타했다.

피칭의 가장 큰 매력은 정답이 정해져 있지 않다는 것이다. 1948년생으로 2021년까지 휴스턴 애스트로스의 투수코치로 활동한 브렌트 스트롬Brent Strom의 지론은 "타자는 약점을 보완해야 하는 반면, 투수는 강점을 극대화해야 한다"는 것이었다. 피칭의 진정한 매력은 투수가 찾아야 하는 강점이 저마다 다르다는 것이다.

타자의 타이밍을 빼앗는 가장 확실한 방법은, 타자가 칠 수 없는 빠른 공을 던지는 것이다. 강속구는 정공법이다. 2021년 시속 99마일(159킬로미터) 패스트볼과 92마일(148킬로미터) 체인지업을 던진 제이컵 디그롬은 '빠른 공과 더 빠른 공'을 던진 대표적인 투수다.

하지만 정반대의 방법도 통한다. 2012년 49세 150일 나이에 역대 최고령 선발승을 달성한 제이미 모이어가 그해 던진 공은 78마일(125킬로미터) 패스트볼과 72마일(116킬로미터) 체인지업이었다. '느린 공과 더 느린 공'을 던진 덕분에 부상에서 자유로웠던 모이어는 33세까지 72승에 그쳤지만 34세부터 197승을 기록함으로써 269승으로 은퇴할 수 있었다.

피칭의 환경은 달라지고 있다. 마운드에 오를 때마다 퍼펙트게임이 목표였다고 한 샌디 코팩스는 마지막 시즌이었던 1966년에 41번 선발로 나서 27번 완투했다. 스티브 칼턴은 투수 역사상 최고의 시즌으로 꼽히는 1972년에 41경기 중 30경기에서 완투하고 346.1이닝을 소화했다. 그러나 2021년 메이저리그에서 나온 '진짜 완투'(8이닝 이상)는 모두 합쳐 33번에 불과했다.

완투를 목표로 했던 선발투수의 책임이 줄어들면서, 5년 전만 해도 존재하지 않았던 용어들(오프너, 벌크 가이, 탠덤 투수)이 생겨났다. 그와 함께 경기를 시작하는 투수에 대한 기대감도 줄었다. 선발투수는 더 이상 경기의 주인공이 아니다.

1995년의 이상훈을 잊지 못한다. 비록 TV 앞이나 관중석에 있었지만, 나는, 이상훈과 함께 마운드에 올랐다. 그가 무수한 역경을 이겨내고 본인이 시작한 경기를 본인이 끝내는 순간을 12번 함께했다. 잘 던지든 못 던지든, 이상훈이 등판한 경기의 주인공은 이상훈이었다. 아직도 그때의 야구를 잊지 못한다.

선발투수는 다시 야구의 주인공이 될 수 있을까. 그때를 그리워하는 독자들과 시간을 공유하고 싶다.

김형준, 이창섭

차례

데드볼을 던진 투수들

홈런과 맞서 싸우다

월드시리즈를 지배하다

3000K 4000K 5000K

1990년대 몬스터들

우리 시대의 에이스들

야구의 설계자들

데드볼을 던진 투수들

메이저리그는 1920년을 기점으로 데드볼 시대와 라이브볼 시대로 나뉜다. 공의 반발력이 달랐다. 같은 야구였지만, 야구를 하는 방식이 달랐다.

공의 반발력이 떨어지면 홈런이 잘 나오지 않는다. 하지만 홈런이 적다고 해서 득점이 적은 건 아니었다. 타자들은 정확성을 높였고, 주자들은 적극적으로 뛰었다. 규정이 확립되지 않은 과도기였기 때문에 투수와 타자가 모두 힘들었다.

데드볼 시대의 투수들은 초인적인 힘을 발휘했다. 투수 한 명이 경기를 책임지는 것이 일반적이었다. 선발투수가 중간 투수이자 마무리 투수였다. 데드볼 시대의 선발투수 완투는 한 시즌 1000회가 훌쩍 넘었다. 1904년에 나온 완투 경기는 지금으로선 상상할 수 없는 2187회였다(2021년 50회).

사이 영은 역대 최다 완투 1위에 올라 있다(749회). 최다승(511승)과 최다 이닝(7356이닝)도 범접할 수 없다. 영은 역사상 가장 앞쪽 첫 번째 출발선에 있었던 최고의 투수였다.

이 장에서는 영과 더불어 선구자 역할을 한 투수들을 만나볼 수 있다.

사이 영, 511승의 전설

**이른 아침부터 늦은 밤까지 노력할 의지가 없는 사람은
투수가 될 생각을 하지 말라.** _사이 영

사이 영 Denton True "Cy" Young, 1867~1955

투수, 우투우타

활동 기간 1890~1911(22시즌)

메이저리그에서 한 해 최고의 활약을 한 투수에게 주는 상이 사이영상이다. 그렇다고 사이 영이 역대 최고의 투수였던 것은 아니다. 물론 영은 511승이라는 위대한 업적을 남겼다. 하지만 1956년에 신설된 최고투수상에 그의 이름이 붙은 것은 전해 그가 사망한 것이 크게 작용했다. 찬반 투표에서 찬성이 과반을 겨우 넘겼다.

영의 최고의 무기는 꾸준함이었다. 풀타임으로 뛴 22년간 부상을 한 번도 당하지 않았고, 승리(511) 외에도 패전(315), 선발(815), 이닝(7356), 완투(749), 자책점(2147), 피안타(7092) 등 최다에 관련된 투수 기록을 거의 다 갖고 있다.

영은 사흘마다 마운드에 올랐고 특별한 일이 없는 한 끝까지 던

졌다. 이틀 간격으로 18일 동안 9경기에 선발로 나선 적도 있었다. 그러고도 팔에 아무런 문제가 생기지 않았으며 마지막 시즌이 되어서야 처음으로 통증을 느꼈다.

영은 30승을 5번이나 달성했다. 20승 이상 시즌도 15회에 달했다(2위는 크리스티 매튜슨과 워런 스판의 13회). 오히려 20승을 달성하지 못한 시즌이 더 적었다(7회). 첫 시즌과 마지막 두 시즌을 제외한 19년간 연평균 26승을 기록하고 364이닝을 던졌다.

영은 선발 경기의 91.9퍼센트를 완투했다. 완투가 흔했던 당시 기준에서도 이례적인 성공률이다. 1890년에는 더블헤더 1차전과 2차전에서 모두 완투하기도 했으며, 21이닝 무볼넷의 완투를 만들어낸 적도 있다. 1909년에는 수비 실책이 8개 나온 경기에서 14실점 완투승을 따내기도 했다.

하지만 영은 강력함의 척도라고 할 수 있는 평균자책점과 탈삼진 타이틀은 두 번씩 만드는 데 그쳤다. 완봉도 역대 1위가 아니라 4위(76)다. 다승은 영보다 100승 가까이 적지만(417승), 평균자책점 타이틀 5번과 탈삼진 타이틀 12번을 만들어내고 완봉 역대 1위(110)에 올라 있는 월터 존슨이 이 부문들에서 역대 최고의 투수로 꼽힌다.

그렇다고 영이 위력과 거리가 멀었던 것은 아니다. 영은 20세기 최초의 퍼펙트게임 달성자이자 샌디 코팩스가 나타나기 전까지 노히트노런을 가장 많이(3경기 중 1경기는 실책 4개 때문에 퍼펙트게임이 되지 못했다) 달성한 투수였다. 타이 콥이 많은 안타를 위해 방망이를 벌려 잡았던 것처럼, 영도 당시 투수 최고의 덕목인 많은 이닝을 소화하기 위해 삼진이라는 원초적 즐거움을 포기했다.

효율을 택하다

사이 영은 투구 수를 줄이기 위해 철저히 맞혀 잡았다. 몸을 풀 때 조차 공을 아껴 던졌다. 영의 투구 수는 이닝당 10개 내외로, 당시 기준에서도 유별나게 적었다. 영은 역시 데드볼 시대 투수이자 역대 이닝 2위인 퍼드 갤빈Pud Galvin보다 1300이닝을 더 던졌다. 그리고 42세 시즌인 1909년에도 리그에서 네 번째로 많은 295이닝을 소화했다. 은퇴할 무렵 영은 "요즘 투수들은 공을 쓸데없이 많이 던져. 그러니 오래 버틸 수 없지"라며 혀를 찼다.

영은 최고의 제구력을 자랑했다. 통산 9이닝당 1.49개 볼넷은 1900년대 초반 컨트롤 아티스트였던 크리스티 매튜슨(1.59)이나 20세기 최고의 제구력 투수인 그레그 매덕스(1.80)를 넘어선다(매덕스는 고의사구를 제외하면 1.48개가 된다). 게다가 1890년대 스트라이크존은 엄청나게 좁았다. 9이닝당 최소 볼넷에서 매튜슨이 7번, 매덕스가 9번 리그 1위에 오른 반면 영은 14번 1위에 올랐다.

영은 네 가지 딜리버리를 구사했다. 특히 오버핸드와 사이드암으로 던지는 두 가지 커브는 타자를 큰 혼란에 빠뜨렸다. 우타자의 몸쪽으로 위협적인 사이드암 커브를 던져 홈플레이트에서 떨어뜨려 놓은 다음, 바깥쪽 낮은 코스로 오버핸드 패스트볼을 찔러 넣는 것이 대표적인 패턴이었다. 영은 천재적인 기억력을 갖고 있었을 뿐 아니라, 당시 투수들이 생각하지 못한 디셉션(숨김 동작)의 개념도 알고 있었다.

사람들이 월터 존슨을 안타까워하는 이유 중 하나는 그가 21년간 뛴 워싱턴 세너터스가 약팀의 대명사였다는 것이다. 하지만 존슨이 활동한 기간 워싱턴의 승률은 생각보다 좋은 0.492였다. 반면 영이 활약한 팀들의 합산 승률은 그보다 못한 0.473이다. 1900년대 초반의 보스턴 레드삭스를 제외하면 영은 대부분 약팀에서 뛰었다. 그러면서 0.599로 아깝게 6할 승률을 놓친 존슨과 달리 통산 0.618을 기록했다.

영의 본명은 덴턴 트루 영이다. '사이'라는 이름은 마이너리그에서 그의 공을 받던 포수가 "공이 사이클론처럼 빠르네"라고 말한 데서 비롯됐다. "월터 존슨과 에이머스 루지Amos Rusie는 막상막하였다. 하지만 영은 그들보다 더 빨랐다"고 호너스 와그너는 증언한다.

영과 가장 많이 호흡을 맞춘 포수 치프 짐머Chief Zimmer는 통증을 참지 못하고 손과 글러브 사이에 두툼한 고깃덩이를 넣기도 했다. 메이저리그가 홈플레이트와 투수판 간 거리를 1887년 50피트(15.24미터)에서 55피트 6인치(16.92미터)로 늘렸다가 1890년 다시 60피트 6인치(18.44미터)로 늘린 이유는 에이머스 루지와 영 때문이었다.

보스턴, 퍼펙트게임

사이 영은 1867년 오하이오주 길모어에서 오렌지 농장을 운영하는 농부의 5남매 중 첫째로 태어났다. 영은 공 대신 오렌지를 갖고 놀았다. 영이 야구 못지않게 진심으로 사랑한 것은 농사였다. 선수들은 오프시즌을 농사일로 보내는 그를 '농사꾼 영'(Farmer Young)이라고 불렀다. 영은 체력 유지의 비결로 하루 5킬로미터 달리기와 함께 농사일을 꼽았다.

1890년 클리블랜드 스파이더스에서 데뷔한 영은 이듬해 27승을 거두고 에이스로 도약했다. 그에 반한 시카고 콜츠(현 시카고 컵스)의 구단주 겸 선수인 캡 앤슨은 "우리가 제대로 키워보겠다"며 트레이드를 제의했지만 클리블랜드는 거절했다.

영은 1898년까지 9년간 241승을 올렸다. 하지만 재정 위기에 봉착한 클리블랜드는 세인트루이스 퍼펙토스(현 세인트루이스 카디널스)의 구단주에게 넘어갔고, 영은 주축 선수 대부분과 함께 세인트루이스로 보내졌다. 알맹이가 빠져나간 클리블랜드는 1899년 20승 134패를 기록하고 내셔널리그에서 퇴출됐다.

영은 세인트루이스를 좋아하지 않았다. 연봉도 불만스러웠다. 결국 2년 후 당시 최고액인 3500달러 연봉을 받고 신생 아메리칸리그의 보스턴 아메리칸스(현 보스턴 레드삭스)로 옮겼다.

1901년 서른네 살에 보스턴에 온 영은 20세기 첫 트리플 크라운을 달성하고 팀 승리의 41.8퍼센트에 해당하는 33승을 올렸다. 이 기록은 1972년이 되어서야 스티브 칼턴(45.8퍼센트)에 의해 경신됐다.

영은 보스턴에서 첫 3년간 다승 타이틀을 휩쓸며 93승(30패)을 거두고, 1903년에는 제1회 월드시리즈에서 피츠버그 파이리츠를 상대로 초구를 던진 투수가 됐다. 보스턴이 아메리칸리그의 첫 번째 최강팀으로 등장할 수 있었던 것은 영 덕분이기도 했다. 영이 8년간 올린 192승은 로저 클레멘스의 192승과 함께 아직도 보스턴 최다승으로 남아 있다(3위 팀 웨이크필드Tim Wakefield 186승).

1904년 영은 4월 중순부터 5월 중순까지 44이닝 연속 무실점과 함께 24.1이닝 연속(73타자 연속) 무피안타 기록을 세웠다. 이때 연속 이닝 무안타 기록은 디트로이트 타이거스의 샘 크로포드Sam Crawford에 의해 저지됐다. 하지만 영은 그 경기(5월 11일)에서도

15이닝을 던져 1대 0의 완봉승을 따냈다.

그사이에는 이런 일도 있었다. 당대 최고의 왼손 투수였던 필라델피아 어슬레틱스(현 오클랜드 어슬레틱스)의 루브 웨델Rube Waddell은 1904년 5월 2일 보스턴전에서 1안타 완봉승을 따낸 후, 영이 겁을 먹어 자신을 피했다고 발언해 그의 심기를 건드렸다.

자존심이 상한 영은 사흘 뒤인 5월 5일 루브 웨델과 격돌해 생애 유일의 퍼펙트게임을 만들어냈다. 아메리칸리그의 첫 퍼펙트게임이기도 했다. 영의 퍼펙트게임은 역대 세 번째였지만 야구가 지금의 모습을 갖춘 1893년 이후로는 처음이었다(앞선 두 개가 탄생한 1880년은 투수와 포수 간 거리가 45피트였으며, 타자는 8개 볼을 골라내야 걸어 나갈 수 있었다. 투수는 사이드암 투구만 허용됐다). 이 경기에서 영이 상대한 27번째 마지막 타자는 다름 아닌 웨델이었다. 웨델이 플라이 아웃으로 물러나자 영은 그를 향해 "이건 어때? 촌뜨기야!"라고 일갈했다. 영은 자신이 대기록을 세운 것을 경기가 끝나고 알았다.

1905년 7월 둘은 다시 맞붙었는데 이번에는 루브 웨델이 20이닝을 완투해 승리했다. 2대 2로 맞선 연장 20회에 영이 내준 두 점은 모두 비자책점이었다. 영과 웨델은 1907년 격돌할 때도 둘 다 13이닝 동안 무실점을 기록하고 물러나는 등 팽팽한 라이벌 관계를 유지했다.

클리블랜드, 은퇴

타자로서의 능력도 출중했던 사이 영은 1904년 0.321의 높은 타율을 기록했으며, 1893년부터 1896년까지 4년간 무려 94타점을 올리기도 했다(통산 18홈런 290타점).

1908년 영은 41세 3개월 나이에 세 번째 노히트노런을 달성했다. 이는 1990년 43세의 놀란 라이언이 만들어내기 전까지 82년간 최고령 기록이었다. 그해 아메리칸리그는 시즌을 잠시 중단하고 영이 선발로 나서는 보스턴과 리그 올스타 간 기념경기('사이 영 데이')를 열었다. 그해 영은 평균자책점 1.26을 기록했다.

하지만 시즌 후 보스턴은 1만 2500달러를 받고 영을 클리블랜드 냅스(현 클리블랜드 인디언스)로 넘겼다. 나중에 1920년 보스턴이 베이브 루스를 뉴욕 양키스로 넘기고 받은 돈은 영을 넘기며 챙긴 돈의 정확히 열 배인 12만 5000달러였다.

클리블랜드로 돌아온 첫해인 1909년, 마흔두 살의 영은 팀 내 최다인 19승을 올렸다. 하지만 이듬해에는 7승에 그쳐 20년 만에 10승 달성에 실패했다. 영은 여전히 경쟁력 있는 피칭을 할 수 있었다. 그러나 몸이 불어나면서 수비력이 현저히 떨어졌다. 타자들은 이를 눈치 채고 기습 번트를 대 그를 괴롭혔다.

1911년 시즌 중 영은 다시 내셔널리그의 보스턴 러슬러스(현 애틀랜타 브레이브스)로 넘겨졌다. 그해 9월 1대 0 완봉승을 올려 511승째를 장식했다. 하지만 다음 두 경기에서 상대한 타자 8명에게 모두 안타를 허용하면서 은퇴를 결심한다(그중 4개는 번트히트였다). 영이 유니폼을 벗으면서 내뱉은 한탄은 "이거, 번트 때문에 은퇴하는군"이었다.

1936년 명예의 전당이 처음 생기고 타이 콥과 베이브 루스를 비롯한 5인이 처음으로 헌액되는 영광을 안았다. 하지만 투표에서 90.7퍼센트를 얻은 크리스티 매튜슨, 83.6퍼센트를 받은 월터 존슨

마지막 시즌인 1911년
클리블랜드 냅스에서 뛰던
44세의 사이 영.
사진 Charles M. Conlon

과 달리 영은 49.1퍼센트에 그쳐 탈락했다. 이듬해 영은 투표를 통과했다. 하지만 득표율은 76.1퍼센트로 냅 래저웨이(83.6퍼센트)와 트리스 스피커(82.1퍼센트)보다 낮았다.

　은퇴한 뒤 영은 고향에서 농사를 지었다. 소박한 농부의 삶을 살았다. 영은 어린 시절 옆집에 살던 친구였던 아내와도 50년 넘게 해로했다. 남북전쟁이 끝난 직후인 1867년에 태어난 영은 한국전쟁이 끝난 직후인 1955년 88세를 일기로 사망했다. 흔들의자에서 맞이한 편안한 죽음이었다.

크리스티 매튜슨, 핀포인트 제구와 스크루볼

나는 얻어맞은 공 하나하나를 기억하고 있다. _크리스티 매튜슨

크리스티 매튜슨 Christopher "Christy" Mathewson, 1880~1925

투수, 우투우타

활동 기간 1900~1916(17시즌)

1936년 첫 번째 명예의 전당 투표에서 헌액 기준을 통과한 선수는 다섯 명이다. 타이 콥과 베이브 루스, 호너스 와그너가 포함된 이들은 '최초의 5인'으로 불린다. 최고의 투수 월터 존슨도 당당히 이름을 올렸다. 하지만 득표율에서 존슨을 넘어선 투수가 있다. 크리스티 매튜슨(373승 188패 2.13)이다. 매튜슨은 득표율 90.7퍼센트를 기록해 83.6퍼센트를 얻은 존슨을 제쳤다. 그해 투표에서 사이 영이 49.1퍼센트, 피트 알렉산더가 24.3퍼센트였다는 것은 당시 매튜슨의 위상이 얼마나 대단했는지를 말해준다.

매튜슨은 통산 372승을 올리고 은퇴했다. 하지만 1940년대에 가서 누락된 1승(1912년 5월 21일)이 발견되면서 피트 알렉산더

(373승)와 함께 역대 다승 공동 3위와 내셔널리그 최다승 기록을 공유하게 됐다. 통산 평균자책점 2.13은 4000이닝 이상을 던진 투수 중 최고 기록(월터 존슨 2.17)이다. 기준을 3000이닝으로 낮추더라도 모르데카이 브라운(2.06) 다음이다. 1903년에 기록한 267삼진의 내셔널리그 기록은 1961년이 돼서야 샌디 코팩스에 의해 깨졌다.

최초의 슈퍼스타

월터 존슨이 최고의 구위를 뽐냈다면 크리스티 매튜슨은 최고의 제구력을 자랑했다. 통산 9이닝당 1.59개 볼넷은 볼넷이 말 그대로 '볼 넷'(최초는 9개였다)이 된 이후 활동한 3000이닝 이상 투수 중 가장 적다(그레그 매덕스 1.80개).

매튜슨이 1913년에 기록한 '68이닝 연속 무볼넷' 기록은 1962년이 돼서야 빌 피셔Bill Fischer(84.1이닝)에 의해 경신됐다. 내셔널리그에서는 2001년 그레그 매덕스가 72.1이닝의 새 기록을 세우기 전까지 90년 가까이 계속됐다.

매튜슨은 선발 경기의 79퍼센트를 완투했으며, 1901년부터 1914년까지 14년간 연평균 321이닝을 던졌다. 물론 이는 그가 데드볼 시대 투수인 덕분이기도 했지만, 대체로 75~80개 공을 던져 완투할 수 있었기 때문이다.

또 그는 만루 상황에서 수비 포메이션을 직접 고안할 정도로 똑똑했다(이는 매튜슨의 별명을 따 '매티 시스템matty system'으로 불렀다). 매튜슨은 항상 노트를 갖고 다니며 야구를 연구했다.

그를 대표하는 공은 스크루볼이었다. 매튜슨은 1898년 마이너리그 팀의 선배에게 스크루볼을 배운 뒤 뼈를 깎는 노력을 통해 최고의 무기로 만들었다. 하지만 매튜슨은 스크루볼을 던질 때마다 팔이 산산조각 나는 듯한 고통을 느꼈다. 이에 스크루볼을 경기당 10개 내외로 한정해 결정적 순간에만 던졌고, 이는 롱런의 중요한 발판이 됐다.

매튜슨은 메이저리그에 처음 등장한 슈퍼스타이기도 했다. 최고의 실력뿐 아니라 금발과 푸른 눈의 잘생긴 외모, 신사적인 매너까지 갖춰 남녀노소 모두의 사랑을 받았다. 당시 미국의 사내아이들 사이에서는 매튜슨의 와인드업을 따라 하는 것이 유행이었다. 미키 맨틀의 시대에 태어난 많은 사내애에게 '미키'라는 이름이 붙여진 것처럼, 매튜슨의 시대에 태어난 많은 아기가 '크리스토퍼'라는 이름을 얻었다.

동료들 사이에서 '매티'로 불린 매튜슨에게는 '빅 식스Big Six'라는 또 다른 별명이 있다. 여기에는 그가 당시로서는 상당히 큰 6피트 2인치(188센티미터)의 장신이었기 때문이라는 설과 당시 전국적인 유명세를 떨치던 소방차의 이름에서 따온 것이라는 설이 있다.

뉴욕 자이언츠

펜실베이니아주 농가에서 태어난 크리스티 매튜슨은 법률가가 되기를 바라는 부모님의 뜻에 따라 버크넬대에 진학했다. 하지만 야구팀의 에이스이자 미식축구팀의 필드골 키커였던 그는 야구에 대한 열정을 참지 못하고 어머니에게 야구 선수가 되겠다고 했다. 당시까지만 해도 야구 선수는 술과 도박을 일삼는 '방탕아' 이미지가 강했다. 매튜슨은 걱정하는 어머니 앞에서 신사적인 선수가 될 것이며 반드시 안식일을 지키겠다고 약속했다. 실제 은퇴할 때까지 한 번도 일요일 경기에 나서지 않았다.

1900년 열아홉 살의 매튜슨이 버지니아리그 노포크에서 20승 2패의 인상적인 성적을 거두자, 뉴욕 자이언츠(현 샌프란시스코)가 1500달러를 지불하기로 하고 그를 데려갔다.

자이언츠는 매튜슨을 곧바로 마운드에 올렸다. 그러나 그는 6경기에서 3패, 평균자책점 5.08에 그쳤다. 자이언츠는 매튜슨을 다시 노포크로 돌려보내면서 약속한 돈도 주지 않았다.

얼마 후 매튜슨은 신시내티 레즈의 차지가 됐다. 신시내티가 지불한 돈은 100달러였다. 하지만 신시내티는 매튜슨을 곧바로 다시 자이언츠로 넘겼다. 신시내티가 그를 넘기고 받은 선수는 부상을 입어 사실상 은퇴 상황에 있던 통산 246승 투수 에이머스 루지였다.

신시내티가 이런 트레이드를 한 이유는 신시내티의 구단주인 존 브러시John Brush가 뉴욕 자이언츠의 구단주이기도 했기 때문이다. 일부 구단주들은 복수의 구단을 거느릴 수 없다는 조항이 만들어지기 전까지 두 팀을 산 다음 우수한 선수들을 한 팀으로 몰아넣고 빈 껍데기가 된 팀을 되파는 행동을 했다.

존 브러시는 1900년 매튜슨을 신시내티에서 자이언츠로 옮기고, 1902년 신시내티 구단을 팔았다. 브러시는 뉴욕 양키스의 전신인 볼티모어 오리올스도 구입해 조 맥기니티Joe McGinnity 등 핵심 선수 다섯 명을 자이언츠로 데려온 다음 팔아치우기도 했다. 양키스가 초반에 고전을 면치 못한 건 그 때문이었다.

이로써 매튜슨을 트레이드한 일은 자이언츠의 역사상 최고 축복이자 신시내티의 역사상 최악의 참사가 됐다. 신시내티에서 한 경기도 뛰지 않고 건너간 매튜슨은 자이언츠에 373승을 안겼고, 자이언츠에서 234승을 올리고 건너온 에이머스 루지는 신시내티에서 1승도 거두지 못하고 은퇴했다.

풀타임 첫해인 1901년, 매튜슨은 20승 17패 2.41의 인상적인 성적을 올렸다. 그럼에도 매튜슨이 투수로서 대성할 수 없다고 생각한 호러스 포겔Horace Fogel 감독은 그에게 1루수와 유격수, 외야수 훈련을 시켰다. 이듬해 시즌 중반, 포겔이 해임되고 자이언츠의 감독으로 존 맥그로가 왔다. 다행히 맥그로는 포겔과 생각이 달랐다. '투수 매튜슨'은 이렇게 사라질 뻔한 위기를 넘겼다.

존 맥그로를 만나다, 12년간 평균 27승

존 맥그로는 크리스티 매튜슨과 정반대의 인물이었다. 매튜슨은 188센티미터 장신이었지만, 맥그로는 170센티미터 단신이었다. 매튜슨이 신사적인 플레이를 중시한 것과 달리, 맥그로는 선수 시절 타이 콥보다 먼저 과격한 슬라이딩을 한 거친 플레이의 대명사였다(지금도 거친 플레이를 용납해야 한다는 주장에는 '맥그로이즘McGrawism'이라는 이름이 붙어 있다). 매튜슨의 또 다른 별명 중 하나가 '크리스천 젠틀맨'이었다면 작은 키에 카리스마 넘치던 맥그로의 별명은 '리틀 나폴레옹'이었다. 일곱 살 차이가 나는 둘은 이러한 상반된 모습에도 절친한 친구가 됐고, 오랫동안 한 아파트에서 같이 살았다.

매튜슨은 1903년 존 맥그로와 함께한 첫 번째 풀타임 시즌에 30승을 올리는 것을 시작으로, 1914년까지 12년간 최소 22승, 연평균 27승을 질주했다. 1905년(31승 9패 1.29)과 1908년(37승 11패 1.43)에는 트리플 크라운을 달성했으며, 1905년부터 1913년까지

9년간은 평균자책점 1위에 5번, 3위 내에 7번 오르며 내셔널리그 최고의 투수로 군림했다.

1903년 아메리칸리그 우승 팀인 보스턴 레드삭스를 두려워해 월드시리즈를 거부했던 뉴욕 자이언츠는 1905년 필라델피아 어슬레틱스를 꺾고 첫 번째 월드시리즈 우승을 차지했다. 매튜슨은 1차전에서 4피안타 완봉승, 이틀 쉬고 나선 3차전에서 또 4피안타 완봉승, 다시 하루 쉬고 나선 5차전에서 5피안타 완봉승을 거둬 엿새 동안 3회 완봉승을 달성하는 놀라운 활약을 펼쳤다. 27이닝을 던지는 동안 매튜슨이 내준 볼넷은 한 개였다.

매튜슨은 1911년, 1912년, 1913년 월드시리즈에서도 모두 위력적인 피칭을 했다. 그러나 자이언츠는 모두 우승에 실패했다. 매튜슨의 월드시리즈 통산 성적은 11경기에 선발로 나서 기록한 5승 5패 0.97이다. 10번 완투했으며 5승은 모두 완봉승이었다. 5번 완봉승은 지금까지 월드시리즈 최고 기록이다.

크리스티 매튜슨의 최대 라이벌은 그의 스크루볼과 궤적이 흡사한 '세 손가락 커브'를 던진 모르데카이 브라운(239승 130패 2.06)이었다. 1905년 첫 맞대결에서 둘은 나란히 8회까지 노히트노런을 이어가다 브라운이 9회 안타를 맞아 한 점을 내주면서 매튜슨이 노히트를 달성했다.

둘은 이후 무려 25차례나 맞대결을 펼쳤다. 1916년 시즌 중반 서른다섯 살의 매튜슨은 신시내티로 트레이드되면서 현역 은퇴를 선언하고 감독을 맡았는데, 시즌 막바지에 모르데카이 브라운(시카고 컵스)이 은퇴 경기를 위해 신시내티전에 나서자 오랜 라이벌의 마지

1905년 뉴욕 자이언츠 시절 크리스티 매튜슨(왼쪽부터)과 존 맥그로, 조 맥기니티

막을 빛내기 위해 매튜슨도 마운드에 올랐다. 승리투수는 9이닝 8실점으로 완투한 매튜슨이었다.

1918년 8월 매튜슨은 신시내티 감독 자리에서 물러나면서까지 제1차 세계대전에 참전했다. 서른일곱 살인 그는 이미 병역이 면제된 상황이었다. 뉴욕 자이언츠에서 계속 감독을 맡고 있던 존 맥그로는 먼 길 떠나는 그에게 설령 팔 하나를 잃고 돌아온다고 해도 일을 주겠다고 약속했다.

타이 콥과 함께 화학탄 부대에 배치된 매튜슨은 벨기에와 프랑스 전선에서 독가스를 들이마셨고, 이는 훗날 악성 폐결핵으로 진행되었다. 결국 매튜슨은 1925년 마흔다섯 살 나이에 요절했다. 세상을 떠난 날은 마침 월드시리즈 개막일이었다.

매튜슨은 패배와 거리가 먼 사람이었다. 그는 300승 투수 중 레프티 그로브(0.680) 다음으로 높은 승률(0.665)을 자랑한다. 비록 젊은 나이에 세상을 떠났지만 성공한 선수였으며 성공한 인간이었다. 그런데 그가 우리에게 남기고 떠난 말은 실패에 관한 것이다. "승리를 통해서는 적은 것을 배운다. 하지만 패배로부터는 모든 것을 배울 수 있다."

데드볼을 던진 투수들

모르데카이 브라운, 세 손가락 커브

내 뒤틀리고 초라한 손은 축복이었다. _모르데카이 브라운

모르데카이 브라운 Mordecai Peter Centennial Brown, 1876~1948

투수, 우투양타

활동 기간 1903~1916(14시즌)

Impossible is nothing. 한때 스포츠 브랜드의 광고 카피였던 이 문장은 이 선수를 위해 만들어진 듯하다. 손가락 세 개로 239승을 올린 모르데카이 브라운이다.

전체 이름은 모르데카이 피터 센테니얼 브라운. '모르데카이'는 삼촌, '피터'는 아버지의 이름을 물려받은 것이고, '센테니얼'은 미국 독립 100주년인 1876년에 태어났다고 해서 붙었다. 그해 내셔널리그도 출범했다.

그는 '세 손가락'이나 '광부'라는 별칭으로 더 유명했다. 이는 그가 눈물과 땀을 통해 불가능을 가능으로 바꾸고 얻은 별명이다.

브라운은 실제로 오른편 손가락이 세 개밖에 없었다. 그럼에도 통

산 239승 130패 2.06을 기록하고 명예의 전당에 올랐다. 평균자책점 2.06은 2000이닝 이상을 던진 투수 중 에드 월시Ed Walsh(195승 126패 1.82)와 애디 조스Addie Joss(160승 97패 1.89)에 이은 역대 3위의 기록이다. 기준을 3000이닝으로 올리면 1위다(2위 크리스티 매튜슨 2.13).

브라운은 일곱 살 때 삼촌 농장에서 옥수수 절삭기에 손을 집어넣는 사고를 당했다. 얼마 후 이번에는 토끼를 쫓아가다 나무 그루터기에 걸려 넘어져 손가락이 부러졌다. 두 차례 사고로 브라운은 오른손 검지의 대부분을 잃었으며 중지는 심하게 뒤틀렸다. 새끼손가락은 끝마디가 구부러진 채 마비됐으며, 엄지손가락도 마음대로 움직일 수 없게 됐다.

가난한 농부의 8남매 가정에서 태어난 브라운은 10대 때부터 석탄 광부로 일했다. 광부라는 별칭으로 불린 것도 그가 진짜 광부였기 때문이다. 탄광 일은 스물네 살까지 이어졌다. 하지만 브라운은 고된 일과 중에도 야구에 대한 꿈을 접지 않았다. 동네 야구팀의 스위치히터 3루수였던 그는 정상적인 왼손 대신 문제가 있는 오른손으로 공을 던졌다.

어느 날 그에게 운명적인 기회가 찾아왔다. 야구팀 내 유일한 투수에게 문제가 생겨 등판할 수 없게 된 것이다. 얼떨결에 마운드에 오른 브라운은 상대 타자들이 보고도 믿을 수 없는 공을 던졌다.

마구를 만들다
당시 투수들이 던지던 공은 패스트볼과 1870년대에 처음 등장한 커브, 제대로 던지는 투수가 거의 없었으며 당시도 위험천만한 구종

　　　　　　　　데드볼을 던진 투수들

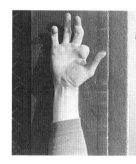

모르데카이 브라운의 손

으로 여겨지던 스크루볼, 공에 침을 발라 궤적에 변화를 주는 스핏볼이 전부였다. 모르데카이 브라운의 커브는 비정상적인 손가락을 가진 그만 던질 수 있는 유일한 공이었다. 공이 갑자기 테이블에서 떨어지는 것 같았다는 증언으로 볼 때, 지금의 포크볼이나 스플리터 같은 궤적을 갖고 있었던 것으로 보인다. 자연스런 역회전이 일어나는 스크루볼 같은 효과도 있었다. 타이 콥은 훗날 자신이 상대한 가장 어려운 공으로 브라운의 커브를 골랐다.

브라운은 이 공을 제대로 던지기 위해 고통과 싸우고 시련을 이겨냈다. 많은 투수가 비슷한 공을 던지려고 노력했지만 사실상 가운뎃손가락 하나에 의지해 던지는 그의 커브를 익힌 선수는 없었다. 그의 커브는 제구까지 완벽했다.

그가 던지는 공에 대한 소문은 발 없는 말이 천리 가듯 빠르게 퍼져나갔다. 지역 아마추어 팀에서부터 시작한 브라운은 세미프로와 마이너리그를 거쳐 1903년 세인트루이스 카디널스 유니폼을 입었다. 그의 나이 스물여섯 살 때였다.

1903년 브라운은 팀에서 가장 우수한 평균자책점(2.60)을 기록했다. 하지만 당시 세인트루이스는 리그 1위 피츠버그와 게임차가 46경기 반에 달하는 꼴찌 팀이었다. 브라운도 9승 13패에 그쳤다. 시즌이 끝나고 세인트루이스는 브라운을 다른 팀으로 넘겼다. 데뷔 전 승리의 제물로 삼았던 시카고 컵스였다.

시카코 컵스의 전성기

모르데카이 브라운은 컵스에서 전성기를 열었다. 1904년부터 1911년까지 8년간 181승을 쓸어 담았다. 게다가 틈날 때마다 구원 투수로 나서 팀의 승리를 지켰다. 세이브 개념이 만들어지고 그의 등판을 다시 따져보니 1911년의 13세이브를 포함해 통산 49세이브 가 나타났다. 대부분 3이닝을 초과하는 세이브였다.

브라운이 5년 연속으로 20승과 1점대 평균자책점을 기록한 1906~ 1910년은 시카고 컵스 역사상 최고의 전성기였다. 컵스는 1906년 116승을 올려 역대 최다승과 최고 승률(0.763)을 기록하는 등 5년간 평균 승률 0.693이라는 전무후무한 기록을 세웠다. 그리고 월드시리 즈에 4차례나 올라 1907년과 1908년 우승을 차지했다. 컵스 역사상 단 두 번뿐인 월드시리즈 우승이다(이른바 '염소의 저주'를 끝내고 108년 이나 지난 2016년 마침내 세 번째 우승을 해낸다). 브라운은 디트로이트 를 꺾은 두 차례 월드시리즈에서 3경기에 나서 3승, 평균자책점 제로 (20이닝 비자책 1실점)를 기록했다.

브라운은 1900년 이후 역대 2위에 해당하는 평균자책점 1.04(1위 1914년 더치 레너드 0.96)를 1906년에 기록하는 등 5년간 1.42를 기 록했다. 물론 당시는 점수가 적게 나는 데드볼 시대였다. 그러나 5년 간의 조정평균자책점 182는 샌디 코팩스가 '황금의 5년' 동안 기록한 167을 능가한다.

브라운을 최고의 투수로 만든 것은 그가 만들어낸 공만이 아니었다. 키 178센티미터에 몸무게 80킬로그램이던 그는 그때만 해도 큰 체구에 속했고, 당시 투수들이 기피하던 웨이트트레이닝을 병행해 누구보다도 강인한 몸을 유지했다. 또 당대 가장 뛰어난 투수 수비를 자랑했다. 고르지 못한 그라운드와 형편없는 글러브 때문에 실책이 속출하고 번트히트가 많다 보니 그의 수비는 큰 위력을 발휘했다.

앞서 말했듯이 브라운은 당대 최고 스타였던 크리스티 매튜슨의 최대 라이벌이기도 했다. 1905년 첫 맞대결에서 브라운과 매튜슨은 8회까지 둘 다 노히트노런을 이어갔다. 하지만 브라운이 9회 안타를 맞고 1점을 내주면서 노히터는 매튜슨의 차지가 됐다. 그러나 브라운은 '머클의 본헤드 플레이'(Merkle's Boner)*로 유명한 1908년 시즌 최종전까지 매튜슨과의 이후 9차례 대결에서 모두 승리했다. 베이스볼 페이지에 따르면 통산 25차례 대결에서 브라운의 성적은 13승 10패, 매튜슨은 11승 13패다.

34세 시즌인 1911년을 끝으로 하향세에 접어든 브라운은 1912년 5승에 그친 후 신시내티로 트레이드됐다. 페더럴리그에서 1914년과 1915년 시즌을 보냈고, 1916년 페더럴리그가 붕괴되자 옛 동료 조 팅커Joe Tinker가 감독으로 있는 시카고 컵스의 유니폼을 다시 입었다. 그의 나이 39세 때였다.

시즌 막바지인 노동절(9월 첫째 월요일)에 벌어진 시카고 컵스와 신시내티 레즈 간의 경기는 브라운과 크리스티 매튜슨, 두 오랜 라이벌의 마지막 맞대결이었다. 당시 신시내티의 감독이던 매튜슨은 브라운과의 마지막 경기를 위해 일부러 마운드에 올랐다. 경기가 끝난 후 승리를 거둔 매튜슨과 패전투수가 된 브라운은 긴 악수를 나눴다. 두 투수의 마지막 등판이었다.

브라운은 저서 〈커브 교본*How to Pitch Curves*〉의 마지막에 다음과 같은 글을 남겼다. "내 '행운의 손'이 언제나 당신들 곁을 지키고 있을 겁니다." 그에게 뒤틀린 오른손은 불운이 아니라 행운을 가져다주는 손이었다. 물론 불운을 행운으로 바꾼 이는 다른 누구도 아니라 바로 그 자신이었다.

＊ 머클의 본헤드 플레이: *1908년 9월 23일 시카고 컵스와 뉴욕 자이언츠가 내셔널리그 정상 자리를 놓고 시즌 최종전을 펼쳤다. 1대 1로 맞선 가운데 9회 말 2사 1루에서 자이언츠의 열아홉 살 신인 프레드 머클Fred Merkle이 안타를 쳐 1, 3루가 됐다. 그리고 후속 타자 알 브리드웰Al Bridwell이 중전 적시타를 때려 3루 주자가 홈으로 들어왔다. 이때 그대로 경기가 끝난 줄 안 일부 관중이 그라운드에 난입했고, 1루 주자 머클도 2루로 뛰어가다 중간에 클럽하우스로 들어가버렸다. 치명적인 주루 실수였다. 규칙상 포스아웃이 3번째 아웃이 되면 득점은 인정되지 않기 때문이다. 이 장면을 본 컵스의 2루수가 공을 받아 2루를 밟으면서 아웃을 잡아냈다. 뒤늦게 논란이 벌어졌지만 이날 경기는 1대 1 무승부로 처리됐다. 두 팀은 정규 시즌을 동률로 마쳐 그해 10월 8일 내셔널리그 우승팀을 가리기 위한 추가 경기를 치러야 했다. 이때 경기에서 컵스가 4대 2로 승리해 월드시리즈에 올라갔다. 사건 이후 머클의 별명이 '본헤드'가 됐고, 여기서 야구에서 어이없는 실수를 가리키는 '본헤드 플레이'라는 말이 생겼다.*

1916년 9월 4일에 열리는 크리스티 매튜슨과 모르데카이 브라운(오른쪽) 간의 매치업을 두고 광고하는 홍보 포스터. 그들의 마지막이자 25번째 대결이었고 브라운의 은퇴 경기였다.

월터 존슨, 최고의 우완

느린 와인드업이 끝나면 뭔가 나를 빠르게 지나갔다. _타이 콥

월터 존슨 Walter Perry Johnson, 1887~1946

투수, 우투우타

활동 기간 1907~1927(21시즌)

엄청난 위력의 패스트볼에는 흔히 '폭발적인'이라는 형용사가 따라붙는다. 하지만 지금으로부터 100년 전 메이저리그를 평정했던 월터 존슨의 패스트볼은 '보이지 않는'이라는 단어가 더 잘 어울렸다. 다음은 존슨의 패스트볼에 대한 여러 증언이다.

"뭐가 보여야 치든 말든 할 게 아닌가."(핑 보디Ping Bodie)

"그의 공을 제대로 본 적이 없다. 들어올 때마다 눈을 감았기 때문이다. 타자가 항의하지 않느냐고? 그들도 보이지 않기는 마찬가지다."(빌리 에번스Billy Evans 심판)

"처음 그를 상대했을 때 팔이 천천히 나오는 모습이 보였다. 그러다 갑자기 무언가 쌩 하고 지나갔다. 소리만 들릴 뿐이었다.(타이 콥)

월터 존슨의 별명 '빅 트레인'은 역대 메이저리거의 별명 중 손꼽히는 걸작이다. 존슨의 공에서 기차가 지나갈 때 나는 소리가 난다고 해서 붙여졌다. 방망이를 들고 철길 옆에 서서 자신을 향해 돌진하는 기관차를 기다린다고 생각해보라.

존슨은 1907년 데뷔해 1920년 어깨를 다치기 전까지 14년간 오직 패스트볼만 던졌다. 1910년부터 1919년까지 10년간은 연평균 27승 343이닝과 평균자책점 1.59를 기록했다. 어깨에 부상을 입은 뒤 던지기 시작한 커브 또한 위력이 대단했다. 이를 두고 동료 도니 부시Donie Bush는 "처음부터 커브를 섞어 던졌다면 불패의 투수가 됐을 것"이라고 했다.

존슨의 구속은 정확한 파악이 불가능하다. 하지만 1914년 한 실험에서 99.7마일(160킬로미터)이 나온 결과가 있다. 당시 다른 강속구 투수들보다 12마일(19킬로미터) 이상 빨랐으니 안 보일 만도 했다. 비정상적으로 긴 팔과 사이드암 모션 때문에 공이 더 빨라 보였다. 타자들의 공통적인 증언은 눈앞에서 채찍이 번쩍하는 모습밖에 기억나지 않는다는 것이다. 통산 타율 0.366를 기록한 타이 콥조차 "딱 수박씨만 하게 보인다"며 한숨을 쉬었다.

괴로움은 타자만의 것이 아니었다. 지금보다 훨씬 형편없는 미트를 쓴 포수들은 그야말로 죽을 맛이었다.

417승, 110완봉승

월터 존슨은 사이 영 다음으로 많은 417승을 올렸다. 하지만 영이 거둔 511승에는 한결 여유로운 피칭을 하던 1890년대에 올린 267승이 들어 있다. 영이 1911년에 은퇴한 반면, 존슨은 21년 중

8년이 1920년부터 시작된 라이브볼 시대에 들어간다.

존슨이 21년간 뛴 워싱턴 세너터스(두 번째 세너터스. 현 미네소타 트윈스)는 당시 아메리칸리그의 대표적인 약체 팀이었다. 존슨이 절정의 기량을 과시한 첫 14년간, 워싱턴은 7번이나 리그 꼴찌 또는 끝에서 두 번째에 위치했다. 만약 소속 팀이 워싱턴(14년간 승률 0.469)이 아니라 보스턴 레드삭스(같은 기간 승률 0.558)였다면, 역대 최다승 투수는 그가 됐을지도 모른다. 워싱턴이 승률 0.276을 기록한 1909년, 존슨은 평균자책점 2.22를 기록하고도 25패(13승)를 당했으며, 1916년에는 평균자책점에서 리그 3위(1.90)에 오르고도 25승 20패에 그쳤다.

통산 승률은 6할에서 1리가 모자란 0.599다. 그가 나서지 않은 경기에서 팀 승률은 0.462였다. 또 417승에서 279패를 빼면 +138이 나오는데, 그가 나서지 않은 경기에서 팀의 승패 차이는 -180이었다. 1910년부터 1919년까지 10년간 그가 올린 265승은 팀 승리의 35퍼센트에 해당한다.

완투 비율이 79.7퍼센트인 그는 666번 선발 등판을 하는 동안 또 136번이나 구원으로 나섰다. 이렇게 구원 등판을 하지 않았다면 완투 비율은 훨씬 높아졌을 것이다. 존슨은 구원투수로 나선 경기에서 40승 30패 34세이브를 기록했다.

110회 완봉승은 역대 최고 기록이다. 존슨을 제외하면 그 누구도 세 자릿수를 기록하지 못했다(2위 피트 알렉산더 90회). 16.5퍼센트의 완봉 비율(110/666) 역시 알렉산더(90/600), 크리스티 매튜슨(79/552), 사이 영(76/815)을 크게 능가한다. 또 여기에는 완봉승 중의 완봉승이라 할 수 있는 '1대 0 완봉승'이 38번이나 들어 있다. 이는

2위 알렉산더(17회)보다 21번이나 많은 것이다. 존슨은 팀이 한 점도 내지 못한 완투패(팀 완봉패)를 무려 65번이나 당했으며, 그중 26번은 '0대 1 완투패'였다. 이 역시 아무도 근접할 수 없는 기록이다.

평균자책점 2.17, 12번 탈삼진 1위

월터 존슨의 통산 평균자책점은 3000이닝 이상을 던진 투수 중 모르데카이 브라운(2.06)과 크리스티 매튜슨(2.13)에 이은 역대 3위 (2.17) 기록이다. 하지만 1927년에 은퇴한 존슨과 달리, 브라운과 매튜슨은 모두 라이브볼 시대 이전인 1916년에 유니폼을 벗었다.

최고의 시즌은 1913년이었다. 그해 존슨은 10연승, 11연승, 14연승을 기록하며 개인 최다인 36승(7패 1.14)과 243삼진을 잡아냈다. 이때 생애 중 세 번 달성한 트리플 크라운의 첫 번째를 만들어냈다 (세 번째이자 마지막 달성은 36세 시즌인 1924년에 있었다). 또 '56.2이닝 연속 무실점'이라는 메이저리그 신기록도 세웠다. 이는 훗날 돈 드라이스데일과 오렐 허샤이져Orel Hershiser에 의해 경신되지만, 두 기록 모두 대단히 유리한 환경과 심판의 도움이 적지 않게 작용했다.

1913년 시즌 마지막 날, 클라크 그리피스 감독은 팬서비스를 위해 존슨을 중견수로 내보냈다. 정신없이 뛰어다니다가 마운드에 올라온 존슨은 안타 두 개를 허용하고 다시 교체됐다. 그다음으로 마운드에 오른 선수는 포수였다. 결국 존슨이 내보낸 주자 둘이 모두 홈을 밟아 시즌 평균자책점이 1.09에서 1.14로 올랐다. 감독의 깜짝 이벤트만 없었다면 1913년 평균자책점은 1900년 이후 기록 중 역대 5위가 아니라 3위가 됐을 것이다.

역대 9위에 해당하는 3509개 탈삼진은 요즘 기준으로 생각하면 놀랍지 않을 수도 있다. 하지만 그의 시대는 타자들이 삼진을 극도로 꺼리던 시대였다. 존슨은 1974년 7월 17일 밥 깁슨이 3000번째 삼진을 잡기 전까지 반세기 동안 유일한 3000탈삼진 투수였다. 그의 통산 탈삼진 기록은 1983년 놀란 라이언과 스티브 칼턴이 나란히 넘어서기 전까지 56년간 최고 자리를 지켰다. 또 존슨은 탈삼진 부문에서 8연패를 포함해 통산 12번 리그 1위에 올랐는데, 이는 탈삼진 역대 1위인 놀란 라이언(5714)보다 한 번이 더 많은 숫자다(랜디 존슨 9회).

존슨은 무사 만루에서 공 9개로 연속 삼진 3개를 잡아내며 위기를 벗어난 적이 두 번 있었다. 그 제물은 각각 타이 콥, 샘 크로포드, 바비 비치Bobby Veach로 이어지는 디트로이트 타선과 트리스 스피커, 칙 갠딜, 엘머 스미스Elmer Smith로 이어지는 클리블랜드 타선 같은 대단한 타자들이었다. 콥과 크로포드, 스피커는 훗날 명예의 전당에 올랐다.

존슨은 제구까지 정상급이었다. 1913년에는 346이닝을 던지는 동안 38개 볼넷을 내줘 9이닝 평균 0.99개를 기록하기도 했다.

월터경

월터 존슨은 타이 콥과 정반대의 인성을 갖고 있었다. 앞서 살펴보았듯 콥이 선수 생활의 말년 때 기자들이 자기 앞에서 베이브 루스를 칭찬하자 두 경기에서 5개 홈런을 날리는 것으로 대답을 대신한 반면, 존슨은 한때 최고의 라이벌이던 스모키 조 우드에 대해 "나보다 뛰어난 투수"라며 언제나 겸손해했다.

당시 대부분 투수가 빈볼로 무기를 삼은 반면, 존슨은 스스로 "살

1924년 워싱턴 세너터스에서 함께 배터리를 이룬 포수 머디 루엘Muddy Ruel과 36세의 월터 존슨(오른쪽). 사진 National Photo Company

인 행위"라고 비난한 빈볼을 한 번도 던지지 않았다. 더 나아가 혹시라도 타자가 자신의 공에 맞고 죽을까 봐 되도록이면 몸 쪽 공을 던지지 않았다. 1920년 레이 채프먼Ray Chapman이 칼 메이스Carl Mays의 공을 맞고 사망한* 후로는 더욱 조심했다. 그럼에도 존슨이 역대 최다인 206개 몸 맞는 공을 기록한 것은 타자들이 너무도 빠른 그의 공을 피할 수 없어서였다.

타이 콥은 존슨의 여린 심성을 최대한 이용했다. 첫 번째 맞대결에서 번트히트를 뽑아낸 콥은 존슨을 상대할 때면 홈플레이트에 최대한 붙어 섰다. 다른 투수들 같았으면 몸 쪽 위협구가 날아들 행동이지만, 존슨은 그 대신 바깥쪽으로 승부했다. 그럼에도 콥은 존슨을 상대로 통산 타율이 0.233에 그쳤다.

1924년 워싱턴 세너터스가 처음으로 월드시리즈에 오르자 표를 구해달라는 주위 사람들의 부탁이 쇄도했다. 이에 존슨은 사비를 들여 모두에게 표를 사줬다(그해 워싱턴은 뉴욕 자이언츠를 4승 3패로 꺾고 창단 첫 월드시리즈 우승을 차지했다). 사람들은 온화하고 부드러운 인품을 가진 그를 '월터경' 또는 '백기사'로 불렀다.

1927년 시즌을 마지막으로 은퇴한 후 월터 존슨은 워싱턴 세너터스와 클리블랜드 인디언스에서 감독을 맡으며 커리어를 새로 썼다. 1929년부터 1935년까지 7년간 감독으로서 특출한 성적을 내지는 못했지만 5번의 위닝 시즌을 기록했다.

1936년 최초의 명예의 전당 투표에서 존슨은 득표율 83.6퍼센트를 기록해 타이 콥, 베이브 루스, 호너스 와그너, 크리스티 매튜슨과 함께 '최초의 5인'이 되는 영예를 안았다. 득표율이 90퍼센트에 미치지 못했던 것은 그때까지 뛴 모든 선수가 대상자였기 때문이다.

1920년 뉴욕타임스에는 다음과 같은 제하에 기사가 실렸다. 그리고 그 내용은 100년이 지난 지금도 유효하다. '야구라는 스포츠가 생긴 이래 최고의 투수가 나타났다.'

***레이 채프먼 사망 사건:** 1920년 8월 16일, 폴로그라운즈에서 열린 클리블랜드 인디언스와 뉴욕 양키스 간 경기에서 5회 초 인디언스의 선두 타자로 나선 레이 채프먼이 양키스의 투수 칼 메이스가 던진 몸 쪽 공에 머리를 맞아 그 자리에서 쓰러져 즉사했다. 빈볼인지 제구가 안 된 공이었는지는 확인되지 않았다. 당시엔 매 경기 새 볼을 쓴 것이 아니어서 흔히 흙과 침 등이 묻어 지저분해진 공은 타자에게 잘 보이지 않았다. 이후 타자의 헬멧 착용에 대한 논의가 시작됐고 스핏볼이 금지됐다. 메이저리그 역사상 경기 중에 사망한 선수는 채프먼이 유일하다.

피트 알렉산더, 비운의 373승

피트 알렉산더 Grover Cleveland "Pete" Alexander, 1887~1950
투수, 우투우타
활동 기간 1911~1930(20시즌)

영화 '백 투 더 퓨처'에서 주인공 마티 맥플라이(마이클 J. 폭스)는 타임머신을 타고 30년 전인 1955년으로 간다. 극장 간판에 걸려 있는 얼굴은 배우 로널드 레이건. 과거의 브라운 박사는 레이건이 훗날 대통령이 된다는 말을 듣고 어이없어한다(후속편에서 맥플라이는 30년 후인 2015년으로 갔다가 시카고 컵스가 마이애미 게이터스라는 팀을 꺾고 월드시리즈에서 우승한다는 소식을 듣는다).

라디오 방송국의 스포츠 아나운서로 사회생활을 시작한 로널드 레이건은 영화배우로서는 크게 성공하지 못했다. 배우노조 위원장 경력을 발판으로 삼아 정치에 발을 들여놓기 전까지 52편 영화에 출연했지만 그를 스타로 만들어준 영화는 없었다. 한편 레이건은 한 야구 선수의 인생을 다룬 영화 'The Winning Team'에서 주연을 맡았다. 영화로 만들어질 만큼 파란만장한 인생 스토리를 가진 선수는 피트 알렉산더였다.

피트 알렉산더가 메이저리그에서 거둔 성적은 화려하기 그지없다. 373승은 크리스티 매튜슨과 타이로, 사이 영(511), 월터 존슨(417)에 이은 역대 다승 3위이자 내셔널리그 최다승 기록이다. 1940년대에 매튜슨의 누락된 1승이 발견되기 전까지, 그는 역대 단독 3위이자 내셔널리그 단독 1위라는 대접을 받았다.

알렉산더는 평균자책점에서 4번, 다승과 탈삼진과 완투에서 6번, 이닝과 완봉에서 7번이나 리그 1위에 올랐다. 워런 스판만이 다승(8회)과 완투(9회)에서 그보다 많은 타이틀을 차지했으며, 이닝과 완봉에서 더 많은 타이틀을 따낸 선수는 없다.

알렉산더(90회)보다 더 많은 완봉승을 올린 선수는 월터 존슨(110회)뿐이며, 더 많은 '1대 0 완봉승'(17회)을 따낸 선수 또한 존슨(38회)뿐이다. 역사상 트리플 크라운을 세 번 달성한 투수도 그와 존슨, 샌디 코팩스뿐이다.

레너드 코페트는 놀란 라이언을 메이저리그 역사상 가장 화려한 투수로, 월터 존슨을 가장 위대한 투수로 꼽았다. 그가 알렉산더에게 보낸 찬사는 '가장 완벽한 투수'였다. 하지만 화려한 기록의 이면에는 그의 험난했던 인생이 숨겨져 있다.

3번 트리플 크라운, 시즌 16번 완봉승
피트 알렉산더는 네브라스카주의 한 농장에서 12남 1녀 중 여섯

째로 태어났다. 본명은 그로버 클리블랜드 알렉산더. 그의 아버지는 당시 미국 대통령인 그로버 클리블랜드(22대, 24대)의 이름을 붙였다. 법조인이 되기를 바라고 지어준 이름이었다. 하지만 알렉산더는 공부에 관심이 없었다. 공과 글러브를 잡는 것이 그의 운명이었다. 앉아 있는 새를 향해 돌을 던지면 백발백중이었다.

1909년 스물두 살의 알렉산더는 마이너리그 팀에서 출중한 실력을 뽐냈다. 메이저리그 무대에 오르는 것은 시간문제였다. 그런데 예상치 못한 불운이 찾아왔다. 1루에서 2루로 뛰던 도중 유격수가 던진 공에 머리를 맞아 기절하는 일이 일어났다. 알렉산더는 56시간 동안 혼수상태에 빠졌다가 의식을 찾았지만 큰 문제가 생겼다. 시신경에 손상을 입어 공이 두 개로 보이기 시작했다.

이를 알게 된 팀은 그를 다른 마이너리그 팀으로 보내버렸다. 그 팀 역시 또 다른 팀으로 넘겼다. 알렉산더의 야구 인생은 허무하게 막을 내리는 듯했다. 하지만 이듬해가 되자 시력 문제는 '어느 날 갑자기' 사라졌다. 알렉산더가 다시 눈부신 성적을 냈음은 물론이다(하지만 이것이 후유증의 전부가 아니었음이 훗날 밝혀진다). '56이닝 연속 무실점'을 포함해 27승 중 15승을 완봉승으로 장식한 알렉산더는 필라델피아 필리스의 선택을 받았다.

1911년 알렉산더는 센세이션을 일으키며 메이저리그에 등장했다. 다승(28), 이닝(367), 완투(37선발 31완투), 완봉(7) 부문 4관왕을 차지하고, 탈삼진(227) 2위, 평균자책점(2.57) 5위에 올랐다. 특히 시즌 막판에 벌어진 사이 영과의 맞대결에서 1대 0 1피안타의 완봉승을 거둠으로써 강렬한 인상을 남겼다(영은 그해를 끝으로 은퇴했다).

28승은 아직도 메이저리그 신인 최다승으로 남아 있으며, 227삼진은 1984년 드와이트 구든(276)이 등장하기 전까지 73년간 내셔널리그 신인 최고 기록으로 있었다(아메리칸리그는 1955년 허브 스코어 Herb Score가 245개로 경신한다).

1915년 알렉산더는 자신의 시대를 활짝 열었다. 31승 10패 1.22를 기록하며 트리플 크라운을 차지했고, '1피안타 완봉승' 4회가 포함된 완봉승 12회를 거둬 내셔널리그 최고 기록을 세웠다. 1916년에도 33승 12패 1.55를 기록하며 2년 연속 트리플 크라운에 성공했는데, 지금도 메이저리그 기록으로 남아 있는 '16회 완봉승'을 따냈다.

1917년 알렉산더는 또다시 30승 13패 1.83을 기록해 3년 연속으로 30승을 달성했다. 이는 크리스티 매튜슨에 이은 1900년 이후 두 번째이자 마지막 '3년 연속 30승'이다. 이때 3년 연속 트리플 크라운을 만들어냈으며, 3년 연속으로 다승, 평균자책점, 탈삼진, 이닝, 완투, 완봉에서 1위를 차지했다.

하지만 훗날 규정 이닝이라는 개념이 생기면서 1917년 내셔널리그의 평균자책점 1위는 388이닝을 던져 1.83을 기록한 알렉산더에서, 그보다 226이닝을 적게 던진 뉴욕 자이언츠의 불펜 투수 프레드 앤더슨Fred Anderson(162이닝 8승 8패 1.44)으로 바뀌었다. 이로써 그의 3년 연속 트리플 크라운은 취소됐으며, 통산 기록 역시 4회에서 3회로 줄었다.

알렉산더가 필라델피아에서 뛴 첫 7년간 올린 승수는 190승이었고, 연평균으로는 40선발, 31완투(8완봉), 356이닝, 27승 13패 2.12를 기록했다. 이는 특히 그가 당시 내셔널리그 투수들을 공포에 떨게 했던 베이커볼 구장에서 얻은 성적이다. 당시는 공에 반발력이 없는 데드볼 시대였지만, 필라델피아의 홈구장인 베이커볼은 우측 펜스까지

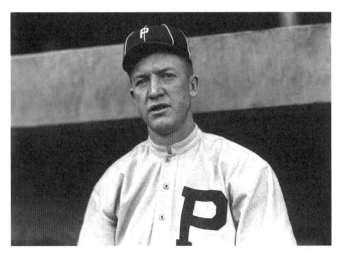

1915년 필라델피아 필리스 시절 28세의 피트 알렉산더. 사진 Charles M. Conlon

의 거리가 83미터에 불과한 당대 최고의 '투수들의 무덤'이었다.

명실상부한 내셔널리그 최고의 투수에 등극한 알렉산더는 1887년생 동갑내기인 아메리칸리그의 월터 존슨과 함께 둘만의 시대를 열어가는 듯했다. 하지만 엄청난 불운이 그를 찾아왔다. 전쟁이 일어났다.

참전 그리고 술

피트 알렉산더가 징집 대상인 것을 안 필라델피아는 1918년 그와 포수를 묶어 시카고 컵스로 보내고 선수 두 명과 함께 5만 5000달러를 받았다. 7년 전 필라델피아가 알렉산더를 데려오면서 마이너리그 팀에 지불한 돈은 750달러였다. 알렉산더는 예정대로 3경기에 등판한 후 입대했고, 프랑스 전선에 배치됐다.

프랑스에서 알렉산더는 다른 병사들처럼 끔찍한 경험을 했다. 악명 높은 참호전을 치르는 과정에서 끊임없이 반복되는 포격의 공포를 감당해야 했다. 이 과정에서 그는 왼쪽 귀의 청력을 완전히 잃었으며 오른쪽 귀도 잘 들리지 않게 됐다. 또 생명이나 다를 바 없는 오른팔에 부상을 입었다.

문제는 그뿐이 아니었다. 전쟁에서 돌아온 알렉산더는 본격적으로 간질 증세를 보이기 시작했다. 사실 이는 스물두 살 때 머리에 공을 맞은 충격에서 비롯된 것이었다. 여기에 알 수 없는 공포가 시도 때도 없이 그를 찾아왔다.

원래 애주가 집안이었던 알렉산더는 이때부터 술에 의지했다. 알렉산더가 발작을 일으켜 쓰러질 때마다 사람들은 술 때문인 것으로 오해했다. 한편 제1차 세계대전은 또 다른 대투수의 목숨도 앗아갔다. 앞서 살펴보았듯 은퇴 후 참전했던 크리스티 매튜슨은 독가스를 들이마셔 그 후유증으로 7년 뒤 사망했다.

1919년 5월 전장에서 돌아온 알렉산더는 이듬해인 1920년 다시 다승(27), 평균자책점(1.91), 탈삼진(173), 이닝(363.1), 완투(33)에서 1위에 오르며 세 번째 트리플 크라운을 차지했다. 하지만 이것이 마지막 질주였다. 전성기 시절의 알렉산더는 정상급의 패스트볼과 날카로운 커브, 당대 최고의 제구력을 모두 갖춘 투수였다. 하지만 1920년 이후에는 제구에 의존하는 투수로 바뀌었다.

1911년부터 1920년까지 10년간 평균자책점 1점대 6번, 2점대 4번을 기록한 반면, 이후 은퇴할 때까지 9년간은 한 차례를 제외하고 모두 3점대에 그쳤다. 또 한 번도 시즌에 100개 이상 탈삼진을 기록하지 못했다. 첫 7년간 연평균 200개씩을 잡아냈던 그다. 이는 1920년부터 시작된 라이브볼 시대와 나이에 따른 노쇠화 때문이기도 했지만, 전쟁 후유증이 더 결정적이었다.

1926년 시즌 중반 시카고 컵스는 예전의 모습을 잃은 그를 세인트루이스 카디널스로 넘겼다. 이것이 세인트루이스의 역사를 바꿀 줄은 아무도 몰랐다.

마지막 투혼, 세인트루이스

1926년 세인트루이스는 창단 후 처음으로 리그 우승을 차지하고 월드시리즈에 올랐다. 상대는 '살인 타선'을 내세운 뉴욕 양키스였다. 서른아홉 살의 피트 알렉산더는 팀이 1차전에서 패하고 치른 2차전에 나서 2실점 완투승, 다시 팀이 2승 3패로 탈락 위기에 몰린 6차전에 나서 2실점 완투승을 거뒀다.

그리고 시작된 7차전. 세인트루이스의 로저스 혼스비 감독은 3대 2로 앞선 7회 말 2사 만루의 위기에 몰리자 알렉산더를 마운드에 올렸다. 알렉산더는 전날 완투승을 거둔 후 술을 진탕 마신 여파로 감독이 부르기 전까지 더그아웃에서 잠자고 있었다.

타석에는 6번 타자인 스물두 살의 신인 토니 라제리가 들어섰다. 하지만 서른아홉 살의 퇴물 투수는 공 4개로 라제리를 삼진 처리한 다음, 나머지 2이닝도 무실점으로 막아 결국 팀의 3대 2 승리를 지켜냈다. 세인트루이스에는 창단 첫 월드시리즈 우승이었다. 그해 200.1이닝을 던지는 동안 47개 탈삼진을 기록하는 데 그친 알렉산더는 양키스를 상대로 던진 월드시리즈에서 20.1이닝 17삼진을 기록했다. 그만큼 자신의 모든 것을 쏟아 부은 피칭이었다.

이듬해 마흔이 된 알렉산더는 통산 9번째이자 마지막 20승(21), 마지막 2점대 평균자책점(2.52)을 기록했다. 1930년 다시 필라델피아로 돌아간 그는 마흔셋 나이에 유니폼을 벗었다.

피트 알렉산더는 1936년 크리스티 매튜슨과 월터 존슨에 밀려 '최초의 5인'이 되지는 못했지만 1938년 세 번째 도전에서 80.9퍼센트 득표율을 기록하며 명예의 전당에 입성했다.

선수 생활 동안 돈만큼은 착실히 모은 타이 콥은 은퇴 후 부동산과 제너럴모터스, 코카콜라 등의 주식에 투자해 갑부가 됐다. 하지만 술에 빠져 살며 자신의 전 재산을 탕진한 알렉산더는 은퇴 후 떠돌이 생활을 했다. 이제 오른쪽 귀마저 들리지 않게 됐다. 지독한 가난에 시달리던 알렉산더는 1944년 한 인터뷰에서 "명예의 전당에 오른 것은 물론 자랑스럽다. 하지만 동판을 뜯어 먹고 살 수는 없지 않은가"라고 말해 주위를 안타깝게 했다.

1950년 필라델피아는 월드시리즈에 진출했다. 알렉산더가 첫 번째 트리플 크라운을 차지한 1915년에 진출한 이후 처음이었다. 필라델피아는 알렉산더를 초대했지만 양키스에 4연패로 패해 물러났다. 월드시리즈가 끝난 직후, 알렉산더는 네브라스카주 세인트폴의 한 호텔에서 죽은 채로 발견됐다. 그의 옆에는 아내 에이미에게 보내는 편지 한 통이 놓여 있었다.

홈런과 맞서 싸우다

야구는 적응의 싸움이다. 끊임없는 변화에 적응하고 대처해야 한다. 메이저리그 역사도 이러한 흐름의 반복이었다.

라이브볼 시대가 열리면서 타자들의 거센 공격이 시작됐다. 1918년 경기당 평균 홈런 수는 0.12개에 불과했다. 그런데 1920년에 0.24개로 증가하더니 1921년에는 0.36개, 1922년에는 0.42개로 늘어났다. 모두가 홈런의 매력에 흠뻑 빠졌다.

쏟아지는 홈런에 투수들은 당황하는 기색이 역력했다. 하지만 혼란스러운 위기를 기회로 삼은 투수들도 있었다. 홈런이 많아지고 공격이 활발해지면서 득점 지원을 충분히 받았다. 그러다 보니 승리를 챙길 수 있는 등판이 자연스럽게 늘어났다. 1931년 레프티 그로브는 한 시즌 31승을 올렸고, 1934년 디지 딘은 30승, 1944년 할 뉴하우저는 29승을 쓸어 담았다. 워런 스판의 통산 363승은 라이브볼 시대 최다승 기록이다.

다승은 투수에게 자존심이었다. 많은 승리가 곧 에이스를 상징했다. 이 장에서는 라이브볼 시대를 지낸 에이스들이 소개된다.

1925

레프티 그로브, 최고의 좌완

레프티 그로브가 던지는 공은 패스트볼 하나였다. 우리는 어떤 공이 들어올지를
알고 있었다. 하지만 하나도 도움이 되지 않았다. _닥 크레이머Doc Cramer

레프티 그로브 Robert Moses "Lefty" Grove, 1900~1975

투수, 좌투좌타

활동 기간 1925~1941(17시즌)

300승을 거둔 투수 24명 중 1900년 이전에 태어난 선수는 사이
영(511승)과 월터 존슨(417승)을 포함해 7명이다. 이들은 데드볼 시
대를 보낸 덕을 톡톡히 봤다.

하지만 1900년부터 1919년 사이에 태어난 투수들 중에서 300승
을 달성한 이는 단 한 명, 레프티 그로브뿐이다. 이때 태어난 투수들
이 활동한 1920년대~1940년대는 투수들에게는 악몽과도 같은 시
대였다. 타고투저는 1920년대 후반 시작돼 1930년대에 정점을 이뤘
다. 바로 그로브가 활약한 시기다.

그로브가 첫 20승을 달성한 1927년부터 마지막 15승을 기록한
1939년까지, 아메리칸리그 타자들의 평균 타율은 0.281에 달했으며

3할 타자는 팀당 3.5명에 이르렀다. 반면 2019년 아메리칸리그 타자들의 평균 타율은 0.253에 불과하며 3할 타자도 팀당 한 명이 채 되지 못했다(15팀 10명). 1위부터 11위까지의 메이저리그 단일 시즌 타점 기록 중 9개가 1930년대에 몰려 있는 것도 경기당 평균 득점이 1930년대(5.25)에 가장 높았기 때문이다(나머지 타점 기록 두 개는 1921년의 베이브 루스와 1927년의 루 게릭).

베이브 루스와 루 게릭, 지미 폭스, 행크 그린버그, 조 디마지오 등 메이저리그 역대 최고의 타자들이 쏟아져 나온 1920년대 후반에서 1930년대 사이를 지배한 최고의 투수는 그로브였다. 1924년의 피트 알렉산더와 1961년의 워런 스판 사이에 나온 300승 기록은 그로브가 유일하다.

9번 평균자책점 1위, 7년 연속 탈삼진 1위

1900년에 태어난 레프티 그로브는 1925년부터 1941년까지 17년간 616경기에 나서 300승 141패 3.06, 탈삼진 2266개를 기록했다. 300승을 거둔 투수 중에서는 그다지 돋보이지 않는 성적이다. 그럼에도 그로브는 363승의 워런 스판, 300승 4000탈삼진의 스티브 칼턴과 랜디 존슨, '황금의 5년'을 보낸 샌디 코팩스를 제치고 역대 최고의 좌완으로 꼽히고 있다.

그로브는 17시즌의 절반이 넘는 9시즌에서 평균자책점 리그 1위에 올랐다. 메이저리그 역사상 그보다 많이 평균자책점 1위를 차지한 투수는 없다(2위 로저 클레먼스 7회). 4년 연속 1위(1929~1932년)도 샌디 코팩스의 5년 연속(1962~1966년)에 이은 역대 2위 기록에 해당한다(클레이튼 커쇼 2011~2014년 4년 연속).

홈런과 맞서 싸우다

그로브의 통산 조정평균자책점(148)은 300승 투수 가운데 월터 존슨(147)을 넘어서는 1위 기록이다. 페드로 마르티네스는 154를 기록했지만 219승에 그치고 은퇴했다. 그로브는 규정 이닝을 채우고 조정평균자책점 150이 넘은 시즌이 11번에 달했다. 반면 마르티네스는 6시즌에 불과하다(클레이튼 커쇼 6회).

그로브는 역대 19명이 이름을 올린 3000탈삼진을 달성하지 못했다. 하지만 1925년부터 1931년까지 기록한 '7년 연속 탈삼진 1위'는 랜디 존슨(5년 연속)과 놀란 라이언(4년 연속)도 이루지 못한 것이다. 한 이닝을 공 9개, 세 타자 연속 삼진으로 끝내는 퍼포먼스를 처음으로 두 차례 달성한 선수도 그로브였다(이후 샌디 코팩스, 라이언, 존슨, 맥스 셔저, 크리스 세일Chris Sale, 케빈 가즈먼Kevin Gausman 달성). 그로브는 9회 말에 나선 베이브 루스–루 게릭–밥 뮤젤을 상대로 공 10개를 던져 모두 삼진으로 잡아낸 적도 있다.

역사상 트리플 크라운을 2년 연속으로 차지한 투수는 피트 알렉산더(1915~1916년), 그로브(1930~1931년), 샌디 코팩스(1965~1966년), 로저 클레먼스(1997~1998년) 넷뿐이다. 그로브는 클레먼스가 등장하기 전까지 유일한 아메리칸리그 달성자였다. 승률 1위에 가장 많이 올라본 투수(5회)이기도 한 그는 300승 투수 중 통산 승률 1위(0.680)에도 올라 있다(2위 크리스티 매튜슨 0.665).

좌완 최다승 기록을 가진 워런 스판은 괘씸죄에 걸려 마이너리그로 강등되고 제2차 세계대전에 참전하면서 4시즌을 놓쳤다. 그로브에게도 잃어버린 4년이 있다.

마이너리그 121승

1900년 메릴랜드주에서 가난한 광부의 아들로 태어난 레프티 그로브는 어렸을 때부터 아버지를 따라 탄광에서 일한 탓에 정규 교육을 거의 받지 못했다. 이에 평생을 문맹으로 보낸 그로브는 자신의 이름을 새긴 고무도장을 갖고 다녔다.

틈날 때마다 돌멩이를 던져 어깨의 힘을 기른 그로브가 정식으로 야구를 시작한 것은 열일곱 살 때 광부 팀에 입단하면서부터다. 감독은 포수가 그의 공을 받는 고통을 감당해내지 못하자 1루로 보내기도 했다. 하지만 그로브의 타격 실력은 형편이 없었다. 그로브는 메이저리그 통산 1369타수에서 삼진 593개를 당했는데, 이는 역대 타자 및 투수를 통틀어 최고의 삼진 비율(43퍼센트)이다.

1919년 열아홉 살 나이에 세미프로 팀에 입단한 그로브는 이듬해 시즌 중반 인터내셔널리그 볼티모어 오리올스의 구단주 잭 던의 눈에 띄었다. 던은 1914년에도 열아홉 살의 베이브 루스를 사들여 곧바로 보스턴 레드삭스에 다시 넘긴 적이 있었지만 그로브는 쉽게 놔주지 않았다. 실력이 너무나 뛰어났기 때문이었다.

잭 던이 찾아온 메이저리그 팀들을 계속 돌려보내는 사이 4년 반이라는 시간이 흘렀다. 그로브는 매년 300이닝 이상을 던지며 121승(38패)을 올렸고 팀의 리그 7연패를 이끌었다. 또 시범경기에서 만난 베이브 루스에게는 11타수 무안타 9삼진의 수모를 안기기도 했다.

1925년 잭 던이 고집을 꺾을 수밖에 없는 파격적인 제안이 마침내 필라델피아 어슬레틱스(현 오클랜드)의 구단주 겸 감독이었던 코니맥으로부터 나왔다. 맥의 제안은 10만 600달러였다. 이는 1920년 뉴욕 양키스가 베이브 루스를 데려가면서 보스턴 레드삭스에 준 12만 5000달러에 육박하는 액수였다. 던이 그로브를 데려오면서 세미프로 팀에 지불했던 돈은 단돈 3500달러였다. 결국 던은 그로브를 통해 121승과 9만 7100만 달러를 벌어들였다.

늦은 데뷔, 2년 연속 트리플 크라운

스물다섯 살에 메이저리그에 데뷔한 레프티 그로브는 첫해 부상을 입어 고전하면서도 조지 시슬러의 35경기 연속 안타 기록에 제동을 걸었다. 그리고 이듬해 평균자책점과 탈삼진 1위를 기록한 것을 시작으로 탈삼진 7연패와 5번의 평균자책점 1위를 거두며 질주했다. 만약 베이브 루스처럼 곧바로 메이저리그에서 뛸 수 있었다면, 그로브는 300승이 아니라 400승을 올렸을지도 모른다.

그의 주무기는 당대 최고로 꼽힌 불같은 강속구였다. 월터 존슨은 1920년 어깨 부상을 당하기 전까지 첫 13년간 오로지 패스트볼만 던졌는데, 그로브 역시 첫 9년간 그랬다. 하지만 존슨이 패스트볼만 던진 13년은 모두 공이 잘 뻗어나가지 않는 데드볼 시대에 해당한다. 라이브볼 시대에 "나는 직구"를 외쳤던 투수는 사실상 그로브가 유일하다.

그의 성적은 강속구만큼이나 불같았다. 그로브는 아쉬운 패전을 당할 때마다 분을 삭이지 못하고 더그아웃과 라커룸에서 난동을 피웠는데, 눈에 보이는 모든 것을 집어던지는 그를 선수들은 물론 감독조차 말리지 못했다. 심지어 그로브는 진정하라면서 다가온 코니맥 감독의 멱살을 잡고 욕을 퍼붓기도 했다.

1928년 평균자책점에서 3위(24승 8패 2.58), 1929년 다승에서

3위(20승 6패 2.81)에 그치며 트리플 크라운을 아깝게 놓친 그로브는 1930년 기어코 3관왕에 올랐다(28승 5패 2.54). 그해 그로브는 선발로 등판하는 틈틈이 18번이나 구원 등판에도 나섰는데, 훗날 계산해보니 9세이브로 세이브 역시 리그 1위가 나왔다. 트리플 크라운을 기록한 데다 세이브까지 1위였다. 그로브는 한 번 나설 때마다 3이닝 가까이 던진 통산 159번 구원 등판(55세이브) 때문에 더 많은 완투와 승리를 놓쳤다.

1931년 그로브는 2년 연속 트리플 크라운(31승 4패 2.06)과 함께 완투와 완봉에서도 1위(27완투 4완봉)에 올랐다. 그리고 처음으로 지금과 같은 기자 투표로 치러진 MVP 투표에서 루 게릭(타율 0.341 46홈런 184타점)을 제치고 1위를 차지했다.

이때의 31승은 1968년 데니 매클레인(31승)이 나타나기 전까지 아메리칸리그의 마지막 30승이었다. 내셔널리그의 평균 타율이 0.303였던 1930년은 메이저리그 역사상 최고의 타고투저 해였으며, 아메리칸리그의 평균 타율이 0.230이었던 1968년은 최고의 투고타저 해였다.

그해 그로브는 동료의 실책 때문에 17연승이라는 당시 아메리칸리그 최고 기록을 경신하는 데 실패했다(더그아웃이 난장판이 됐음은 물론이다). 하지만 1930년 7월 25일부터 1931년 9월 24일까지 1년 2개월 동안 46승 4패를 기록하기도 했다.

1933년 그로브는 양키스가 꼬박 2년 걸려 만들어낸 '309경기 연속 무완봉패' 기록을 중단시켰다(24승 8패 3.20). 하지만 1933년은 그로브가 어슬레틱스에서 뛴 마지막 해이자 강속구를 마음껏 뿌릴 수 있었던 마지막 해다. 대공황에 위기를 느낀 코니 맥은 시즌 후 보

홈런과 맞서 싸우다

보스턴 레드삭스에서
뛰던 시절의 레프티 그로브.
사진 The Jefferson R. Burdick Collection

스턴 레드삭스에 그로브를 넘겼다. 당시 보스턴은 해리 프래지라는
'나쁜 구단주'가 톰 야키라는 '좋은 구단주'로 바뀐 상황이었다. 맥이
주전 2루수 맥스 비숍Max Bishop, 노장 투수 루브 월버그Rube Walberg
와 함께 그로브를 보내고 받은 대가는 선수 두 명과 함께 현금 12만
5000달러였다.

보스턴, 은퇴

레프티 그로브는 보스턴에 입단한 첫해 어깨를 다치면서 강속구
를 잃었다. 그러자 월터 존슨이 그랬던 것처럼 그제야 그동안 던지
지 않은 리그 최고 수준의 커브를 꺼내들었다. 그리고 포크볼까지
추가했다. 1935년 그로브는 20승 12패 2.70을 기록하면서 예전 모
습으로 돌아왔다.

이후 그로브는 탈삼진 1위에는 더 이상 오르지 못했지만, 평균자

책점 1위는 1935년부터 1939년까지 5년 동안 네 번이나 차지했다. 수비수의 실책에도 그가 마음을 다스리는 장면을 보면서, 코니 맥 감독은 "이제야 진짜 투수가 됐군"이라며 웃었다. 1941년 7월 그로브는 300승 투수가 됐고 더 이상 공을 던지지 않았다.

은퇴 후 그로브는 세 번째 도전 끝에 1947년 득표율 76.4퍼센트를 기록하며 명예의 전당에 입성했다. 1975년 5월 야구 중계를 하는 TV를 보다가 심장마비를 일으켜 75세를 일기로 세상을 떠났다.

칼 허벨, 칼 대제의 스크루볼

상대까지도 매료시키는
허벨 같은 투수는 본 적이 없다. _빌리 허먼Billy Herman

칼 허벨 Carl Owen Hubbell, 1903~1988

투수, 좌투우타

활동 기간 1928~1943(16시즌)

무림의 고수를 꿈꾸는 소년이 있었다. 어느 날 소년은 남루한 옷 차림의 노인을 만났다. 노인은 자신을 업고 개울을 건너달라고 했다. 소년이 그렇게 하자 노인은 낡은 책 한 권을 주고 사라졌다. 무림에서 종적을 감춘, 모든 고수들이 찾아 헤맨 절대 무공이 담긴 비서였다. 몸을 망칠 수도 있는 위험천만한 무공임을 알게 된 소년은 고민에 휩싸였다. 하지만 유혹을 이겨내지 못했고, 강호에 나섰다.

무협 소설에서 볼 법한 이야기를 가진 선수가 메이저리그에도 있다. 역대 최고의 스크루볼을 던진 칼 허벨이다. 허벨은 스무 살 때 마이너리그인 웨스턴리그의 오클라호마시티에서 뛰던 도중 한 퇴물 투수를 만났다. 레프티 토머스Lefty Thomas라는 이름의 그는 같은 좌완인 허벨에게 스크루볼을 전수했다.

타자의 시야에서 갑자기 사라진다고 해서 '페이드 어웨이fadeaway'로도 불리는 스크루볼은 반대 방향으로 휘는 커브다. 우투수가 던진 커브는 우타자의 바깥쪽으로 흐르지만, 우투수가 던진 스크루볼은 좌타자의 바깥쪽으로 꺾인다. 이에 스크루볼은 반대쪽 타석에 들어서는 타자를 꼼짝 못 하게 만들 수 있으며, 특히 정상급의 커브와 짝을 이루면 최고의 위력을 발휘한다. 하지만 투수가 던지는 공 중에서 몸에 가장 큰 무리를 주는 구종이다.

크리스티 매튜슨은 이 공으로 메이저리그 최초의 슈퍼스타가 됐다. 하지만 매튜슨은 스크루볼을 던질 때마다 팔이 끊어지는 듯한 고통을 느꼈다. 이에 경기당 10개 안팎으로 제한해 결정적인 순간에만 던졌다. 그러면서 17시즌 동안 373승을 올리며 롱런할 수 있었다.

그러나 크리스티 매튜슨이 가진 강속구가 허벨에게는 없었다. 썩 괜찮은 커브만 있었을 뿐이다. 어쩔 수 없이 허벨은 팔이 망가지는 것을 감수하고 스크루볼 구사율을 25퍼센트 이상으로 유지했으며, 중요한 순간에는 대놓고 스크루볼만 던졌다. 여기에 손목에 심한 역회전을 걸어 스크루볼의 위력을 위험 수위 이상으로 끌어올렸다. 그는 악마에게 영혼을 판 파우스트였다.

스크루볼의 봉인을 푼 덕분에 허벨은 통산 253승을 올리고 명예의 전당에 올랐다. 하지만 선택의 대가를 톡톡히 치러야 했다. 은퇴할 무렵 그의 왼팔은 편한 자세로 있을 경우 손바닥이 바깥쪽을 향할 정도로 심하게 뒤틀렸다. 그리고 평생 고통에 시달렸다. 그나마 극도로 유연한 팔과 손목을 가진 허벨이니까 그 정도에 그친 것이었다.

평균자책점 1.66, 두 번의 MVP

1925년 디트로이트 타이거스가 스물두 살의 칼 허벨을 데려갔다. 허벨은 이미 스크루볼이라는 절대 신공을 완성한 상태였다. 하지만 스프링캠프에서 그를 본 타이 콥 감독은 스크루볼 금지 명령을 내렸다. 그리고 위험하지 않은 다른 공을 배워 오라며 마이너리그로 내려보냈다. 허벨은 고집을 꺾지 않았다. 콥 또한 자신의 명령을 어긴 그를 부르지 않았다. 그렇게 3년이 지나갔다.

1928년 구원의 손길이 마침내 나타났다. 뉴욕 자이언츠(현 샌프란시스코)의 스카우트였다. 그가 자이언츠의 존 맥그로 감독에게 젊은 스크루볼 투수의 존재를 알리면서, 허벨은 디트로이트를 빠져나올 수 있었다. 크리스티 매튜슨의 감독이기도 했던 맥그로는 허벨에게 스크루볼을 허락했다. 허벨의 스크루볼이 5년이라는 긴 잠행을 끝내고 세상에 모습을 드러내는 순간이었다.

스물다섯 살 넘어 메이저리그에 데뷔한 허벨은 7월에 합류하고도 첫해 10승 6패 2.83의 좋은 성적을 올렸다. 이듬해인 1929년 18승과 함께, 피츠버그 파이리츠를 상대로 볼넷 1개만 내주는 노히트노런을 작성했다. 9회에는 첫 두 타자가 모두 실책으로 출루했지만, 그에게는 스크루볼이 있었다.

1933년 서른이 된 허벨은 '황금의 5년'을 열었다. 끊임없는 노력을 통해 스크루볼의 구속을 세 가지로 조절할 수 있게 된 덕분이었다. 빠르지는 않지만 날카롭게 제구한 패스트볼을 높게 찔러 넣은 후 낮게 떨어지는 스크루볼을 던지면, 타자들은 속수무책으로 물러났다.

1933년 허벨은 세인트루이스 카디널스를 상대로, 1대 0 완봉승으로는 가장 긴 기록인 18이닝 완봉승을 작성했다. 18이닝 동안 하나의 볼넷도 허용하지 않았다(피안타 6개, 탈삼진 12개). 허벨은 4경기 연속 완봉승이 포함된 '46.1이닝 연속 무실점'의 내셔널리그 신기록을 만들어냈으며, 10번 완봉승 중 5번을 1대 0 완봉승으로 장식해 이 부분 리그 최고 기록을 작성했다.

그해 허벨은 33경기에 선발로 나서 23번 완투하고 10번 완봉승을 따냈으며, 12번의 구원 등판까지 포함한 45경기에서 23승 12패 1.66을 기록했다. 평균자책점 1.66은 지금까지도 유지되고 있는 좌투수의 라이브볼 시대(1920년 이후) 단일 시즌 최고 기록이다(2위는 1966년 샌디 코팩스의 1.73). 사이영상이 없던 시절, 허벨에게는 리그 MVP가 주어졌다.

허벨의 폭풍 활약은 그해 워싱턴 세너터스와 맞붙은 월드시리즈로 이어졌다. 허벨은 1차전에서 비자책 2실점의 완투승을 따낸 데이어, 4차전에서 다시 11이닝 비자책 1실점의 완투승을 만들어냈다. 2경기 20이닝 무자책점에 평균자책점 제로. 자이언츠는 4승 1패로 세너터스를 꺾고 월드시리즈 왕좌에 올랐다.

1934년 자이언츠의 홈구장 폴로그라운즈에서 열린 올스타전은 허벨을 위한 무대였다. 내셔널리그의 선발투수로 나선 허벨은 첫 타자 찰리 게링거에게 안타, 다음 타자에게 볼넷을 내줬다. 하지만 이후 베이브 루스, 루 게릭, 지미 폭스, 알 시먼스, 조 크로닌 다섯 타자를 모두 삼진으로 돌려세우는, 메이저리그 역사상 최고의 피칭 퍼포먼스 중 하나를 연출했다. 특히 폭스, 시먼스, 크로닌을 상대로는 스크루볼을 3개씩만 던져 모두 3구 삼진으로 잡아냈다. 모두 명예의 전당에 입성하고 도합 2218홈런과 9385타점을 기록한 이 5명의 위

뉴욕 자이언츠의 투수 칼 허벨.
사진 The Jefferson R. Burdick Collection

대한 타자들은 허벨의 스크루볼에 농락당하며 단 하나의 파울도 만들어내지 못했다.

타고투저 시대의 에이스

1936년 칼 허벨은 10승 6패의 부진한 출발을 했다. 그러나 이후 괴력의 16연승을 올리며 질주해, 26승 6패 2.31의 성적을 기록하고 두 번째 MVP를 거머쥐었다. 미국야구기자협회 투표가 시작된 1931년 이래 리그 MVP를 두 번 따낸 투수는 허벨과 할 뉴하우저(디트로이트) 둘뿐이다. 그러나 뉴하우저의 MVP 2회 수상은 모두 스타들이 대거 빠진 제2차 세계대전 중(1944~1945년)에 나온 것으로, 평가가 절하되고 있다.

이듬해 허벨은 다시 8연승을 더해 24연승을 작성함으로써 루브 마커드Rube Marquard의 19연승을 넘는 메이저리그 최고 기록을 만들어냈다. 5년 연속 20승에 성공한 그에게는 늘 변함없는 활약을 한다고 해서 '식권'(Meal Ticket)이라는 별명이 더해졌다.

1938년 마침내 약속한 시간이 왔다. 허벨은 풀타임 데뷔 후 가장 적은 13승에 그쳤고, 시즌 후 팔꿈치 수술을 받았다. 스크루볼의 위력을 잃은 허벨은 이후 4년 연속으로 11승을 기록했다. 그리고 마흔 살 시즌인 1943년 4승을 올린 것을 마지막으로 자이언츠의 유니폼을 벗었다.

1947년 허벨은 87퍼센트의 높은 득표율을 기록하며 명예의 전당에 입성했다. 자이언츠는 그의 등번호 11번을 영구 결번으로 만들었다.

통산 성적은 253승 154패(승률 0.622) 평균자책점 2.98이다. 타이 콥 때문에 디트로이트에서 잃어버린 3년이 없었다면 300승이 가능했을지도 모른다(혹은 팔이 더 일찍 망가졌을 수도 있다). 1900년 이후 데뷔한 투수 중 3500이닝, 250승, 6할 승률, 2점대 평균자책점을 모두 달성한 투수는 크리스티 매튜슨, 피트 알렉산더, 에디 플랭크Eddie Plank, 톰 시버, 짐 파머 그리고 허벨 6명뿐이다. 이 중 라이브볼 시대에 활동한 투수는 시버와 파머, 허벨 셋이다. 하지만 시버와 파머가 투수들의 시대를 보낸 반면, 허벨이 활약한 1930년대는 메이저리그 역사에서 방망이가 가장 뜨거웠던 시대였다. 일례로 허벨이 17승을 거둔 1930년, 내셔널리그의 평균 타율은 0.303였다.

통산 평균자책점 2.98은 3000이닝 이상을 소화한 좌투수 중 화이티 포드(2.75)에 이은 역대 2위에 해당한다. 이는 그의 시대 리그 평균(3.96)보다 0.98이나 낮은 것으로, 샌디 코팩스(0.92), 워런 스판(0.79), 에디 플랭크(0.52), 스티브 칼턴(0.42) 등 다른 좌투수들의 기록을 모두 넘어선다.

칼 허벨은 마지막 순간까지도 야구를 사랑했다. 1977년까지 무려 35년간 자이언츠의 팜 디렉터를 맡았는데, 그 기간 동안 자이언츠에는 윌리 매코비, 후안 마리찰, 올랜도 세페다Orlando Cepeda, 펠리페 알루 같은 최고의 선수들이 등장했다. 허벨은 팜 디렉터 자리에서 물러나자 스카우트를 맡아 유망주들을 찾아다녔다. 1985년 고령으로 인해 스카우트직을 내놓은 후에도 어린이들이 야구를 하는 곳에는 언제나 애정 어린 눈으로 지켜보는 그가 있었다.

자이언츠의 중흥기를 이끌었던 '칼 대제'(King Carl)는 1988년 85세를 일기로 세상을 떠났다. 비록 팔을 잃고 고통과 싸워야 했지만, 절대 무공을 선택한 소년의 드라마는 해피엔드로 끝을 맺었다.

디지 딘, 요절복통 에이스

소년들이여. 연습하고 노력하라. 모든 것을 내던져라. _디지 딘

디지 딘 Jay Hanna "Dizzy" Dean, 1910~1974
투수, 우투우타
활동 기간 1930년, 1932~1941년, 1947년(12시즌)

메이저리그에서 지금까지 기자 투표를 통해 명예의 전당에 입성한 선발투수는 38명이다. 이들은 평균 282승을 따냈다(2021년 기준). 하지만 샌디 코팩스는 평균보다 무려 117승이 적은 165승을 올리고도 이름을 올렸다.

그런데 샌디 코팩스의 165승보다도 적은 승수를 기록하고도 명예의 전당에 들어간 투수가 있다. 150승이라는 최소승으로 헌액된 디지 딘이다(물론 첫해에 들어간 코팩스와 달리 딘은 9번 도전 만에 성공했다). 불꽃같은 야구 인생을 보낸 코팩스는 풀타임 10년을 뛰었다. 하지만 딘이 보낸 풀타임은 단 6년에 불과하다.

딘은 어떻게 해서 명예의 전당에 오를 수 있었을까. 그의 인생 이

야기는 마치 한 편의 코미디 영화를 방불케 한다.

허풍쟁이 딘, 30승

메이저리그 역사상 가장 익살스런 캐릭터인 디지 딘은 1910년 아칸소주 루카스에서 태어났다. 그는 영화 '캐치 미 이프 유 캔'의 주인공 프랭크 애버그네일 주니어(리어나도 디캐프리오) 같았다. 열여섯 살 때 학교에서 더 이상 배울 것이 없다고 판단한 딘은 스스로 학교를 관둔 후 나이를 속이고 군에 입대했다. '디지'(현기증 나는)라는 별명은 하사관으로 복무하던 군대에서 얻은 것이다.

거짓말이 결국 들통 나 군에서 쫓겨났고, 이제 열여덟 살이 된 딘은 본격적으로 야구를 시작했다. 그가 어떤 식으로 야구를 시작했고 누구에게 처음 배웠는지는 아무도 모른다. 딘은 자신과 계약하러 온 세인트루이스 카디널스의 단장 브랜치 리키에게 "내가 베이브 루스 때보다 더 많은 관중을 모아주겠소"라고 호언장담을 했다.

딘은 2년의 마이너리그 수련을 거쳐 1932년 마침내 풀타임 메이저리거가 됐다. 처음 모습을 드러낸 자신에게 기자들이 이름을 물어보자 한쪽에는 '제이 해나 딘'이라는 본명을, 다른 한쪽에는 '제롬 허먼 딘'이라는 가짜 이름을 알려줬다. 출생지와 생일 역시 제각각이었다. 다음 날 신문에 서로 다른 이름이 실렸음은 물론이다.

딘은 풀타임 첫해 18승 15패 3.30을 기록하며 탈삼진과 이닝, 완봉에서 1위에 올랐고, 이듬해인 1933년에는 20승 18패 3.04의 성적을 올려 탈삼진과 완투에서 1위를 차지했다. 최대 라이벌인 시카고 컵스를 상대로는 한 경기 17개 삼진을 잡아내 크리스티 매튜슨과 루브 웨델 등이 갖고 있던 16개 메이저리그 기록을 경신했다. 딘은 당시 거친 선수들이 많아 '개스하우스 갱'으로 불리던 세인트루이스의 에이스가 됐다.

1934년 시즌을 앞두고 딘은 같은 팀에서 뛰고 있던 동생 폴Paul Dean과 함께 45승을 만들어내겠다고 장담했다. '대피daffy'(어리석은)라는 별명을 가진 폴은 메이저리그에 막 데뷔한 투수였다. 9월 22일 브루클린 다저스와의 더블헤더 1차전에 선발로 나선 딘은 8회까지 노히트노런을 이어가다 9회 안타 세 개를 맞고 3피안타 완봉승을 따냈다. 이때까지 시즌 27승. 2차전에 나선 동생 폴이 형이 실패한 노히트노런을 기록해 18승에 성공함으로써 형제는 약속을 지켰다. 다저스한테는 최악의 하루였다.

더 나아가 딘이 30승, 동생 폴이 19승을 기록하고 시즌을 마감함으로써 팀 승리의 52퍼센트에 해당하는 49승을 합작했다. 이는 1970년 게일로드(23승), 짐(24승) 페리 형제의 47승을 앞서는 메이저리그 기록으로 남아 있다. 그해 다승, 탈삼진, 완봉, 승률에서 1위 그리고 이닝, 평균자책점, 완투에서 2위에 오른 딘은 안타왕 폴 웨이너(피츠버그)를 제치고 리그 MVP가 됐다.

1934년 딘이 만들어낸 30승은 1920년 라이브볼 시대가 열린 이후 내셔널리그에서 나온 유일한 30승으로 남아 있다. 메이저리그 전체로 따져도 딘 이후에 나온 30승은 1968년의 데니 매클레인뿐이다. 하지만 앞서 언급했듯이 매클레인이 31승을 올린 1968년은 투고타저 최고의 해였고, 1934년은 메이저리그 역사상 타자들의 방망이가 가장 뜨거웠던 시기였다.

형제의 활약은 여기서 멈추지 않았다. 둘은 그해 월드시리즈에서 다시 2승씩을 따냈다. 세인트루이스는 딘 형제의 4승에 힘입어 디트

홈런과 맞서 싸우다

로이트 타이거스를 4승 3패로 꺾고 우승을 차지했다. 특히 6차전에 대주자로 나섰다가 머리에 공을 맞아 의식불명 상태로 실려 나왔던 딘은 다음 날 7차전 선발로 나서 완봉승을 따냈다.

형제의 몰락

이듬해인 1935년 디지 딘은 다시 28승, 동생 폴은 19승을 따냈다. 다승, 탈삼진, 이닝, 완투에서 1위에 오른 딘은 MVP 2연패를 노렸지만 훗날 명예의 전당에 오르는 포수 개비 하트넷(시카고 컵스)에게 밀려 2위에 그쳤다.

하지만 딘 형제의 전성시대는 2년뿐이었다. 데뷔하고 2년 연속으로 19승을 거둔 동생 폴은 1936년 연봉 투쟁을 하느라 시즌을 늦게 시작했다. 그리고 몸이 제대로 완성되지 않은 상황에서 무리하게 피칭을 강행하다 어깨가 망가졌다. 폴은 이후 7년간 12승에 그친 후 유니폼을 벗었다. 반면 딘은 그해 24승을 거두며 이닝과 완투에서 1위, 다승과 탈삼진에서 2위에 올랐고, MVP 투표에서도 칼 허벨에 이은 2위를 차지했다.

딘의 최고의 무기는 물 흐르듯 부드러운 투구 폼에서 나오는 폭발적인 강속구였다. 커브 역시 일품이었다. 당시 뉴욕타임스는 딘을 "월터 존슨만큼 빠르고, 크리스티 매튜슨처럼 날카롭다"고 평했다. 그러던 중 딘에게 재앙이 찾아왔다.

1937년 4년 연속으로 올스타에 뽑힌 딘은 경기에 나서지 않고 쉬고 싶었다. 하지만 세인트루이스의 구단주 샘 브리든Sam Breadon은 자기 팀의 에이스가 올스타전에 나오지 않는 것을 용납하지 않았다. 어쩔 수 없이 마운드에 오른 딘은 클리블랜드의 중견수 얼 에이버릴Earl Averill의 라인드라이브 타구에 맞아 발가락이 골절되는 사고를 당했다.

문제는 그다음이었다. 이를 대수롭지 않게 생각한 딘은 부상이 완쾌되지 않았는데도 주위의 만류를 뿌리치고 마운드에 올랐다. 발가락이 아프다 보니 하체에 힘을 줄 수 없었고, 하체에 힘을 줄 수 없다 보니 어깨로만 던졌다. 순식간에 어깨가 망가졌다. 동시에 강속구도 사라졌다.

이를 눈치 챈 세인트루이스는 시즌 후 18만 5000달러와 선수 세 명을 받고 딘을 시카고 컵스로 넘겼다. 1938년 딘은 많은 경기에 나서지 못하면서도 7승 1패 1.81을 기록했고, 시즌 막판엔 활약을 펼쳐 팀의 리그 우승에 중요한 역할을 했다. 하지만 월드시리즈에서는 뉴욕 양키스의 타선에 난타를 당했다. 이후 2년간 9승에 그친 딘은 1941년 시즌 첫 등판에서 1이닝 3실점을 기록한 후 은퇴를 선언했다. 서른한 살, 너무 이른 피날레였다.

'돌+아이' 딘

다음은 디지 딘이 만들어낸 상황극들이다. 혹시라도 딘의 일대기를 그리는 영화가 만들어진다면 배역에 짐 캐리를 추천한다.

1934년 딘은 월드시리즈 1차전에 앞서 타격 연습을 하고 있는 디트로이트 타자들에게 다가가 "공을 어떻게 치는 건지를 내가 제대로 보여주지"라며 배팅 케이지에 들어섰다. 날카로운 타구를 날렸다. 실제로 딘의 타격 실력은 상당히 뛰어났다. 이를 본 행크 그린버그는 껄껄 웃은 다음 입이 쩍 벌어지게 만드는 타구를 날렸다. 딘은 "그렇지, 그렇게 치는 거라고"라는 말을 남기고 꽁무니를 뺐다.

1935년 4월 15일자 타임 매거진의
표지 모델로 실린 디지 딘.
사진 Acme Newspictures

1936년 딘은 사인을 보기 귀찮다며 포수에게 사인 없이 경기를 하겠다고 했다. 그리고 상대 팀 감독에게 찾아가 "내가 패스트볼만 던질 테니 그렇게 아쇼"라고 말했다. 결과는 4안타 완봉승이었다.

1937년 딘은 보스턴 비즈(현 브레이브스)전을 앞두고 조 디마지오의 형인 빈스 디마지오Vince DiMaggio 정도는 매 타석 삼진으로 잡아낼 수 있다고 떠벌렸다. 딘은 세 타석 모두 빈스를 삼진으로 돌려세웠다. 그리고 네 번째 타석에서 빈스가 포수 파울플라이 타구를 날리자 포수에게 "놓쳐! 놓쳐!"(Drop it! Drop it!) 하고 외쳤다. 포수는 공을 잡지 않았고, 딘은 결국 삼진을 잡아냈다.

1937년 필라델피아 필리스전에서 딘은 "세트포지션에서는 양손을 모은 후 반드시 일시 정지를 하지 않으면 보크를 주겠다"는 주심의 말을 무시하고 던지다 정말로 보크가 선언됐다. 이에 이성을 잃은 딘은 1번부터 8번까지 연속으로 타자들을 아주 교묘하게 맞힌

후 9번 타자인 투수를 건너뛰고 다시 1번 타자에게 빈볼을 던졌다. 지미 윌슨Jimmie Wilson은 얼굴 쪽으로 공이 날아오자 다음 공에 복수의 기습 번트를 날렸다. 1루에서 만난 윌슨과 딘은 서로에게 주먹을 날렸다. 다음 경기에서 딘은 주심의 말을 너무도 잘 따랐다. 세트 포지션에서 4분간 멈춘 후 공을 던진 것. 그다음 공을 던지는 데는 3분이 걸렸다.

해설계의 거성이 되다

한창 나이에 유니폼을 벗은 디지 딘은 공 대신 마이크를 잡았다. 세인트루이스 브라운스(현 볼티모어 오리올스)의 전담 해설가가 된 딘은 선수들을 거침없이 비난하는 '거성식 해설'과 함께 문법과 어법, 철자 등을 무시하는 엉터리 영어를 구사해 폭발적인 인기를 끌었다. 어떤 선생님은 아이들이 말투를 따라 하는 게 걱정된다며 항의 편지를 보내기도 했다.

1947년 딘은 "내가 던져도 너희보다 낫겠다"라며 시즌 내내 브라운스 투수들을 놀려댔다. 브라운스는 그해 59승 95패를 기록하며 리그 꼴찌의 성적을 냈으며, 평균자책점 역시 꼴찌였다. 참다못한 브라운스 투수들이 딘에게 달려가 "그럼, 당신이 직접 던져보쇼"라며 따졌다. 딘은 진짜로 9월 28일 시즌 마지막 경기에 브라운스의 선발로 나섰고, 시카고 화이트삭스를 상대로 4이닝 무실점을 기록했다. 거의 7년 만에 오른 마운드였다. 서른일곱 살의 딘은 역시 7년 만에 타석에서도 안타를 때려냈는데, 1루를 돌다가 햄스트링 부상을 입어 교체됐다. 중계석으로 돌아온 딘은 "다친 데가 목이 아니라서 다행이다"며 익살을 떨었다. 그해 브라운스의 관중 수는 평균 4000명 정

홈런과 맞서 싸우다

도에 불과했는데, 딘이 선발 등판한다는 소식에 1만 6000명에 가까운 관중이 운집했다.

1953년 딘은 79.2퍼센트 득표율을 기록해 명예의 전당에 올랐다. 등번호 17번은 세인트루이스 카디널스의 영구 결번이 됐다. 세인트루이스에서 영구 결번을 따낸 투수는 밥 깁슨과 디지 딘뿐이다. 1974년 딘은 심장마비로 세상을 떠났다. 6년간 내셔널리그 최고의 투수로 활약한 후 20년간 마이크를 잡았던 딘은 2006년 해설가들의 명예의 전당이라 할 수 있는 포드프릭상 후보로 올랐다가 아깝게 탈락했다.

밥 펠러, 강속구의 계보

**나는 밥 펠러보다 빠른 공을 던진 투수가
있었다고는 믿지 않는다.** _조 디마지오

밥 펠러 Robert William Andrew "Bob" Feller, 1918~2010
투수, 우투우타
활동 기간 1936~1941, 1945~1956(18시즌)

메이저리그 강속구의 계보는 '공이 연기를 내며 들어왔다'는 스모
키 조 우드와 '공이 지나갈 때 기차 소리가 났다'는 '빅 트레인' 월터
존슨에서 시작된다. 그리고 그 뒤를 이은 주인공은 1940년대를 초토
화해 '래피드 로버트Rapid Robert' 또는 '불릿 밥Bulllet Bob'으로 불
린 밥 펠러다. 1937년 시범경기에서 펠러를 상대한 뉴욕 자이언츠
선수들의 증언은 한결같았다. 소리는 들었지만 공을 보지는 못했다
는 것.

군에서 제대한 직후 진행한 속도 측정에서 펠러는 최고 구속
98.6마일(158.7킬로미터)을 찍었다. ECD라는 군사장비로 측정한
결과에서는 107.9마일(173.6킬로미터)이 나오기도 했다. 펠러는

1997년 월드시리즈에서 롭 넨Robb Nen이 102마일을 기록하자 "내 체인지업이 저랬지"라며 껄껄 웃었다. 39세 월터 존슨과 17세 펠러 모두를 상대해본 명예의 전당 2루수 찰리 게링거는 월터 존슨이 더 빨랐다고 했지만, 기억은 시간이 지날수록 과대 포장되기 마련이다. 게다가 존슨은 게링거가 데뷔하고 처음 상대한 투수였다.

1936년부터 1956년까지 18시즌 동안, 펠러는 오직 클리블랜드 인디언스에서만 활약하며 266승 162패 3.25, 탈삼진 2581개의 화려한 성적을 남겼다. 하지만 이는 최고 전성기였던 23세부터 26세까지의 4년이 빠진 기록이다. 4년 공백이 아니었다면, 펠러는 100승과 1000삼진이 추가된 '360승 3600삼진'을 기록하고 은퇴했을지도 모른다. 그랬다면 20세기 최다승 투수는 워런 스판(363승)이 아니었을 수도 있다.

1938년부터 1951년까지 풀타임 10시즌은 최고의 전성기였다. 펠러는 '5시즌 연속 20승'과 함께 다승 1위 5번, 7시즌 연속 탈삼진 1위와 5시즌 연속 이닝 1위를 기록하며 아메리칸리그 마운드를 지배했다. 평균자책점도 5위 내에만 6번 들었다(1위는 1회). 그는 성적이 만족스럽지 않으면 먼저 팀에 연봉 삭감을 이야기할 정도로 자존심이 강했다. 4시즌의 공백도 스스로 택한 길이었다.

17세 괴물 소년, 클리블랜드

아이오와주의 평범한 농부였던 밥 펠러의 아버지는 열성적인 야구팬이었다. 아들을 위해 농장 한편에 마운드를 마련한 그는 나중에는 마치 영화 '꿈의 구장'에서처럼 펜스와 조명 시설까지 갖춘 야구장을 만들었다. 열두 살 때 펠러는 고교 팀과 세미프로 팀을 상대한

7경기에서 5번 노히트노런을 기록했다. 세미프로 팀을 상대로 21개 삼진을 잡아낸 후 바로 다음 경기에서는 고교 팀을 상대로 23개를 기록했다. 클리블랜드 인디언스가 가장 먼저 소문을 듣고 달려왔다.

펠러는 계약이 불가능한 열여섯 살 소년이었다. 이에 클리블랜드는 마이너리그 구단에 상당액을 지원하는 것으로 케네소 랜디스 커미셔너의 예외 인정을 얻어냈다(랜디스는 펠러를 두고 쟁탈전이 벌어져 시끄러워지는 것을 원치 않았다). 펠러는 얼마를 원하냐는 질문에 1달러와 함께 스카우트로 온 메이저리그 통산 1승의 사이 슬랩니카 Cy Slapnicka의 사인볼을 요구했다(슬랩니카는 이후 클리블랜드의 단장이 됐다). 펠러가 그때 받았던 1달러짜리 수표는 지금도 그의 고향에 있는 밥펠러 박물관에 전시돼 있다.

1936년 열일곱 살의 펠러는 시범경기에서 세인트루이스 카디널스를 상대로 '9타자 8삼진'의 심상치 않은 조짐을 보이더니, 8월 24일 메이저리그 첫 선발 등판에서 세인트루이스 브라운스를 상대로 15개 삼진을 잡아내는 대형 사고를 쳤다. 그리고 5번째 선발 등판에서는 필라델피아 어슬레틱스를 제물로 삼아 17탈삼진의 타이기록(디지 딘)을 세웠다.

펠러의 인기는 엄청났다. 시즌이 끝나자 고향으로 돌아가 학교를 졸업했는데, 졸업식을 전국 라디오 방송이 중계했을 정도였다. 타임 매거진은 8경기 선발 등판이 경력의 전부인 펠러를 표지 모델로 삼기도 했다.

1938년 열아홉 살이 된 펠러는 17승(11패 4.08)과 240삼진을 기록하며 '7시즌 연속 탈삼진 1위'의 스타트를 끊었다. 시즌 최종일에는 디트로이트 타이거스를 상대로 18삼진의 메이저리그 신기록을

홈런과 맞서 싸우다

작성했다. 하지만 펠러는 지금도 1900년대 이후 최고 기록으로 남아 있는 208볼넷(277.2이닝)도 기록했다. 한 시즌 200개 이상 볼넷을 기록한 투수는 펠러와 놀란 라이언(1977년 204개, 1974년 202개)뿐이다. 이후 펠러는 세 번 더 볼넷왕에 올랐다. 하지만 제구력은 빠르게 좋아졌다.

놀란 라이언과 펠러를 비교할 때 많은 전문가들이 펠러의 손을 든다. 스포츠기자 제이슨 스타크Jayson Stark는 메이저리그 역사상 가장 과대 포장된 우투수로 놀란 라이언을, 가장 저평가된 우투수로 펠러를 꼽기도 했다(그가 뽑은 가장 과대 포장된 좌투수는 샌디 코팩스, 가장 저평가된 좌투수는 베이브 루스다).

1939년 스무 살의 펠러는 24승(9패 2.85)과 246삼진을 기록하며 5시즌 연속 '다승과 탈삼진 1위'의 스타트를 끊었다. 1984년 드와이트 구든이 나타나기 전까지는 최연소 20승 기록이었다. 4.08에서 2.85(3위)로 낮아진 평균자책점은 최고 시즌이 임박했다는 전조였다.

1940년 결국 펠러는 트리플 크라운을 달성했다(27승 11패 2.61, 261삼진). 코미스키파크에서 시카고 화이트삭스를 상대한 개막전에서는 손을 호호 불어가면서 지금도 유일하게 남아 있는 '개막전 노히트노런'을 달성했다. 2회에 볼넷 3개를 내주면서 무사 만루 위기에 몰렸는데 삼진 3개를 연달아 잡아 탈출했다. 스코어는 1대 0이었다.

그해 클리블랜드 인디언스는 정규 시즌 마지막 3연전을 앞두고 리그 1위인 디트로이트에 2경기 뒤져 있었다. 마침 마지막 3연전의 상대는 디트로이트였다. 1차전에 선발로 나선 펠러는 3피안타 2실점으로 분전했다. 하지만 타선이 디트로이트의 신인 투수에게 당하며 0대 2로 패했다. 클리블랜드는 남은 2경기를 모두 잡아냈지만 결국 1경기 차로 2위에 머물렀다.

조국에 바친 100승

1941년에도 밥 펠러는 무려 343이닝을 던지는 동안 25승 13패 3.15, 260삼진을 기록하며 선전했다. 23세 생일 이전에 따낸 107승 1233삼진은 전에도 없었고 앞으로도 없을 기록이다. 리그 MVP 투표에서 펠러보다 많은 표를 얻은 선수는 56경기 연속 안타의 기록을 세운 조 디마지오(1위)와 4할 타율의 테드 윌리엄스뿐이었다.

하지만 펠러는 멈춰 섰다. 스스로 택한 중단이었다. 12월 8일 연봉 재계약을 위해 차를 몰고 구단으로 향하던 도중에 라디오에서 흘러나오는 긴급 뉴스를 들었다. 진주만 공습 소식이었다. 펠러는 곧바로 핸들을 꺾었고, 그로부터 사흘 후 스타 메이저리거로는 행크 그린버그에 이어 두 번째로 군에 자원입대했다. 펠러는 암에 걸려 작고한 아버지 대신 가족의 생계를 돌보고 있었으므로 징집 대상자가 아니었다. 하지만 이것은 그에게 이유가 되지 못했다.

전함 앨라배마(USS Alabama)호에 배치된 펠러는 시속 160킬로미터의 강속구를 뿌리는 대신 분당 160발이 발사되는 40밀리미터 대공포의 사수를 맡았다. 유명 선수 대부분이 후방에 배치된 것(조 디마지오의 임무는 위문차 군부대를 도는 것이었다)과는 달리 그는 최전방에서 싸웠다. 북대서양에서 독일 유보트와 맞섰으며, 태평양 전선에서는 마셜 군도 전투와 괌 상륙 작전, 도쿄 공습 등 수많은 역사적 전투에 참가했다.

1937년 8월 경기에 앞서 당시 '원더 보이즈'로 불리던 워싱턴 세너터스의 신인 투수 버키 제이컵스Bucky Jacobs와 클리블랜드 인디언스의 18세 투수 밥 펠러(오른쪽)가 처음 만나 인사를 나누는 모습. 사진 Harris & Ewing

1945년 8월 22일 펠러는 가슴에 8개 무공훈장을 달고 제대했다. 그리고 메이저리그 복귀전에서 1944년과 1945년 리그 MVP인 할 뉴하우저를 꺾었다(뉴하우저를 싫어한 사람들은 "진짜 에이스가 돌아왔다"며 좋아했다). 군 복무 중 포탄을 들며 근력을 키웠던 펠러는 돌아오자마자 9경기 중 7경기에서 완투했다(5승 3패 2.50).

복귀 후 첫 풀타임 시즌인 1946년, 펠러는 26승 15패 2.18를 기록하며 변함없는 괴력을 뽐냈다. 36완투(42선발)는 라이브볼 시대 최고 기록이었으며, 371.1이닝을 던지는 동안 10번 완봉을 거두었다. 막강한 타선의 뉴욕 양키스를 상대로는 통산 두 번째 노히트노런에 성공했다. 348삼진은 1912년 월터 존슨이 기록한 이후 처음 나온 300탈삼진이자 1900년대 이후 메이저리그 신기록이었다. 이는 1965년 샌디 코팩스가 382삼진을 기록하기 전까지 최고 기록으로 남았지만, 훗날 1904년 루브 웨델의 기록이 349개로 수정되면서 자리를 내놓았다.

3번 노히터, 12번 '원히터'

1947년(20승 11패 2.68, 196삼진)은 밥 펠러가 다승과 탈삼진을 마지막으로 동시 석권한 시즌이었다. 이후 내리막길을 걸었다. 19승 15패 3.56, 164삼진을 기록한 1948년에는 7시즌 연속 탈삼진왕에 올랐지만 5시즌 연속 다승왕은 중단됐다.

그해 클리블랜드는 28년 만에 월드시리즈에 올라 보스턴 브레이브스를 상대했다. 펠러는 1차전에서 1실점 완투로 틀어막았는데도 패전 투수가 됐다. 1실점은 8회 말 석연치 않은 세이프 판정을 받은 2루 주자가 홈으로 들어온 것이었다. 펠러는 5차전에서 5.1이닝을 던지며 7실점을 해 패배를 맛보았지만, 구원투수로 나온 밥 레몬Bob Lemon의 대활약에 힘입어 팀은 월드시리즈 우승의 기쁨을 누렸다.

1949년 15승 14패 3.75, 1950년엔 16승 11패 3.43을 기록하며 하향세를 막지 못했다. 1951년에 와서는 마지막 불꽃을 태우며 22승 8패 3.50의 성적을 내, 통산 6번째이자 마지막 다승왕에 올랐다. 디트로이트전에서는 한 개의 안타도 내주지 않으며 세 번째 '노히터'를 기록했지만, 실책으로 내보낸 주자가 '도루-견제 악송구-희생플라이'로 이어지는 동안 홈을 밟아 '노런'은 되지 못했다. 펠러는 샌디 코팩스가 나타나기 전까지 유일한 3회 노히터 달성자였다. 12번의 '원히터'는 놀란 라이언과 함께 아직도 최고 기록으로 남아

홈런과 맞서 싸우다

있다.

1952년 펠러는 9승 13패 4.74에 그치며 풀타임 11시즌 만에 처음으로 10승에 실패했다. 5할 미만 승률도 처음이었다. 1954년 클리블랜드 인디언스는 다시 월드시리즈에 나섰지만 펠러는 마운드에 오르지 못했다. 클리블랜드는 뉴욕 자이언츠에 4연패로 몰려 물러났다.

1955년 서른여섯 살이 된 '17세 소년'은 마침내 선발진에서 탈락했다. 펠러는 2년간 4승을 더 올린 후 1956년 시즌을 끝으로 유니폼을 벗었다.

밥 펠러는 은퇴 후 사업가의 길을 걸어 상당한 성공을 거뒀다. 1957년 클리블랜드는 펠러의 19번을 구단 최초의 영구 결번으로 지정했다. 1962년 명예의 전당 투표에서는 93.8퍼센트의 높은 득표율을 기록해 1936년 월터 존슨, 크리스티 매튜슨 이후 처음으로 투표 첫해 입성하는 투수가 됐다. 1948년 새철 페이지의 클리블랜드 입단을 가장 반긴 펠러는 흑인 야구의 절대적 지원자이기도 했다. 그는 2006년 베테랑위원회가 니그로리그의 전설적인 1루수 벅 오닐Buck O'Neil을 탈락시키자 맹비난을 하기도 했다.

명예의 전당 헌액자 중 바비 도어Bobby Doerr(1918년 4월생) 다음으로 최고령이었던 펠러(1918년 11월생)는 2010년 12월 15일 92세를 일기로 세상을 떠났다. 죽기 전에 클리블랜드 인디언스의 월드시리즈 우승을 보고 싶다던 그의 마지막 소원은 이뤄지지 않았다.

할 뉴하우저, 제2차 세계대전 에이스

할 뉴하우저가 마운드로 걸어 올라가는 모습을 보면서
걱정을 한 사람은 아무도 없었다. _보보 뉴섬Bobo Newsom

할 뉴하우저 Harold "Hal" Newhouser, 1921~1998

투수, 좌투좌타

활동 기간 1939~1955(17시즌)

1992년 명예의 전당 헌액식의 주인공은 톰 시버와 롤리 핑거스
Rollie Fingers였다. 시버는 430표 중 425표를 받아 98.8퍼센트의 역대
최고 득표율을 기록했다. 핑거스도 구원투수로는 2번째 입성이었는
데, 첫 번째 입성자인 호이트 빌헬름Hoyt Wilhelm이 1985년 9번째 도
전에서 성공한 것과 달리 2번째 도전 만에 성공하는 쾌거를 이뤘다.

하지만 헌액식에서 가장 눈길을 끈 사람은 베테랑위원회 추천으
로 들어가는 71세의 할 뉴하우저였다. 백발의 뉴하우저는 94세 노모
와 함께 쏟아지는 눈물을 멈추지 못했다.

디트로이트 타이거스에서 200승을 거둔 4명 중 하나인 뉴하우저
는 메이저리그 역사상 리그 MVP를 2년 연속(1944~1945년)으로 거

머퀸 유일한 투수다. MVP가 기자 투표로 주어지기 시작한 1931년 이후 2회 수상한 투수도 그와 칼 허벨(1933, 1936년)뿐이다.

로저 클레먼스가 1997년에 거둔 트리플 크라운은 아메리칸리그에서 1945년 뉴하우저가 기록한 이후 52년 만에 나온 것이었다. 트리플 크라운에다 이닝, 완투, 완봉에서도 1위를 한 것 역시 뉴하우저 이후 처음이었다. 2006년 요한 산타나Johan Santana는 메이저리그 통합 트리플 크라운을 차지했는데, 아메리칸리그 투수로는 1945년의 뉴하우저 이후 61년 만이었다.

뉴하우저는 1940년대에 가장 많은 승리(170)를 따낸 투수이자, 3년간(1944~1946년) 80승(27패)을 거둔 마지막 투수다. 1944년에 따낸 29승은 1931년에 31승을 거둔 레프티 그로브에 이어 1900년 이후 좌완 투수 2위 기록에 해당한다. 뉴하우저 이후 그보다 더 많은 승리를 거둔 투수는 1968년에 마지막 30승을 기록한 데니 매클레인뿐이다. 빌 제임스는 뉴하우저의 시대에 사이영상이 있었다면 뉴하우저가 1945년부터 1948년까지 아메리칸리그 4연패를 했으리라고 예상했다(1944년은 2위).

하지만 150승(83패 3.02)의 디지 딘, 197승(140패 3.24)의 대지 밴스Dazzy Vance, 207승(128패 3.23)의 밥 레몬, 209승(166패 2.95)의 돈 드라이스데일이 모두 기자 투표를 통해 명예의 전당에 오른 것과 달리, 207승(150패 3.06)을 올린 뉴하우저는 15번째 마지막 투표에서도 고작 42.8퍼센트를 받는 데 그쳤다. 제2차 세계대전의 덕을 가장 많이 본 투수라는 이유에서다. 그의 별명은 '제2차 세계대전 투수'(Wartime Pitcher)였다.

프린스 할

할 뉴하우저는 1921년 디트로이트에서 독일계 노동자의 아들로 태어났다. 열세 살이 되어서야 야구를 시작한 그는 고교 시절 한 경기에서 24개 삼진을 잡아내면서 메이저리그 스카우트들의 표적이 됐다. 뉴하우저는 폭발적인 강속구를 던질 수 있는 좌완이었다. 높은 타점을 자랑한 오버핸드 커브는 훗날 삼진을 당하지 않기로 소문난 조 디마지오를 '3구 연속 헛스윙 삼진'으로 잡아낼 정도로 발전했다.

뉴하우저의 꿈은 전투기 조종사였다. 하지만 선천성 심장 판막 이상이 그 꿈을 막았다. 1939년 열여덟 살 때 예일대와 듀크대에서 온 장학금 제안을 거절하고 연봉 500달러를 받는 조건으로 고향 팀 디트로이트 타이거즈에 입단했다. 클리블랜드 인디언스가 연봉 1500달러에 자동차 보너스까지 제안했지만, 이미 계약서의 잉크가 마르고 난 뒤였다. 훗날 그는 설령 클리블랜드의 제안이 먼저 왔더라도 디트로이트를 택했을 것이라고 밝혔다.

디트로이트가 그에게 건 기대는 대단했다. 디트로이트는 '프린스 할Prince Hal'이라는 별명이 붙은 그를 시즌 막판 메이저리그에 데뷔시켰으며, 이듬해인 1940년 선발진에 합류시켰다. 그러나 디트로이트의 조급증은 좋지 않은 결과로 이어졌다.

그렇지 않아도 지나칠 정도로 승부욕이 강했던 열아홉 살의 뉴하우저는 중압감에 허우적대더니 이내 실투 하나, 수비 실책 하나에 와르르 무너지는 모습을 보였다. 불안한 제구력을 잡을 시간도 얻지 못해, 1943년까지 4년간 685.2이닝을 던지면서 볼넷을 무려 438개나 내줬다. 이는 9이닝당 5.75개에 달한다.

뉴하우저는 스티브 오닐Steve O'Neill 감독에게 면담을 신청해 문제가 무엇인지를 물었다. 이에 오닐은 다음과 같이 말했다. "투수는 두 가지를 컨트롤할 수 있어야 해. 하나는 공, 다른 하나는 마음이야." 짧고 단순하지만 그의 눈을 뜨게 한 결정적인 한마디였다.

이날 이후 뉴하우저는 마운드에서 평정심을 얻었다. 실책을 범한 동료를 째려보는 일도 없어졌다. 베테랑 포수인 폴 리처즈와 호흡을 맞추면서 제구력도 점차 나아져갔다.

제2차 세계대전 시기의 성공

1944년 할 뉴하우저는 29승 9패 2.22, 탈삼진 187개의 성적을 기록해 팀 동료인 디지 트라웃(27승 14패 2.12)을 제치고 리그 MVP가 됐다. 트라웃만 아니었다면 트리플 크라운을 달성할 수 있었다. 이듬해인 1945년에 올린 성적은 더 눈부셔 25승 9패 1.81, 탈삼진 212개를 기록하며 결국 트리플 크라운을 차지했다. 선발(36), 이닝(313.1), 완투(29), 완봉(8)에서도 1위에 올라 2년 연속 리그 MVP가 됐다.

그해 시즌 마지막 경기에서 뉴하우저는 2대 3으로 뒤진 6회 마운드에 올라 4이닝을 무실점으로 막아냈다. 9회 초 행크 그린버그의 역전 만루 홈런이 터진 디트로이트는 전년도 1경기 차로 2위에 머문 아쉬움을 씻고 리그 우승을 차지했다.

뉴하우저는 시카고 컵스와의 월드시리즈에서도 1차전은 2.2이닝 7실점으로 무너졌지만, 5차전과 7차전에서 완투승을 따내 팀의 월드시리즈 우승을 이끌었다(디트로이트는 이 우승 이후 다시 우승하기까지 23년이 걸리게 된다).

하지만 1944년과 1945년은 메이저리그에도 제2차 세계대전의 폭풍이 불어닥친 시기로, 전쟁에 뛰어든 메이저리거의 수는 팀당

1948년 디드로이트 타이거스 시절의 할 뉴하우저.
사진 Baseball Hall of Fame Biographies 동영상 캡처

20명 정도인 340명에 달했다. 특히 테드 윌리엄스, 밥 펠러, 조 디마지오, 스탠 뮤지얼을 비롯한 스타 선수들은 모범을 보이기 위해 거의 전원이 군복을 입었다. 여기에 3000여 명 마이너리거들까지 입대하면서 구단들은 엄청난 선수난에 시달렸고, 경기의 질은 크게 떨어졌다. 왼팔 하나로 방망이를 휘둘렀던 피트 그레이Pete Gray가 데뷔한 것도 선수가 부족했기에 가능했다.

사람들은 밥 펠러가 없는 아메리칸리그의 마운드를 평정한 뉴하우저를 호랑이 없는 굴에서 왕 노릇을 하는 여우라고 생각했다. 더군다나 1945년 제대해 복귀전을 치르는 펠러에게 뉴하우저가 패하면서 이러한 믿음은 더욱 강해졌다.

밥 펠러가 홀어머니와 가족을 부양하고 있어 징집 대상이 아니었는데도 자원입대를 하고 행크 그린버그가 제대하고 이틀 만에 다시

홈런과 맞서 싸우다

자원입대한 것처럼, 뉴하우저도 책임을 다하기 위해 몇 번이고 지원서를 냈다. 하지만 그때마다 불합격 판정을 받았다. 어린 시절 조종사의 꿈을 포기하게 만든 심장병 때문이었다.

뉴하우저가 제2차 세계대전의 도움을 받은 것은 분명하다. 하지만 제2차 세계대전이 없었다면 나타나지 않았을 에이스는 결코 아니었다. 그가 완전히 다른 투수가 된 1944년은 23세 시즌으로, 마침 무르익어갈 나이였다. 참전 선수들이 돌아온 후 뉴하우저는 그저 그런 투수가 됐을까. 그렇지 않았다.

전후, 굴레를 벗다

1946년 할 뉴하우저는 26승 9패 1.94의 성적을 거두고 다승과 평균자책점에서 리그 1위에 올랐다. 밥 펠러(26승 15패 2.18)는 348개 삼진을 잡아내는 센세이션을 일으켰지만, 리그 MVP 투표에서는 뉴하우저가 2위를 기록함으로써 6위에 그친 그를 앞섰다(1위 테드 윌리엄스). 당시 참전 선수들은 심판들에게 후한 대접을 받았지만 뉴하우저는 그렇지 못했다.

1947년 뉴하우저는 타선의 지원을 받지 못해 17승 7패에 그쳤지만 평균자책점은 리그 5위에 해당하는 2.87에 달했다. 1948년에도 21승 12패 3.01을 기록해 1944년부터 5년 동안 네 번 다승왕에 올랐다. 물론 1944~1945년 때와 같은 압도적인 모습은 아니었지만, 아메리칸리그를 대표하는 에이스로 나무랄 데 없는 성적이었다. 심지어 1947년 뉴욕 양키스는 디트로이트 타이거즈에 조 디마지오와 뉴하우저를 바꾸자는 제안을 하기도 했다. 디트로이트는 이를 거절했다.

하지만 1949년에 어깨 부상을 입으면서 질주에 제동이 걸렸다. 강속구를 잃은 뒤 성적은 1949년 18승 11패 3.36, 1950년 15승 13패 4.34로 떨어졌고, 이후 더 이상 풀타임 시즌을 치르지 못했다. 서른 살 생일 이전에 라이브볼 시대 최고 기록인 188승을 거둔 이후 19승을 추가하는 데 그쳤는데, 이런 갑작스러운 퇴조가 '전쟁이 아니었다면 빛을 보지 못했을 투수'라는 잘못된 인식으로 이어졌다.

1954년 디트로이트에서 방출된 뉴하우저는 행크 그린버그가 단장으로 있던 클리블랜드 인디언스에 입단해 구원투수를 맡았다. 이때 훗날 모두 명예의 전당에 오르는 밥 펠러, 밥 레몬, 얼리 윈Early Wynn 선발 3인방을 도왔다. 그리고 이듬해 2경기를 끝으로 유니폼을 벗었다.

은퇴 후에는 훗날 209승을 거두는 투수 밀트 파파스Milt Pappas를 발굴하기도 하는 등 디트로이트 타이거스와 클리블랜드 인디언스, 볼티모어 오리올스에서 미시간주 담당 스카우트로 활약했다. 이후 오랫동안 개인 사업을 하다 1990년대 초반 휴스턴 애스트로스의 스카우팅 팀에 합류하면서 야구계로 돌아왔다. 1992년 뉴하우저는 신인 드래프트 전체 1순위 지명권을 가진 휴스턴에 골든스파이크상(미국야구협회가 매년 최고의 아마추어 야구 선수에게 주는 상) 수상자 필 네빈이 아니라 한 고교 유격수를 뽑아야 한다고 역설했지만 받아들여지지 않았다. 그 선수는 데릭 지터였다.

15번의 기자 투표에서 모두 떨어진 뉴하우저는 1992년 베테랑위원회를 통해 명예의 전당에 들어갔다. 은퇴하고 나서 37년 만이었다. 1997년 디트로이트 타이거스는 뉴하우저의 등번호 16번을 영구결번으로 정했다. 팀 역대 다섯 번째이자 투수로는 처음이었다. 이듬해 뉴하우저는 77세를 일기로 세상을 떠났다.

홈런과 맞서 싸우다

워런 스판, 최다승 좌완 투수

타격은 타이밍이다.
그리고 피칭은 타이밍을 무너뜨리는 것이다. _워런 스판

워런 스판 Warren Edward Spahn, 1921~2003

투수, 좌투좌타

활동 기간 1942, 1946~1965(21시즌)

꼬마 시절 아이들이 간편하게 할 수 있는 놀이에는 '슈퍼맨 놀이'가 있었다. 준비물이라고는 망토로 쓸 보자기가 전부였다. 어깨에 보자기만 두르고 한쪽 주먹을 뻗으면 누구라도 하늘을 날 수 있었다. 지금 생각해보면 신축성 좋은 스판 소재의 푸른색 쫄쫄이 위에 붉은색 팬티를 입은 슈퍼맨의 복장은 우습기 짝이 없다. 가슴에 새겨진 'S' 자가 '스판'의 약자라는 우스갯소리도 있다.

메이저리그에는 스판덱스 소재처럼 질기게 선수 생활을 한 진짜 슈퍼맨이 있다. 바로 역대 최고의 좌완 투수 중 한 명인 워런 스판이다.

스판이 21시즌 동안 올린 363승은 스티브 칼턴의 329승을 넘는

좌완 최고 기록이다. 또한 사이 영(511), 월터 존슨(417), 피트 알렉산더(373), 크리스티 매튜슨(373), 퍼드 갤빈(365)에 이은 역대 6위 기록이자, 1900년 이후에 태어난 투수 중 최다승 기록이다. 이후 그레그 매덕스와 로저 클레먼스가 스판의 기록에 도전했지만 각각 355승과 354승에서 멈춰 섰다.

스판이 기록한 13번의 20승은 사이 영(15회)에 이은 역대 2위이자 크리스티 매튜슨과 함께 1900년 이후 최고 기록이다. 스판은 20승을 6년 연속으로 기록하기도 했다. 또 5년 연속 기록을 포함해 8번이나 다승 1위에 올랐고, 7년 연속 기록을 포함해 9번이나 완투 1위에 올랐다. 특히 1949년부터 1963년까지 15년 동안은 20승을 12번이나 달성하며 연평균 20승이 넘는 306승을 쓸어 담았다.

샌디 코팩스를 대표하는 단어가 '압도적'이라면, 스판의 경우는 '꾸준함'과 '내구성'이다. 스판은 역대 8위이자 좌완 1위, 그리고 내셔널리그 1위에 해당하는 5243.2이닝을 던졌다. 이는 코팩스보다 2919.1이닝 더 많은 것으로, 특히 1947년부터 1963년까지는 17년 연속으로 245이닝 이상(연평균 278이닝)을 기록했다. 브루클린 다저스의 타자들은 팀에 새로운 피칭 머신이 도착하자 '워런 스판'이라는 이름을 붙이기도 했다. 더욱 놀라운 것은 그가 25세 생일이 지난 후에야 메이저리그 첫 승을 올렸다는 것이다.

괘씸죄, 그리고 참전

워런 스판은 1921년 뉴욕주 버펄로에서 태어났다. 벽지 판매상인 아버지는 열렬한 야구팬이었다. 스탠 뮤지얼이 어깨에 부상을 입은 후 투수에서 외야수로 전환한 것과는 반대로, 원래 1루수였던 스판은 진학한 고등학교에서 1루 자리가 없었던 탓에 투수로 전환했다.

1940년 스판은 열아홉 살 나이에 보스턴 브레이브스(현 애틀랜타 브레이브스)에 입단했다. 케이시 스텡걸 감독은 그를 처음 보자마자 "저 친구는 부상만 없다면 최고의 투수 중 하나가 될 거야"라고 말했다. 1941년 스판은 마이너리그에서 19승을 올렸다. 모든 게 잘 풀리는 듯했다.

하지만 1942년 스프링캠프에서 예기치 못한 일이 일어났다. 시범경기 도중 케이시 스텡걸 감독이 다저스의 피 위 리즈를 상대로 빈볼을 던지라고 지시했는데 스판이 이를 거부한 것이었다. 대노한 스텡걸 감독은 그를 그 즉시 마이너리그로 내려보냈고 시즌 내내 부르지 않았다. 마이너리그에서 17승 12패 1.96을 기록한 스판은 시즌 막판 겨우 올라와 4경기에 나설 수 있었다. 시간이 한참 지난 뒤 스텡걸 감독은 당시 스판을 마이너리그로 쫓아낸 것을 인생 최대의 실수로 꼽았다. 하지만 스판은 스텡걸 감독을 한 번도 원망하지 않았으며 오히려 존경했다.

이듬해에도 스판은 메이저리그 마운드에 오를 수 없었다. 제2차 세계대전의 징집 대상자가 됐기 때문이다. 스판은 그 유명한 벌지 전투에 참가해 동성 무공 훈장(Bronze Star)을 받았다. 그리고 레마겐 철교(루덴도르프 다리) 전투에서 유산탄을 맞아 가슴에 퍼플하트 훈장(Purple Heart)을 달고 제대했다. 이렇게 그는 군 복무로 3년을 더 잃었다.

군 복무가 아니었다면 스판은 400승을 달성했을지도 모른다. 하지만 이 3년은 시간 낭비가 아니었다. 훗날 스판은 군 복무를 통해 도전 정신을 배웠으며 무엇이 중요하고 중요하지 않은지를 깨닫게 됐다고 밝혔다. 또 좀 더 많은 생각을 하고 나서 메이저리그 생활을 시작한 것이 롱런에 도움이 됐다고 말했다.

타이밍 빼앗기, 두뇌 피칭

1946년 스물다섯 나이에 드디어 풀타임 메이저리거가 된 워런 스판은 이듬해 21승(10패)을 거두고 평균자책점 1위(2.33)에 오르며 질주를 시작했다. 그리고 그 질주는 20년간 이어졌다. 스판은 25세부터 29세까지 86승(58패 3.05), 30세부터 39세까지 202승(124패 2.95)을 거뒀으며, 40세부터 44세까지 다시 75승(63패 3.44)을 추가했다.

초기의 그는 패스트볼과 커브를 던지는 파워 피처였다. 1949년부터 1952년까지 4년 연속으로 탈삼진 리그 1위에 올랐으며, 1952년 6월 14일에는 시카고 컵스를 상대로 15이닝 동안 18개 삼진을 잡아내기도 했다(그날은 브레이브스가 행크 애런과 사인한 날이기도 하다).

하지만 그해 풀타임 데뷔 이후 가장 적은 14승(19패 2.98)에 그친 스판은 자신의 공이 점점 타자들에게 공략되고 있음을 느끼고 변신을 시도했다. 자신이 말한 "타격은 타이밍, 피칭은 타이밍 빼앗기"(Hitting is timing, pitching is upsetting timing)를 실천에 옮기기 시작한 것이다. 이를 위해 그는 스크루볼과 싱커, 슬라이더를 새롭게 추가했으며 같은 구종도 다양한 속도로 던지는 방법을 연마했다. 스판의 경기에서 같은 구종, 같은 속도의 공이 같은 코스에 들어가는 일은 결코 없었다. 타자들 입장에서는 만만한 공이 들어와 방망이를 휘두르면 빗맞은 타구가 나오는 속 터지는 일이 속출했다.

스판은 한때 볼넷을 100개 넘게 내줬던 제구력 역시 크게 좋아지

1951년
보스턴 브레이브스 시절의
워런 스판(오른쪽)과
원투 펀치를 이룬 동료 투수
자니 세인

자 스트라이크존의 17인치 중 12인치를 과감히 버렸다. 그 누구보다
도 제구력에 자신이 생긴 스판은 커미셔너에게 3회마다 주심을 바
꾸자는 제안을 하기도 했다.

그를 특별하게 만든 또 한 가지는 현란한 두뇌 피칭이었다.
1940년대 후반 원투 펀치 파트너이자 훗날 최고의 투수코치로 이름
을 날리는 자니 세인Johnny Sain은 자신이 야구계에서 만난 사람 중
에서 스판이 가장 비상한 머리를 가진 인물이었다고 말했다. 스탠
뮤지얼은 스판에게 '상상력의 예술가'라는 찬사를 건네기도 했으며,
어떤 타자는 그를 상대하면 머릿속이 난도질당하는 기분이 든다고
말했다. 여기에 발을 머리보다 높게 들어 올리고 공을 쥔 손은 발목

까지 내리는 느린 하이킥 모션은 타자들의 혼란을 더욱 가중시켰다.

한편 1루수 출신인 스판은 뛰어난 타격 실력까지 보유했는데 통산 35개 홈런은 내셔널리그 투수 최고 기록이다(메이저리그 기록은 웨스 페럴Wes Ferrell의 37개. 베이브 루스가 투수로서 기록한 홈런은 714개 중 14개다). 1958년 스판은 20승과 3할 타율을 동시에 기록하기도 했다.

메이스, 세인, 버데트

1951년 5월 뉴욕 자이언츠의 한 풋내기 타자가 워런 스판을 상대로 홈런을 날렸다. 메이저리그에 데뷔한 지 13타수 만에 얻어낸 첫 안타였다. 그 신인 타자의 이름은 윌리 메이스였다. 메이스는 스판을 상대로 통산 18개 홈런을 뽑아냈는데, 이는 로빈 로버츠Robin Roberts를 상대로 19개를 날린 듀크 스나이더에 이은 역대 2위 기록이다. 나중에 스판은 메이스를 만나 악수를 건네며 "그때 내가 꼭 삼진을 잡았어야 했는데"라며 웃었다.

스판을 이야기하면서 빼놓을 수 없는 선수는 바로 자니 세인이다. 1948년 9월 스판과 세인은 다저스와의 더블헤더에 함께 나서 스판이 1차전에서 14이닝 1실점의 완투승, 세인이 완봉승을 거뒀다. 브레이브스는 이 더블헤더를 시작으로 10경기에서 9승을 따냈는데, 비로 인해 경기가 드문드문 열린 덕분에 두 투수가 10경기 중 8경기에 나서 모두 승리할 수 있었다. 이 광경을 지켜본 보스턴포스트의 기자는 브레이브스의 선발 로테이션이 '스판-세인-비-비-스판-세인-비-비-스판-세인'이면 좋겠다는 의미에서 'Spahn and Sain and Pray for Rain'이라는 유명한 문구를 만들어냈다. 흥미로운 것은 그해 브레이브스는 승률 0.595를 기록하며 리그 우승을 차지했는데, 스판과 세인이 나선 경기에서의 승률은 그보다 낮은 0.591이었다는 것이다.

스판과 함께 더 오랫동안 원투 펀치로 활약한 투수가 있었으니, 루 버데트였다. 스판과 버데트는 브레이브스에서 12년 동안 함께 뛰며 421승을 합작했는데, 이는 에디 플랭크와 찰스 벤더Charles Bender가 필라델피아 어슬레틱스에서 12년간 합작한 440승에 이은 역대 2위 기록이다.

1957년 자신의 첫 번째이자 마지막 사이영상(사이영상은 1956년에 제정됐으며 스판이 은퇴하기 전까지는 양 리그를 통틀어 한 명에게만 줬다)을 따낸 스판은 처음이자 마지막 월드시리즈 우승 반지도 손에 넣었다. 그해 행크 애런이 MVP를 따내기도 한 밀워키 브레이브스(1953년 연고지 이전)는 월드시리즈에서 뉴욕 양키스를 7차전 끝에 꺾었다. 특히 루 버데트는 5차전에서 1대 0 완봉승, 7차전에서 1대 0 완봉승을 따내며 스판의 활약을 넘어섰다.

하지만 양키스와 재격돌한 이듬해의 월드시리즈는 스판의 무대였다. 스판은 1차전에서 10이닝 3실점의 완투승, 4차전에서 완봉승을 따냈다. 행크 바우어의 월드시리즈 17경기 연속 안타 기록도 중단시켰다. 하지만 6차전에서 9회까지 2실점으로 호투하던 스판은 2대 2로 맞선 10회 초 2점을 내주고 무너졌으며, 루 버데트도 7차전에서 2대 2로 맞선 8회에 4점을 내주고 패전 투수가 됐다.

두 번의 '40세 20승'

스탠 뮤지얼은 워런 스판을 두고 "명예의 전당에 들어갈 수 없는 투수"라고 말했다. 스판이 영원히 은퇴하지 않을 것 같았기 때문이다.

39세 시즌인 1960년 스판은 시즌 20번째 승을 노히트노런으로 장식했다. 메이저리그에 데뷔한 지 19년 만이자 567번째 선발 경기에서 거둔 생애 첫 노히트노런이었다. 또 15개 삼진을 잡아내 자신의 9이닝 최고 기록을 세웠다. 곧바로 이듬해인 1961년 40세 생일이 닷새 지난 날에 두 번째 노히트노런을 따냈다(역대 '40세 노히트노런'은 사이 영, 스판, 놀란 라이언, 랜디 존슨 넷뿐이다). 즉 스판이 기록한 두 번의 노히트노런은 모두 39세 이후에 거둔 것이다.

1961년 스판은 사이 영, 에디 플랭크, 피트 알렉산더에 이어 역대 네 번째 '40세 20승' 투수가 됐다(이후 게일로드 페리, 필 니크로, 제이미 모이어Jamie Moyer가 가세했다). 1963년에도 다시 42세의 최고령 20승 기록을 세웠다. 두 번의 '40세 20승'을 따낸 투수는 사이 영과 스판뿐이다.

1964년 스판이 19년 만에 3점대 평균자책점에 실패하고(5.29) 6승 13패에 그치자 브레이브스는 스판과의 계약을 포기했다. 이에 스판은 양키스를 거쳐 메츠에서 지휘봉을 쥐고 있던 케이시 스텡걸 감독의 부름을 받고 투수 겸 투수코치로 뉴욕 메츠의 유니폼을 입었다. 당시 메츠에는 포수 겸 타격코치로 뛰던 요기 베라가 있었다. 둘은 역사적인 배터리를 이뤘다.

1965년 시즌 중 메츠에서 방출된 스판은 다시 샌프란시스코 자이언츠와 계약했다. 하지만 시즌이 끝나자 샌프란시스코도 스판을 방출했다. 이에 스판은 멕시코까지 건너가 선수 생활을 연장하며 메이저리그 복귀를 포기하지 않았다. 그러나 더 이상의 기회는 오지 않았다.

1952년 3월 보스턴 브레이브스 시절의 워런 스판.
스판 특유의 발을 높이 올리는 와인드업이 보인다.

사진 Arthur Rothstein

워런 스판에게 중요한 건 야구였고, 마운드에 오르는 것이었다. 그는 언제나 구단이 내민 계약서에 대충 사인한 후 연습을 위해 뛰어나갔다. 21년 동안 받은 연봉의 총액은 100만 달러를 겨우 넘었다. 하지만 이에 대해 그는 한 번도 후회한 적이 없다고 했다.

1973년 스판은 명예의 전당 입회를 위한 첫해 투표에서 83.2퍼센트의 높은 득표율을 기록하며 단번에 통과했다. 반면 그해 화이티 포드(67.1퍼센트), 랠프 카이너(61.8퍼센트), 길 하지스(57.4퍼센트), 로빈 로버츠(56.1퍼센트), 밥 레몬(46.6퍼센트), 자니 마이즈(41.3퍼센트)는 모두 기준을 넘지 못했다. 브레이브스는 당연히 스판의 등번호 21번을 영구 결번으로 정했다.

2003년 스판은 82세를 일기로 오클라호마주 브로큰애로에서 사망했다. 오클라호마 스포츠박물관은 1999년부터 매년 메이저리그에서 최고의 활약을 보인 좌완 투수에게 워런스판상을 수여하고 있다. 2020년 워런스판상 수상자는 바로 류현진이었다.

새철 페이지, 시대를 잘못 타고난 에이스

스트라이크를 던져라. 홈플레이트는 움직이지 않는다. _새철 페이지

새철 페이지 Leroy Robert "Satchel" Paige, 1906~1982

투수, 우투우타

활동 기간 1948~1949, 1951~1953, 1965(8시즌)

조 디마지오가 인정한 최고의 투수이자 밥 펠러가 가장 존경한 투수. 메이저리그 최고의 투수 월터 존슨과 비교되는 투수. 그러나 새철 페이지의 메이저리그 성적은 28승 31패 32세이브에 불과하다 (인정된 니그로리그 성적까지 포함하면 118승 80패 44세이브).

투수로서 모든 것이 완벽했던 페이지에게는 문제가 하나 있었다. 그 문제는 너무나 중대하고 심각했다. 바로 피부색이다. 재키 로빈슨이 인종의 벽을 허물고 1년여가 지난 1948년 7월 9일, 페이지는 메이저리그에 등장한 여섯 번째 흑인 선수이자 아메리칸리그 최초의 흑인 투수가 됐다. 그의 나이는 마흔두 살. 남들은 유니폼을 벗고도 남을 나이였다.

2500경기, 2000승, 300완봉승, 3만 탈삼진, 55번 노히트노런. 불혹이 되기 전까지 메이저리그에서 뛸 수 없었던 페이지가 20여 년 동안 니그로리그와 중남미 리그에서 올린 것으로 추정되는 성적이다(페이지는 자신의 노히트 경기가 100차례는 넘었을 거라고 주장했다). 말이 되지 않는다고 생각하면 반으로 잘라보자. 그래도 믿을 수 없다면 3분의 1로 줄여도 좋다.

다른 것은 그렇다 치더라도, 투수가 1년에 125경기에 나서는 것이 가능했을까. 페이지는 조시 깁슨과 더불어 니그로리그 최고의 스타였다. 사람들은 경기장 밖에서 기다리고 있다가 페이지가 등판했다는 소식이 전해지면 그제야 표를 사고 입장했다. 그 때문에 페이지는 거의 모든 경기에 등판해야 했다. 165경기 연속 등판 역시 그가 달성했다고 하는 믿기 힘든 기록이다. 페이지는 시즌이 끝나면 윈터리그가 열리는 곳으로 달려가 나설 수 있는 모든 경기에 나섰다. 어깨가 쉴 날이 없었다.

메이저리그와 비교하면 페이지가 주로 뛴 니그로리그의 수준은 확실히 떨어졌다. 특히 전력의 편차가 대단히 커서, 강팀은 메이저리그 강팀과 견주어도 손색이 없었던 반면, 약팀은 프로라고 하기에도 초라한 수준이었다. 그래도 리그 상위권에 포진된 선수들은 메이저리그 수준을 넘고도 남았다. 물론 경기에 임하는 자세가 다르기도 했겠지만, 니그로리그 올스타들은 메이저리그 올스타와의 친선 경기에서 압도적인 승률을 자랑했다.

페이지는 1930년 메이저리그 올스타와의 경기에 선발로 나서 22탈삼진 완봉승을 거뒀다. 당시 베이브 루스는 "검둥이들과는 같이 경기할 수 없다"며 출전을 거부했는데, 페이지에게 망신을 당할까 봐 그랬다는 소문이 파다했다.

떠돌이 에이스

새철 페이지는 1906년 앨라배마주 모빌에서 태어났다. 훗날 모빌에서는 명예의 전당에 오르는 세 흑인 선수, 행크 애런, 윌리 매코비, 아지 스미스가 태어난다.

페이지가 1906년생이 맞는지에 대해서는 지금도 의견이 분분하다. 1900년생이라는 주장도 있고, 그와 함께 뛴 선수들은 그것보다 열 살은 많았을 거라고 생각했다. 1959년 페이지의 어머니는 아들의 나이에 대해 다음과 같이 말했다.

13남매를 둔 어머니는 성경책에 자녀들의 생일을 모두 기록해뒀다. 하지만 어느 날 집에 들어온 염소가 일부를 뜯어 먹었고, 이후 출생신고를 하는 과정에서 페이지의 출생 연도가 1904년에서 1906년으로 바뀌었다는 것이다(하지만 베이스볼 레퍼런스 등은 페이지를 1906년생으로 표기하고 있다). 어린 시절 도둑질을 하다 붙잡힌 페이지가 교도소에 가지 않기 위해 두 살 어리다고 속이면서 1906년생이 됐다는 주장도 있다.

'새철satchel'(가방)이라는 별명도 유래가 분분하다. 어린 시절 페이지는 기차역에서 짐꾼 일을 했는데, 조그만 그가 양손 가득 가방을 쥐고 나르는 모습을 보면서 누가 "걸어 다니는 가방 나무(satchel tree) 같구먼"이라고 하면서 새철로 불리기 시작했다는 것이다. 하지만 이 별명도 페이지가 어렸을 때 남의 가방을 훔치다가 붙잡히면서 얻은 것이라거나, 어머니가 돈을 아끼기 위해 가방 속에 그를 넣고 기차를 타고 다녀서라는 설도 있다.

1924년 세미프로 팀인 모빌 타이거스에서 프로 생활을 시작한 페이지는 1926년 니그로리그에 데뷔했다. 1932년과 1933년 2년간 63승 11패를 기록했는데, 1933년에는 31승 4패에 21연승, 62이닝 연속 무실점을 기록하기도 했다.

연봉을 놓고 팀과 갈등이 심했던 페이지는 1935년 노스다코타주에 있는 세미프로 팀인 비즈마크에 깜짝 입단했다. 비즈마크가 페이지를 데려올 수 있었던 것은 경기당 계약을 했기 때문이었다. 페이지는 팀의 105경기 전 경기에 나서 104승을 거뒀다. 그리고 리그에서 쫓겨났다.

1936년 어쩔 수 없이 니그로리그로 복귀한 페이지는 1937년부터는 멕시코, 도미니카공화국, 푸에르토리코 등 중남미 리그를 떠돌았다. 페이지는 자신이 뛰었던 팀이 250여 곳 된다고 회고했다.

페이지의 니그로리그 동료들은 그를 믿지 않았다. 돈을 조금이라도 더 주겠다는 팀이 나타나면 뒤도 돌아보지 않고 떠났기 때문이다. 그는 마치 글러브와 야구공이 들어 있는 관을 끌고 떠돌아다니는 '현상금 사냥꾼'과 같았다.

페이지는 왜 그렇게 돈에 집착했을까. 조시 깁슨은 메이저리그에서 뛸 수 없는 현실에 고통스러워했다. 반면 낙천적이던 페이지는 시범경기 때마다 메이저리그 타자를 만나 망신을 주는 선에서 만족했다. 1948년 클리블랜드가 입단을 제안했을 때 페이지는 처음엔 거절하기도 했다. 그런 페이지가 몰입할 대상으로 찾아낸 것이 바로 돈이었다.

진실 혹은 거짓

한없이 겸손했던 조 디마지오가 딱 하나 자랑하고 다녔던 것이 있다. 1936년 새철 페이지를 상대로 4타수 1안타를 친 기록이다. 페이지가 만들어낸 전설에는 야수를 모두 자리에 앉게 하고 공 9개로 이닝을 끝냈다거나, 50타자 연속 삼진을 잡았다거나, 완봉승을 거두면서 낫아웃 하나가 포함된 28개 삼진을 잡아냈다고 하는 황당한 것들이 있다.

그는 어떤 공을 던졌을까. 1930년대 메이저리그의 대표적인 강속구 투수인 디지 딘은 페이지의 공을 본 후 "그에 비하면 내 공은 어린애 수준"이라며 충격을 감추지 못했다. 공이 날아오다 불이 타올라 사라졌다는 소문이 날 정도로, 페이지는 폭발적인 강속구를 자랑했다.

훗날 명예의 전당에 오르는 화이티 허조그는 선수 시절인 1957년 페이지와 멀리 던지기 내기를 한 적이 있었다. 강한 어깨로 소문난 허조그가 센터 펜스 바로 밑에서 던진 공은 두 번을 튀고 홈플레이트를 지나갔다. 잠시 후 허조그는 경악을 금치 못했다. 페이지가 사이드암으로 던진 공이 빨랫줄처럼 날아가더니 홈플레이트를 노 바운드로 통과한 것이다. 당시 허조그는 스물다섯 살, 페이지는 쉰 살이었다.

월터 존슨과 마찬가지로 페이지도 어깨를 다치고 나서야 커브를 던졌다. 페이지는 강속구를 던지지 못하게 되자 당시에는 개념조자 제대로 잡혀 있지 않던 체인지업을 구사했다. 1953년 시범경기에서 페이지를 상대로 92마일과 95마일 공에 연거푸 헛스윙을 한 조 가라지올라는 3구째로 들어온 '체감 속도 53마일 공'에 얼어붙을 수밖에 없었다.

페이지는 타자가 정신을 차리지 못할 정도로 계속 와인드업과 릴리스 포인트를 바꿔가며 공을 던졌다. 테드 윌리엄스에 따르면 페이지는 15가지 투구 폼으로 공을 뿌렸다. 또 당시에는 제한을 받지 않던 정지 동작을 유용하게 활용했다.

최고 무기는 컨트롤이었다. 페이지는 워밍업을 할 때면 홈플레이트 대신 성냥갑을 놓고 했다. 껌종이를 홈플레이트로 삼아 공 20개를 연거푸 집어넣었다는 증언도 있다. '스트라이크를 던지지 못하는 것은 순전히 투수의 잘못이다. 홈플레이트는 움직이지 않는다'는 게 그의 지론이었다. 페이지를 가장 존경한 그레그 매덕스는 아들에게 새철, 딸에게 페이지라는 미들 네임을 각각 지어줬다.

페이지와 관련한 여러 전설은 대부분 과장됐거나 부풀려졌을 것이다. 하지만 페이지였기에 그런 과장도 나올 수 있었다.

마흔두 살의 신인

1948년 새철 페이지가 메이저리그에 모습을 드러내자 클리블랜드 스타디움에는 사흘 동안 20만 명 관중이 몰려들었다(클리블랜드 스타디움의 수용 인원은 7만 8000명이었다). 사람들은 그가 불펜에 등장하기만 해도 환호했다. 당시 스물아홉 살이던 밥 펠러는 평소 존경하던 페이지와 한 팀에서 뛸 수 있게 되자 소리 지르며 기뻐했다. 그리고 마치 어린아이처럼 페이지를 따라다녔다.

42세 생일날 데뷔전을 치러 역대 최고령 신인이 된 그해(어머니 주장에 따르면 44세), 페이지는 선발과 불펜을 오가며 6승 1패 2.48의 좋은 활약을 펼쳤다(21경기 7선발 72.2이닝). 그해 클리블랜드는

1948년 클리블랜드 인디언스
소속으로 메이저리그에 데뷔한
무렵의 새철 페이지.
사진 Acme Newspictures

1920년 이후 28년 만에 리그 우승에 이어 월드시리즈 우승을 차지
했다. 페이지는 최초로 월드시리즈 무대를 밟은 흑인 선수가 됐다.

  페이지를 메이저리그에 데뷔시킨 사람은 야구의 발전을 위해 다
양한 시도를 했던 클리블랜드 인디언스의 구단주 빌 베크였다. 사실
베크는 1942년 때부터 필라델피아 필리스를 사들여 니그로리그 스
타들로 선수단 전체를 채우려 했다. 하지만 첩보를 입수한 케네소
랜디스 커미셔너는 재빨리 움직여 필라델피아 구단이 베크가 아니
라 다른 사람에게 넘어가게끔 했다. 그 후 1946년 베크는 클리블랜
드 인디언스를 구매했다.

  1930년대 피츠버그 파이리츠는 피츠버그의 니그로리그 팀에서
뛰고 있던 조시 깁슨과 페이지를 영입하려다 역시 케네소 랜디스 커
미셔너의 저지로 무산됐다. 페이지가 (그리고 깁슨이) 이때 메이저리
그에 데뷔했다면 어떻게 됐을까? 아니, 1942년만 되었더라면?

2년 만에 클리블랜드를 나온 페이지는 1950년을 독립 리그에서 보냈다. 그리고 1951년 이번에는 세인트루이스 브라운스(현 볼티모어 오리올스)를 사들인 베크의 부름을 받고 메이저리그로 돌아왔다. 구단은 페이지를 위해 불펜에 흔들의자를 마련했다.

1952년 45세(어머니의 주장에 따르면 47세)의 페이지는 주로 롱맨으로 뛰며 12승 10패 3.07(138이닝)의 성적을 올렸다. 선발로 6번 나서 3번 완투했고 2번 완봉승을 따냈다. 그중 한 경기는 디트로이트전에서 거둔 12이닝 1대 0의 완봉승이었다. 45세 11개월 나이에 만들어낸 최고령 완봉승 기록은 이후 1985년 필 니크로(46세 188일)와 2010년 제이미 모이어(47세 170일)에 의해 경신됐다.

1953년을 마지막으로 메이저리그에서 모습을 감춘 페이지는 1965년 다시 나타났다. 그해 9월 26일 59세 80일(혹은 61세) 나이에 캔자스시티 어슬레틱스의 유니폼을 입고 보스턴전에 나섰다. 1회 초 칼 야스트렘스키에게 안타를 맞기는 했지만, 3이닝 1피안타 무실점을 기록하고 마운드에서 내려왔다. 그리고 다시 은퇴했다.

페이지가 12년 후에 다시 메이저리그 마운드에 오르고 또 3이닝만 던지고 내려간 이유는 연금 수령 조건에 3이닝이 부족했기 때문이다. 이후 연금법이 개정되면서 다시 대상에서 제외되자 1968년 62세(혹은 64세)의 페이지는 애틀랜타의 유니폼을 입고 마운드에 오르려 했다. 하지만 불상사를 우려한 커미셔너가 이를 저지하면서 불발됐다. 이듬해 연금법이 재개정되면서 다시 대상자가 된 페이지는 그제야 등판을 포기했다.

새철 페이지가 환갑이 넘은 뒤에도 피칭을 할 수 있었던 비결은 지독한 자기 관리였다. 페이지는 생활 수칙 17가지를 적은 카드를 갖고 다녔는데, 다음과 같은 내용들이 있었다. 차가운 물은 마시지 않는다. 튀긴 음식은 입에 대지 않는다. 술과 담배 등을 멀리한다. 운동은 하루도 거르지 않는다.

1971년 페이지는 니그로리그 선수 가운데 최초로 명예의 전당에 올랐다. 이듬해에는 이미 세상을 떠난 조시 깁슨이 벅 레너드와 함께 들어왔다. 1982년 페이지는 75세를 일기로 세상을 떠났다. 깁슨과 달리, 페이지의 인생은 불행하지 않았다.

생전에 페이지는 정확한 나이가 어떻게 되냐는 질문을 가장 싫어했다. 사람들의 나이 집착에 불만이 컸던 그는 "선수들은 나이 때문에 야구를 그만두는 것이 아니다. 더 이상 야구를 하지 않기 때문에 늙어버리는 것이다"라는 명언을 남기기도 했다. 그리고 다음과 같이 말했다. "만약 당신의 나이가 잘 생각나지 않는다면, 당신이 되기를 바라는 나이를 생각해보라. 그것이 당신의 나이다."

---

* 1929년 시즌 탈삼진 1위: 최근 메이저리그 사무국이 니그로리그 역사를 편입하면서, 1929년 새철 페이지가 버밍엄 블랙배런스에서 뛰며 기록한 189개 삼진이 메이저리그 기록으로 인정받게 됐다. 이전까지는 필라델피아 애슬레틱스의 레프티 그로브가 잡은 170개 삼진이 1929년 시즌 탈삼진 1위 기록이었다. 페이지는 그해 29경기에 나서 185.2이닝을 소화하면서 189개 삼진을 잡았다. 9이닝당 삼진이 9.2개에 달한다. 그로브는 275.1이닝을 던지는 동안 9이닝당 5.6개 삼진을 잡았다.

월드시리즈를 지배하다

모든 경기의 중요성이 다 같을 수는 없다. 우승을 위해서는 반드시 이겨야 하는 경기가 존재한다. 그리고 그 경기의 성패는 에이스들에게 달려 있다.

'빅게임 피처'는 큰 경기에 강한 투수를 의미한다. 특히 '최정점의 무대'인 월드시리즈에서 그들의 진가가 발휘된다. 두 어깨에 짊어진 무게감을 극복하고 팀을 승리로 이끄는 활약은, 사람들에게 더 강력한 인상을 남긴다.

화이티 포드는 월드시리즈에서 가장 많은 승리를 거둔 투수다. 월드시리즈 마운드를 밟은 수많은 투수들 가운데 유일하게 두 자리 승수를 올렸다(10승). 포스트시즌이 확대됨에 따라 포드의 기록은 더 넘보기 힘들어졌다. 월드시리즈 현역 다승 1위 존 레스터Jon Lester와 매디슨 범가너Madison Bumgarner는 4승에 머물고 있다.

월드시리즈에서 활약한 투수는 포드만이 아니었다. 샌디 코팩스와 돈 드라이스데일, 밥 깁슨은 리그를 호령한 투수들이었다. 그들의 피칭은 더 높은 곳에서 빛이 났다.

화이티 포드, 월드시리즈 에이스

**어떤 경기도 상관없다. 아무리 힘든 상황이라도 그를 괴롭히지 못한다.
그는 늘 해온 대로 자신의 공을 던질 것이다.** _미키 맨틀

화이티 포드 Edward Charles "Whitey" Ford, 1928~2020
투수, 좌투좌타
활동 기간 1950, 1953~1967(16시즌)

1950년대 뉴욕 양키스는 무시무시한 지배력을 보였다. 1949년 월드시리즈 우승을 예고편으로 5년 연속 우승을 달성했다. 1950년대 월드시리즈 우승은 양키스가 6차례, 나머지 팀들이 4차례를 나눠 가졌다.

양키스의 전성기는 1960년대 중반까지 계속됐다. 1949년부터 1964년까지 16년간 14차례 월드시리즈에 진출해 9차례 우승을 휩쓸었다. 정규 시즌 리그 1위에 실패한 적은 1954년과 1959년 두 번으로, 1954년은 103승을 거두고 2위에 머물렀다(클리블랜드 111승). 그 사이에 이뤄낸 정규 시즌 1557승은 같은 기간 아메리칸리그 2위에 해당하는 클리블랜드의 1385승보다 172승이 더 많았다.

양키스는 명실상부 타격의 팀이었다. 미키 맨틀, 요기 베라, 행크 바우어, 로저 매리스 등이 핵 타선을 구축했다. 동시에 양키스는 확실한 에이스를 보유하고 있었다. 양키스 역대 최다승 1위 기록을 가진 화이티 포드(236승)가 마운드를 지켰다.

승리의 아이콘

1950년 양키스에서 데뷔한 화이티 포드는 선발 12경기가 포함된 첫 18경기에서 9승 무패로 질주했다. 첫 패전을 당한 19번째 경기는 이틀 전 9이닝 4실점의 완투승을 따낸 뒤에 올라온 불펜 등판이었다. 이때 포드는 패전에 앞서 세 경기 연속 완투승을 거뒀다.

포드는 이듬해 리그를 떠났다. 한국전쟁이 발발한 당시 군 복무에 집중했다. 뉴저지주 포트 몬머스에서 통신대로 근무한 포드는 1953년에 다시 양키스로 돌아왔다.

공백의 여파는 없었다. 곧바로 18승을 올려 양키스의 5년 연속 월드시리즈 우승에 기여했다. 1955년에는 데뷔 첫 다승왕을 차지했다 (18승 7패 2.63).

1961년에는 선발투수로 39경기에 나서 25승을 쓸어 담고 사이영상을 수상했다(25승 4패 3.21, 283이닝). 당시 사이영상은 양 리그 통틀어 한 명만을 뽑았는데, 같은 좌완 라이벌이던 워런 스판을 제친 것이 큰 기쁨이었다. 포드는 최고의 시즌을 보낼 수 있었던 이유로 "기자들의 관심에서 벗어난 덕분"이라고 말했다(1961년 시즌은 로저 매리스와 미키 맨틀이 베이브 루스의 홈런 기록에 도전하면서 시끌시끌했다).

1962년 17승, 1963년 24승, 1964년 17승을 적립한 포드는 복귀하고 12년 동안 두 자릿수 패배를 기록한 시즌이 한 번뿐이었다 (1959년 16승 10패 3.04). 1953년부터 1964년까지 12년간 374경기 에서 기록한 승률은 무려 0.714(207승 83패)에 달했다. 같은 기간 150경기 이상 선발로 나온 62명 중 단연 1위였다(워런 스판 0.629, 샌 디 코팩스 0.615).

1965년 포드는 한 시즌 가장 많은 13패를 떠안았다. 그 대신 13년 연속 두 자리 승수는 이어갔다(16승 13패 3.24). 이후 급격하게 몸이 나빠지면서 남은 두 시즌 동안 4승 9패에 그쳤다. 그럼에도 불 구하고 통산 승률이 0.690(236승 106패)에 달했다. 350경기 이상 선 발 등판한 은퇴 선수 중 최고 기록이다(현역 클레이튼 커쇼 0.688).

메이저리그에선 점차 투수 개인의 능력이 중시되면서 다승의 가 치는 하락했다. 하지만 팀 승리를 책임질 수 있는 투수는 모든 시대 에서 높은 평가를 받았다. 7차례 월드시리즈 우승을 이끈 케이시 스 텡걸 감독은 반드시 이겨야 할 경기에 한 명을 내보낸다면 주저하지 않고 포드를 고를 것이라고 말했다.

유일한 월드시리즈 10승

화이티 포드는 데뷔 첫해부터 월드시리즈 선발로 나왔다. 1950년 필라델피아와 맞붙은 4차전에서 8회까지 무실점으로 봉쇄했다. 완 봉승을 위해 올라온 9회 초에는 2사 1, 3루에서 평범한 외야 뜬공을 유도했다. 그러나 좌익수 진 우들링Gene Woodling이 타구를 놓치면서 주자 두 명이 모두 홈으로 들어왔다. 다음 타자에게 안타를 맞은 포 드는 결국 아웃카운트를 채우지 못하고 마운드를 내려왔다. 후속 투 수 앨리 레이놀즈Allie Reynolds가 위기를 막아내면서 포드는 8.2이닝 비자책 2실점의 승리를 챙긴 것에 만족했다.

힘겹게 승리를 추가한 포드는 월드시리즈 전문 투수로 거듭났다. 양키스가 월드시리즈에 자주 올라가면서 자연스레 등판 기회도 많았다. 월드시리즈 통산 선발 22경기와 146이닝은 모두 최다 기록이다. 월드시리즈에서 통산 10승을 거둔 유일한 투수로, 월드시리즈 진출이 더 힘들어진 상황에서 앞으로 누가 그의 기록을 깨뜨릴지 알 수 없다.

1960년 월드시리즈에서 만난 상대는 피츠버그였는데, 포드는 3차전과 6차전에서 모두 완봉승을 장식했다. 하지만 7차전에서 피츠버그의 빌 매저로스키가 극적인 끝내기 홈런을 터뜨리면서 시리즈를 이끌어온 포드의 역투가 빛을 보지 못했다.

포드가 월드시리즈 주인공으로 우뚝 선 것은 1961년이었다. 그 해 최고의 정규 시즌을 만들어낸 뒤 월드시리즈에서도 그 기세를 이어갔다. 1차전에서 신시내티 타선을 2피안타 완봉승으로 잠재운 뒤, 4차전에서도 5이닝 무실점을 보탰다. 그러면서 베이브 루스의 월드시리즈 29이닝 연속 무실점 기록을 넘어섰다. 1958년 이후 3년 만의 팀 우승을 도운 포드는 월드시리즈 MVP로 선정됐다. 모든 것을 보상받은 시즌이었다.

회장님으로 불린 투수

본명이 에드워드 찰스 포드인 화이티 포드는 흰 피부에 금발이 두드러진다고 해서 화이티로 불렸다(양키스에 와서 애칭으로 굳어졌다). 아버지와 어머니가 직장에 다녔던 포드는 뉴욕 맨해튼 66번가에서 자랐다. 언제든지 양키스를 보러 갈 수 있었다.

1954년 4월호 베이스볼 다이제스트 표지 모델로 실린 화이티 포드

포드는 조 디마지오를 응원했다. 디마지오처럼 멋지고 우아한 선수가 되고 싶었다. 그렇게 되려고 쉽지 않은 결정도 내렸다. 인근 학교를 뒤로하고 버스로 1시간이나 가야 하는 항공고등학교에 진학한 것(군대에서 통신병으로 배치된 배경이다)이다. 항공 기술에 관심은 없었지만 야구팀이 있는 학교가 그곳이었다.

포드는 주로 1루수로 뛰었다. 타격도 쏠쏠했다. 하지만 양키스의 트라이아웃에 참가한 포드는 포지션을 바꿔야 했다. 스카우트로서 뛰어난 안목을 갖추고 있던 폴 크리첼은 포드의 체격은 1루수에 적합하지 않다고 판단했다. 동시에 포드의 팔과 어깨가 다른 야수들에 비해 강하다는 사실을 눈치 챘다.

폴 크리첼의 조언에 따라 커브를 장착하고 투수가 된 포드는 야수일 때보다 주가가 높아졌다. 양키스를 비롯해 보스턴과 뉴욕 자이언츠가 그에게 접근했다. 자이언츠가 더 좋은 조건을 제시했지만 그의 마음을 돌릴 수는 없었다.

양키스 유니폼을 입은 포드는 마이너리그에서 실력을 키워나갔다. 흥미로운 건 포드가 마이너리그에서도 승수 쌓기에 일가견이 있었다는 사실이다. 1947년 13승, 1948년 16승, 1949년 16승을 기록하면서 마이너리그 첫 3시즌 승률이 0.726(45승 17패)에 달했다.

1953년 제대하고 메이저리그로 돌아온 포드는 마음이 잘 통하는 친구들을 만났다. 미키 맨틀과 빌리 마틴이었다. 성격은 달랐지만 취향이 비슷했던 셋은 틈만 나면 술을 마시러 다녔다. 케이시 스텡걸 감독이 두 손, 두 발을 다 들 정도였다. 영원히 함께할 것 같던 삼총사는 1957년 마틴이 어슬레틱스로 이적하면서 해체됐다(마틴은 그해 5월 생일 축하 파티 중 폭행 사건에 휘말렸고, 한 달 뒤 트레이드에 포함됐다).

포드는 체구는 작았지만 그릇이 컸다. 사소한 것에 집착하지 않았다. 동료들에 대한 배려는 몸에 배어 있었다. 잘 던진 날이면 함께 호흡을 맞춘 포수들에게 고마움을 전했다. 혹시나 야수들이 실책을 저질러도 절대 감정을 보이지 않았다. 주심 판정에도 좀처럼 불만을 드러내지 않았는데 포수 엘스턴 하워드는 이러한 포드를 '회장님'(The Chairman of the Board)이라고 불렀다.

피처빌리티Pitchability, 구종 배합 능력

화이티 포드는 강속구를 던지지 못했다. 구위로 윽박지를 수 없었던 그의 무기는 다양성이었다. 포드는 자신이 갖고 있는 모든 것을 활용해 타자들에게 맞섰다. 볼 배합과 구속 조절뿐 아니라 투구 폼도 바꾸면서 타자들을 교란시켰다.

포드는 똑똑했다. 27개 아웃카운트를 각기 다른 전략을 써 잡을 수 있었다. 포드 역시 두뇌 싸움만 앞서면 제압하지 못할 타자는 없다고 믿었다. 1950년에 포드를 누르고 신인왕을 거머쥔 보스턴의 1루수 월트 드로포는 포드가 마치 체스 그랜드 마스터처럼 느껴졌다고 토로했다. 포드를 상대하는 건 그만큼 무척 까다로웠다.

포드에게는 어두운 이면도 존재했다. 목표를 위해서라면 수단과 방법을 가리지 않았다. 포드는 선수 시절 내내 부정 투구 의혹을 받았다. 포수로부터 이물질이 묻어 있는 공을 받아서 던진다는 증언이 파다했다. 포드는 상습적으로 스핏볼을 던지지는 않았지만, 스핏볼의 위력은 게일로드 페리 못지않은 것으로 전해졌다.

포드는 1961년 올스타전에서 스핏볼을 던졌다는 것을 인정했다. 자이언츠의 구단주 스토넘 부자(호러스 스토넘Horace Stoneham과 피터 스토넘Peter Stoneham)와 내기 골프를 하다가 패해 변상할 빚이 있었다. 그런데 올스타전에서 윌리 메이스를 삼진으로 잡으면 빚을 공제해주겠다는 약조를 받았다(만약 안타를 허용하면 두 배로 갚아야 했다). 아메리칸리그의 선발투수였던 포드는 1회 말 메이스와 대결했는데, 아무렇지 않게 메이스를 루킹 삼진으로 돌려 세웠다. 포드가 어떤 방법을 썼는지는 알 수 없었지만 공이 사라진 것 같았다는 말이 있었다.

포드는 절체절명의 순간에만 한두 개 스핏볼을 던졌다고 밝혔다. 그러나 많고 적음의 문제는 아니었다. 타자를 속이고 기만한 행동이 용서될 수는 없다. 포드는 분명 영리한 투수였지만 다른 측면에서는 영악한 투수에 가까웠다.

양키스 투수 최초의 영구 결번

1966년 화이티 포드는 73이닝을 던지는 데 그쳤다. 혈액 순환이 원활히 되지 않으면서 심장 쪽에 이상 소견을 보였다. 심지어 팔꿈치도 피가 제대로 통하지 않아 공을 마음껏 던질 수 없었다. 몸이 고장 나기 시작한 포드는 1967년에도 팔꿈치에 뼛조각 문제가 생겨 5월 말에 일찍 시즌을 마감했다. 그의 마지막 시즌이었다.

월드시리즈 우승 6차례, 올스타 10회, 다승왕 3회의 화려한 이력을 자랑하는 포드는 양키스 효과를 부정할 수 없다. 적어도 다승에서는 다른 투수들보다 유리했다. 동료들이 든든히 득점 지원을 해준 덕에 승리는 수월히 챙길 수 있었다(포드는 6점 이상 득점 지원을 받은 경기에서 112승 무패를 기록했다).

그렇다고 모든 양키스 투수가 포드처럼 성공하지는 않았다. 타자에게 유리한 구장을 홈으로 사용하는 건 부담스러운 부분이다. 양키스 타선이 많은 점수를 얹어준다고 해도 포드가 잘 던지지 못했다면 아무런 소용이 없다.

통산 236승 106패 2.75(3170.1이닝 1956삼진)를 기록한 포드는 조정평균자책점이 133이다. 이는 짐 파머(125), 밥 깁슨과 톰 시버(이상 127), 샌디 코팩스(131)보다 좋은 기록으로, 포드는 양키스 소속이 아니었어도 훌륭한 성적을 올렸을 것이다.

1973년 명예의 전당 입회를 위한 첫해 투표에서 67.1퍼센트 득표율을 기록해 고배를 마신 포드는 두 번째 도전에서 77.8퍼센트를 얻으면서 기준을 넘어 입성했다. 그해 포드와 함께 명예의 전당에 들어간 인물은 첫 도전이었던 미키 맨틀(88.2퍼센트)이었다. 둘은 명예의 전당에도 그렇게 사이좋게 들어갔다. 1974년 양키스는 포드의 등번호 16번을 영구 결번으로 지정했다. 양키스 투수 최초의 영구 결번이었다.

포드는 양키스 소속 선수로 떠나는 이상 갑작스런 은퇴에도 웃음을 잃지 않았다. 1967년 공식 은퇴 경기에서 그가 한 말은 "50달러 정장을 입고 이곳에 왔었는데, 이제는 200달러 정장을 입고 간다. 이 정도면 꽤 좋지 않은가"였다. 양키스 에이스에 걸맞은 퇴장이었다.

샌디 코팩스, 가장 사랑받은 좌완

**25승을 한 이유는 잘 알겠다.
그런데 왜 5패를 당했는지는 도무지 모르겠다.** _요기 베라

샌디 코팩스 Sanford "Sandy" Koufax, 1935~

투수, 좌투우타

활동 기간 1955~1966(12시즌)

메이저리그 역사상 최고의 좌완은 누구일까. 300승을 올린 투수 중 승률 1위이자 조정평균자책점 1위인 레프티 그로브(300승), 20세기 출생자 최다승이자 좌완 역대 최다승의 워런 스판(363승), 최고의 탈삼진 투수들인 스티브 칼턴(329승)과 랜디 존슨(303) 가운데 한 명이 그 답일 것이다. 하지만 팬들의 가슴에 남아 있는 최고의 좌완은 '신의 왼팔'이라 불린 샌디 코팩스다.

코팩스가 올린 165승은 앞에서 언급한 4명의 평균 승수인 324승의 절반 수준에 불과하다. 하지만 코팩스는 200만 팬들이 참여한 1999년의 20세기 최고 선수 투표에서 97만 표를 얻어 놀란 라이언(99만 표)에 이은 투수 2위이자 좌완 1위에 올랐다. 스티브 칼턴은

40만 표, 워런 스판은 34만 표, 레프티 그로브는 14만 표를 얻었다. 코팩스는 가장 위대한 좌완은 아니었을지 몰라도, 가장 큰 사랑을 받은 좌완이었다.

시즌 382삼진, 오버핸드 커브

샌디 코팩스는 1935년 뉴욕 브루클린의 유태인 마을에서 샌포드 브론Sanford Braun이라는 이름으로 태어났다. 하지만 어머니가 재혼함에 따라 성이 코팩스로 바뀌었다. 어린 시절 함께 뛰놀던 동네 친구 중에는 나중에 유명 토크쇼 진행자가 되는 래리 킹도 있다. 1935년은 또 한 명의 위대한 투수인 밥 깁슨이 태어난 해다. 1935년생 코팩스와 깁슨은 1887년생 월터 존슨과 피트 알렉산더, 1944년생 톰 시버와 스티브 칼턴, 1966년생 그레그 매덕스와 톰 글래빈과 더불어 최고의 동갑내기 듀오다.

고교 시절 코팩스는 농구팀 최고의 스타이자 야구팀의 후보 1루수였다. 당시는 농구 장학금을 받고 신시내티대에 진학해 건축가를 꿈꿨다. 어느 날 코팩스는 서부 여행을 하기 위해 대학 야구팀의 원정 버스를 얻어 탔다. 그리고 그것이 그의 인생과 메이저리그의 역사를 바꿨다.

1955년 열아홉 살의 코팩스는 당시로서는 최고 대우인 1만 4000달러의 입단 보너스를 받고 고향 팀 브루클린 다저스에 입단했다. 하지만 당시 보너스 규정에 따라 메이저리그에 직행하게 되면서 마이너리그에서 체계적인 수업을 받을 기회를 놓쳤다. 1955년부터 1960년까지 6년간 코팩스가 거둔 성적은 36승 40패 4.10에 불과했다. 제구 불안이 문제였다.

1961년 월터 올스턴 감독은 후보 포수인 놈 셔리Norm Sherry에게 코팩스를 맡겼다. 코팩스는 셔리와의 수업을 통해 있는 힘껏 던지지 않아도 강속구를 뿌릴 수 있을 만큼 자신의 어깨가 강하다는 것을 깨닫게 됐다. 또 셔리는 코팩스의 커브 그립을 바꿔주면서 커브 비중을 늘리게 했다. 코팩스가 구장 내에서의 소음에서 자유롭게 된 것도 셔리 덕분이었다.

코팩스의 제구력이 완벽히 잡힌 것은 데뷔하고 8년이 지난 후였다. 하지만 무시무시한 탈삼진 능력은 데뷔와 동시에 드러났다. 1959년 코팩스는 8만 2974명 관중이 지켜보는 가운데 라이벌 샌프란시스코 자이언츠를 상대로 한 경기에서 18탈삼진의 내셔널리그 신기록이자 메이저리그 타이기록(1938년 밥 펠러)을 세웠다. 이에 그치지 않고 다음 등판에서 13개를 추가해 2경기 31삼진 기록, 그다음 등판에서 다시 10개를 추가해 3경기 41삼진 기록을 연거푸 세웠다.

1963년 306개 삼진을 잡아 첫 300삼진 고지에 오른 코팩스는 1965년 382개를 잡아 루브 웨델(1904년 349개)의 종전 기록을 61년 만에 경신했다(현재 최고 기록은 1973년 놀란 라이언의 383개). 1966년 코팩스는 다시 317개를 기록함으로써, 1890~1892년 에이모스 루지가 기록한 이후 처음으로 3번의 300탈삼진 시즌을 만들어낸 투수가 됐다.

코팩스가 기록한 9이닝당 통산 9.28개 삼진은 1000이닝 이상을 던진 1012명의 라이브볼 시대 투수들 가운데 역대 22위에 불과하다(1위 로비 레이Robbie Ray 11.21개). 하지만 놀란 라이언(9.55개 16위)을 제외한 나머지 투수들은 1990년대 이후에 활약한 선수들이며, 상당수가 탈삼진이 크게 늘어난 최근에 뛰고 있는 선수들이다.

월드시리즈를 지배하다

일례로 코팩스가 382개(335.2이닝) 삼진을 기록한 1965년은 메이저리그의 9이닝당 평균 탈삼진이 5.95개였던 반면, 맥스 셔저가 300개(220.2이닝)를 기록한 2018년 시즌은 8.53개였다. 코팩스는 팔꿈치 통증을 참을 수 없게 된 후 투구 수를 줄이려고 최대한 맞혀 잡으려 했지만, 타자들은 여전히 헛방망이를 돌리며 그의 계획을 무산시켰다.

코팩스는 강속구도 대단했다. 하지만 더 위력적인 것은 무시무시한 낙차를 자랑하는 커브였다. 극단적인 오버핸드 투구 폼에서 뿌려지는 커브는 그야말로 수직으로 떨어졌다. 야구 전문 기자 롭 네이어Rob Neyer는 자신의 책에서 코팩스의 커브를 모르데카이 브라운에 앞선 역대 1위로 뽑았다(한편 배리 지토Barry Zito는 10위 내에 이름을 올리지 못했다). 코팩스는 패스트볼과 커브를 던질 때 투구 폼에 현격한 차이가 났기 때문에 타자들은 언제 커브가 들어오는지를 알고 있었다. 하지만 아무런 도움도 되지 않았다.

황금의 5년(1962~1966)

샌디 코팩스가 1962년부터 1966년까지 5년간 181경기에 나서 거둔 성적은 111승 34패(승률 0.766) 1.95였다. 176경기에 선발로 나서 100번 완투했고 33번 완봉승을 달성했다. 5년 연속으로 평균자책점 1위에 올랐고, 다승과 탈삼진에서는 3번 1위를 차지했다. 또 트리플 크라운을 3번 만들어내고 사이영상을 3번 따냈으며, 리그 MVP에 한 번, 월드시리즈 MVP에 두 번 올랐다. 특히 1963년에는 트리플 크라운, 사이영상, 리그 MVP, 월드시리즈 MVP 그리고 노히트노런까지 그야말로 투수가 이룰 수 있는 모든 것을 이뤘다.

메이저리그 역사상 트리플 크라운을 3번 달성한 투수는 월터 존 슨과 피트 알렉산더, 코팩스 셋뿐이다. 좌완은 코팩스가 유일하다. 당시 사이영상은 양 리그를 합쳐 한 명에게만 수여됐는데, 코팩스는 그 세 개를 모두 만장일치로 따냈다. 1962년과 1964년에 부상을 당하지만 않았다면 5년 연속 트리플 크라운과 5년 연속 사이영상도 가능했다.

코팩스는 1962년부터 1965년까지 퍼펙트게임 한 번이 포함된 4년 연속 노히트노런을 달성했다. 놀란 라이언(7회)은 코팩스(4회)보다 더 많은 노히터 경기를 만들어냈지만 퍼펙트게임은 성공하지 못했다. '4년 연속' 역시 달성하지 못했다. 1965년 9월 9일 코팩스는 시카고 컵스를 상대로 1대 0 퍼펙트게임을 달성했는데, 상대 선발투수인 밥 헨들리Bob Hendley는 볼넷 1개와 2루타 1개로 1점을 내주고 완투패를 안았다. 당시 컵스의 마지막 타자였던 하비 킨은 1964년 코팩스가 두 번째 노히트노런을 달성할 때도 샌프란시스코 자이언츠의 마지막 타자였다.

황금의 5년 동안 코팩스는 월드시리즈 최고의 투수로 활약했다. 코팩스는 월드시리즈 통산 8경기(7선발)에서 4승 3패 0.95를 기록했고 57이닝을 던지는 동안 61개 삼진을 잡아냈다. 4승은 모두 완투승이었고, 그중 2승은 완봉승이었다.

1963년 뉴욕 양키스를 상대한 월드시리즈 1차전에서 코팩스는 미키 맨틀과 로저 매리스가 포함된 첫 5명 타자를 모두 삼진으로 잡아냈다. 그리고 15탈삼진이라는 월드시리즈 신기록을 세우며 2실점 완투승을 만들어냈다. 코팩스는 4차전에서도 1실점 완투승을 거둬 양키스에 4연패 탈락의 수모를 안겼다. 월드시리즈 역대 최다승 투수인 화이티 포드(통산 10승 8패 2.71)는 코팩스와의 두 차례 대결에서 모두 패하면서 처음이자 마지막으로 단일 월드시리즈에서 2패를 당했다. 양키스의 포수 요기 베라는 "그가 정규 시즌에서 왜 5패나 당했는지 이해할 수 없다"고 했다.

1965년 미네소타 트윈스와의 월드시리즈 1차전이 열린 10월 6일. 이날은 유대교에서 모든 일을 쉬고 단식을 해야 하는 '욤 키푸르'(속죄일) 날이었다. 유대인인 코팩스는 이를 지키기 위해 마운드에 오르지 않았다. 돈 드라이스데일이 대신 나선 다저스는 1차전에서 2대 8로 패했고, 2차전에 등판한 코팩스도 6이닝 1자책을 기록해 패전 투수가 됐다. 하지만 코팩스는 시리즈 2승 2패로 맞선 5차전에서 완봉승을 따냈고, 최종 7차전에서 또다시 2대 0 완봉승을 거둬 팀에 우승을 안겼다.

코팩스가 마지막으로 선 마운드도 월드시리즈 무대였다. 1966년 볼티모어 오리올스와의 2차전에 선발로 나선 코팩스는 수비 실책 때문에 6이닝 4실점(1자책)에 그쳐 패전을 안으며, 스무 살의 짐 파머가 월드시리즈 최연소 완봉승을 달성하는 모습을 지켜봤다.

박수칠 때 떠나다, 사이드암 커브

1963년 시즌이 끝난 후 샌디 코팩스는 좌타자를 더욱 완벽히 공략하기 위해 팔을 내려 던지는 '사이드암 커브'를 개발했다. 이는 좌타자들에게 더 큰 괴로움을 안겨줬다. 그러나 사이드암 커브는 팔꿈치에 엄청난 무리를 줬고, 결국 관절염이라는 돌이킬 수 없는 결과로 나타났다. 가운뎃손가락의 끝이 마비되는 혈행 장애도 갖고 있던 그는 이후 타자가 아니라 팔꿈치 통증과 싸웠다. 매일 밤 진통제를 먹었다. 5회가 끝나고 복용하지 않으면 마운드에 오르지 못할 때도 있었다.

1966년 시즌에 앞서 코팩스는 원투 펀치 파트너인 돈 드라이스데일과 공동 투쟁에 나서 최초의 연봉 10만 달러 시대를 열었다(코팩스와 드라이스데일은 도합 340승을 거둠으로써 347승을 합작한 그레그 매덕스와 톰 글래빈 듀오에 이어 역대 6위에 올라 있다). 그리고 그해 27승 9패 1.73을 기록해 세 번째 트리플 크라운을 달성하고 세 번째 사이영상을 따냈다. 하지만 코팩스는 투수로서의 생명이 다했음을 알고 있었다.

시즌 후 코팩스는 "내게는 야구를 그만두고도 살아가야 할 시간이 많다. 그 시간들을 내 몸의 모든 부분을 쓰면서 살아가고 싶다"는 말과 함께 보장된 10만 달러를 포기하고 서른한 살 나이에 은퇴를 선언했다. 세 번째로 트리플 크라운을 달성하고 사이영상을 수상하자마자 곧바로 은퇴해버린 것이다.

샌디 코팩스가 과대 포장됐다는 지적도 있다. 그가 최고의 투수로 변신한 1962년은 투수들의 천국인 다저스타디움이 개장한 해다. 미국야구연구협회(SABR)에 따르면, 코팩스는 다저스타디움에서 기록한 평균자책점이 통산 1.37이었다. 반면 그전 홈구장인 에베츠필드와 LA콜리세움을 포함한 나머지 구장에서의 평균자책점은 3.38로 무려 2.01의 차이를 보였다. 1963년 메이저리그 사무국은 공격력 약화를 위해 마운드를 높이고 스트라이크존을 확대했다. 이는 코팩스가 본격적인 질주를 시작한 해와 정확히 일치한다.

그가 활동했던 시대는 투수들의 시대였다. 이 시기 메이저리그의

1961년
LA 다저스 시절의
샌디 코팩스

평균자책점은 3점대 초반에 불과했다. 코팩스는 통산 평균자책점이 2.76이지만 조정평균자책점은 131에 불과하다. 반면 타자들의 시대를 보낸 레프티 그로브의 통산 평균자책점은 3.06이지만 조정평균자책점은 148에 달한다(클레이튼 커쇼, 평균자책점 2.49, 조정평균자책점 155).

코팩스의 야구 인생은 너무도 짧았다. 하지만 짧았기에 더욱 찬란했으며, 절대로 지워지지 않을 여운을 남기고 떠났다. 1972년 명예의 전당 투표에서 기자들은 코팩스를 역대 6번째 첫해 헌액자이자 최연소 헌액자로 만드는 것으로(득표율 86.9퍼센트) 그가 어떤 투수였는지에 대한 답을 했다.

돈 드라이스데일, 공포의 헤드헌터

돈 드라이스데일을 상대하는 것은
치과의사를 만나는 것만큼이나 무서웠다. _딕 그로트

돈 드라이스데일 Donald Scott Drysdale, 1936~1993

투수, 우투우타

활동 기간 1956~1969(14시즌)

"나는 타자들이 죽도록 미웠다. 경기가 시작되면 미쳐버렸던 나
는, 끝나고 나서야 제정신으로 돌아올 수 있었다."

이런 투수를 상대로 타석에 들어서는 타자의 심정은 어땠을까. 아
마 면도칼을 손에 쥔 이발사에게 자신의 목을 맡기는 심정이었을 것
이다.

돈 드라이스데일은 밥 깁슨과 함께 마운드에서 최고의 '야수성'을
드러낸 투수다. 마운드 위에 선 그의 모습은 마치 목줄이 풀리기만
을 기다리며 으르렁거리는 도사견과 같았다. 게다가 당시에는 흔치
않았던 198센티미터 100킬로그램의 거구여서, 타자들이 느끼는 위
압감은 더했다.

드라이스데일은 타자를 만나면 일단 몸 쪽 위협구부터 던졌다. 타자에게 공포심을 불어넣고 시작하기 위해서였다. "(타석에) 몸 쪽으로 붙는 놈이 있으면 내 할머니라도 맞혀버릴 것"이라며 거리낌 없이 말하는 그에게서, 타자들은 자비를 기대할 수 없었다. "그를 상대하는 일은 치과의사와 만나는 것 같다"고 한 딕 그로트의 말은 오히려 지나치게 낭만적이었다. 그보다는 "그를 상대하는 요령은 딱 하나다. 그가 당신을 맞히기 전에 당신이 먼저 그를 맞히는 것(안타를 때려내는 것)이다"고 한 올랜도 세페다의 말이 더 현실적이었다.

타자들은 고의사구 때 드라이스데일이 공 하나로 끝내지 않고 번거롭게 공을 4개나 던져준 것에 감사해야 할 정도였다. 다저스에서 함께 뛰던 돈 짐머가 시카고 컵스로 트레이드된다는 소식을 듣고 가장 먼저 한 일 역시 드라이스데일을 찾아가 "나를 맞히지 말아달라"고 부탁한 것이었다.

드라이스데일은 통산 154번 타자를 맞혀 1900년 이후 내셔널리그 최고 기록을 갖고 있다. 이는 놀란 라이언이 기록한 158개와 비슷하다. 하지만 드라이스데일과 라이언의 몸 맞는 공은 그 성격이 완전히 달랐다.

놀란 라이언의 몸 맞는 공은 제구 불안에서 나온 어쩔 수 없는 실투였지만, 드라이스데일의 몸 맞는 공은 말 그대로 '고의 사死구'였다. 드라이스데일은 9이닝당 2.2개 볼넷을 내줬을 정도로 정상급의 제구력을 자랑했다(샌디 코팩스 3.2개). 어쩌면 그런 제구력을 갖고 있었기에 몸 쪽 위협구가 가능했을지도 모른다.

드라이스데일의 '사이드암 패스트볼'은 우타자의 몸 쪽으로 휘어지며 떨어지는 자연적인 싱킹 무브먼트를 갖고 있었다. 1960년 타임 매거진은 그의 평균 구속을 조사해봤는데 95.31마일이 나왔다. 현대식 스피드건으로 따져보면, 드라이스데일은 96~98마일짜리 공을 꾸준히 던졌다는 것이 된다.

또 커브와 슬러브, 체인지업, 슬라이더, 백도어 슬라이더 등 다양한 레퍼토리를 자랑했는데, 여기에다 자신이 '너클 포크볼'이라고 부른 정체불명의 공이 하나 있었다. 물론 그 공의 정체를 알 만한 사람들은 다 알고 있었다.

퀄리티 스타트 패배 40퍼센트

돈 드라이스데일의 통산 평균자책점은 2.95로, 기자 투표를 통해 명예의 전당에 오른 31명 선발투수 중에서 10위에 해당된다. 하지만 그가 뛰었던 시절은 최고의 투고타저 시대로, 조정평균자책점(121)으로 따지면 31명의 평균(122)과 거의 같다.

그는 통산 209승 166패(승률 0.557)를 기록했는데 이는 나머지 30명의 평균인 289승 200패(승률 0.591)에 비해 크게 떨어지는 기록이다. 그보다 더 적은 승수를 기록한 투수는 넷(디지 딘 150승, 샌디 코팩스 165승, 대지 밴스 197승, 밥 레몬 207승)뿐이며, 그보다 더 낮은 승률을 가진 투수도 다섯에 불과하다. 그 때문인지 드라이스데일은 무려 10번 도전한 끝에 명예의 전당에 들어갔다. 나머지 30명 중 드라이스데일보다 시간이 더 오래 걸린 투수는 버트 블라일레븐(14회), 대지 밴스(14회), 레드 러핑(14회), 밥 레몬(12회) 넷뿐이다.

가장 좋았던 두 시즌(1962년 25승 9패, 1965년 23승 12패)을 제외할 경우 그의 승률은 0.526으로 떨어져, 나머지 30명 중 가장 낮은 놀란 라이언의 통산 승률과 같다. 5할 승률에서 4승 이상을 더 거둔 시즌은 이 두 시즌을 포함해 14시즌 중 4시즌에 불과하다. 여기에 다저스가 당시 리그 최고의 팀이었던 점을 들어, 제이슨 스타크는 그를 메이저리그 역사에서 두 번째로 과대평가된 우완 투수로 꼽고 있다(1위 놀란 라이언). 하지만 이는 그의 불운을 모르고 한 말이다.

드라이스데일의 패배 중에서 퀄리티 스타트를 달성하고도 패배한 경우가 차지하는 비중은 무려 40퍼센트에 달한다(166패 중 67패). 그가 선발로 나선 465경기에서 팀이 2점 이하를 낸 경기는 163경기에 이르렀는데, 그 경기들에서 그는 평균자책점 2.82를 기록하고도 31승 109패에 그쳤다. 다저스 타자들은 샌디 코팩스가 선발로 나선 경기에 비해 유독 드라이스데일이 던지는 경기에서 방망이가 터지지 않았다.

그렇다면 왜 그랬을까. 상대 팀 투수에게 받을 보복에 대한 두려움 때문이었을까. 드라이스데일의 다음 발언을 생각하면 그렇지는 않았을 것으로 보인다. "내 작은 신조는 당하면 두 배로 갚아준다는 것이다. 만약 내 동료 한 명이 쓰러진다면 나는 반드시 상대 둘을 쓰러뜨릴 것이다." 실제로 이 전략은 먹혀들었다. 상대 팀들은 그가 두려워 다저스 타자들을 상대로 마음껏 보복하지 못했다.

그 대신 드라이스데일 자신은 미친 듯이 방망이를 휘둘렀다. 한 시즌 2개의 대타 홈런을 포함해 통산 29개 홈런을 날렸다. 역시 엄청난 타격 실력을 자랑한 워런 스판이 363안타 35홈런을 때렸는데, 드라이스데일은 218안타 29홈런을 기록해 안타에서 차지하는 홈런 비율이 훨씬 높았다.

한 시즌에 7개 홈런을 때려낸 적이 2번이나 있으며, 1965년에는 0.300/0.331/0.508를 기록하기도 했다(7홈런 19타점). 그해 다저스에 3할 타자는 한 명도 없었으며, 다저스 타자가 기록한 가장 좋은 장타율은 루 존슨Lou Johnson의 0.391였다. 1958년 드라이스데일은 장타율 0.591를 기록하기도 했다.

최고의 이닝 이터

샌디 코팩스가 1935년 뉴욕 브루클린에서 태어난 것과 달리, 돈 드라이스데일은 1936년 LA에서 가까운 밴나이즈에서 태어나 자랐다. 공교롭게도 다저스는 둘이 함께 뛰는 동안 브루클린에서 LA로 옮겼다.

고교 시절 드라이스데일이 뛰던 야구팀에는 영화배우 로버트 레드포드(1936년생)도 있었다. 한때 야구 선수를 꿈꿨던 레드포드는 영화 '내추럴'을 통해 그 꿈을 이뤘다.

샌디 코팩스가 입단한 후 수준급 투수가 되기까지 6년이 걸린 반면, 드라이스데일은 3년밖에 걸리지 않았다. 드라이스데일은 마이너리그에서 체계적인 수업을 받았는데, 코팩스는 '4000달러 이상의 입단 보너스를 받은 선수는 반드시 메이저리그로 직행시켜야 한다'는 당시 규정에 따라 그 기회를 놓친 것이다.

샌디 코팩스가 선발과 불펜을 오가며 5승에 그친 1957년, 스무 살의 드라이스데일은 선발 자리를 꿰차고 17승(9패 2.69)을 따냈다. 바로 이듬해 다저스는 LA로 옮겼고, 드라이스데일은 메모리얼스타디움에서의 4년간 어려움을 겪었다. 하지만 1962년 다저스타디움 개장과 함께 질주가 시작됐다.

1962년 드라이스데일은 25승(9패 2.83)을 따내면서 1956년의 돈 뉴컴에 이어 팀에 두 번째 사이영상을 가져왔다. 당시는 양 리그를 합쳐 한 명에게만 상을 주던 시절이었다. 그리고 1963년 마침내 샌디 코팩스가 폭발했다.

1962년부터 1965년까지 4년간 드라이스데일은 매년 40경기 이상 선발로 나서고 매년 300이닝 이상을 소화했다. '4년 연속 40선발'은 데드볼 시대 투수들도 달성하지 못한 것이며, 1960년 이후 '4년 연속 300이닝'에 성공한 투수는 그를 포함해 5명뿐이다(게일로드 페리, 퍼기 젠킨스, 윌버 우드Wilbur Wood, 미키 롤리치). 드라이스데일은 마지막 2년을 놓치고도, 1960년대에 가장 많은 이닝을 소화한 투수가 됐다.

1964년 드라이스데일은 40경기에 선발로 나서 21번 완투했고, 리그에서 샌디 코팩스 다음으로 좋은 평균자책점 2.18을 기록했다. 하지만 그에게 돌아온 결과는 18승 16패였다. 반면 평균자책점 1.74의 코팩스는 19승 5패를 기록했다.

1962년 39승, 1963년 44승, 1964년 37승을 합작했던 샌디 코팩스와 드라이스데일은 1965년 49승을 올려 절정에 오른 후 공동으로 연봉 투쟁에 나서 나란히 메이저리그 최초의 10만 달러 투수가 됐다(물론 코팩스가 좀 더 받았다). 1966년에도 코팩스는 27승을 거뒀다. 하지만 드라이스데일은 전해 23승에서 13승으로 곤두박질쳤고, 월드시리즈에서 2패를 당했다. 그해 월드시리즈가 다저스의 4연패로 끝난 후 코팩스가 은퇴를 선언하면서, 다저스의 '황금 듀오' 시대는 막을 내렸다.

58. 20이닝 연속 무실점

투고타저 최고의 해였던 1968년, 밥 깁슨은 평균자책점 1.12를

1960년경
LA 다저스 시절의
돈 드라이스데일

기록하고 데니 매클레인은 마지막 30승을 올렸다. 아메리칸리그에는 무려 5명의 1점대 평균자책점 투수가 나타났으며, 칼 야스트렘스키는 타율 0.301를 기록하고도 리그 타격왕에 올랐다. 그리고 드라이스데일은 6연속 완봉승의 신기록을 포함한 58.2이닝 연속 무실점을 기록해 월터 존슨이 1913년에 달성한 56.2이닝 기록을 경신했다.

하지만 동시대에 뛰었던 짐 버닝 Jim Bunning은 "내가 드라이스데일과 같은 93~94마일짜리 그리스볼(공에 송진이나 바셀린 등을 발라 던지는 것)을 갖고 있었다면, 나도 연속 이닝 무실점 기록을 세울 수 있었을 것"이라며 볼멘소리를 했다. 실제로 드라이스데일은 은퇴한 뒤 부정 투구를 한 사실을 인정했다. 그러나 당시 훨씬 더 많은 증언들에 따르면, 그가 부정 투구를 한 것은 극히 결정적일 때 말고는 거의 없었다고 한다.

많은 팬이 샌디 코팩스의 조기 은퇴에 대해서는 잘 알고 있다. 하지만 드라이스데일이 코팩스 못지않게 이른 나이에 은퇴했다는 것을 아는 사람은 많지 않다. 팔꿈치 부상을 당한 코팩스는 1966년 30세 시즌을 마지막으로 유니폼을 벗었다. 어깨에 심각한 부상이 찾아온 드라이스데일도 1969년 32세 시즌이 마지막이었다. 물론 이는 1962년부터 1965년 사이에 혹사한 것이 결정적인 영향을 미쳤다.

은퇴한 후 돈 드라이스데일은 해설을 하며 전국을 누비고 다녔다. 1988년부터는 빈 스컬리와 함께 다저스 전담 중계를 했는데, 그해 다저스는 감격 어린 월드시리즈 우승을 차지했다. 드라이스데일은 오렐 허샤이저가 59이닝 연속 무실점을 이뤄내 자신의 기록을 깨자, 중계를 하다가 부스에서 뛰쳐나가 허샤이저를 부둥켜안기도 했다.

1993년 7월 3일, 몬트리올 올림픽스타디움으로 향하는 구단 버스에 드라이스데일이 타지 않았다. 이를 이상하게 여긴 구단 직원이 호텔방 문을 열자 쓰러진 드라이스데일이 발견됐다. 심장마비였다. 드라이스데일의 나이 56세였다.

디즈니의 영화 '허비' 시리즈의 귀여운 경주용 자동차 허비는 53번을 달고 있다. 이는 다저스가 영구 결번으로 정한 드라이스데일의 등번호다.

밥 깁슨, 불타오르는 승부욕

**밥 깁슨은 최고로 운 좋은 투수였다.
언제나 점수를 내지 못하는 팀들을 상대로만 던졌기 때문이다.** _팀 매카버

밥 깁슨 Robert "Bob" Gibson, 1935~2020

투수, 우투우타

활동 기간 1959~1975(17시즌)

1968년 월드시리즈 1차전, 세인트루이스 카디널스가 4대 0으로 앞선 가운데 디트로이트 타이거스의 9회 초 마지막 공격이 시작됐다. 선두 타자에게 안타를 허용한 밥 깁슨은 다음 타자인 3번 알 칼라인을 삼진으로 잡아냈다. 하지만 포수 팀 매카버는 공을 돌려주는 대신 손가락으로 깁슨의 뒤를 가리켰다.

"뭐 해? 빨리 공 줘." 깁슨이 소리치자 팀 매카버는 웃으며 다시 한 번 뒤를 돌아보라고 했다. 전광판에는 '밥 깁슨이 샌디 코팩스의 월드시리즈 최다 탈삼진 기록(15개)과 타이를 이뤘습니다'라고 쓰여 있었다. 그제야 깁슨은 모든 관중이 기립 박수를 보내고 있음을 알아챘다. 마지못해 모자를 벗어 관중들에게 답례한 그는 다시 경기

속으로 빠져들었다(깁슨은 경기 몰입에 방해되는 이런 쇼맨십을 좋아하지 않았다). 그리고 4번 놈 캐시Norm Cash와 5번 윌리 호튼Willie Horton을 모두 삼진으로 잡아냄으로써 완봉승을 달성하고 17탈삼진 신기록을 작성했다.

스탠 뮤지얼이 세인트루이스의 역사를 대표하는 타자라면 깁슨은 세인트루이스의 역사를 상징히는 에이스다. 깁슨은 세인트루이스에서만 17년간(풀타임 15시즌) 뛰며 251승 174패 2.91, 탈삼진 3117개를 기록했다. 세인트루이스의 다승, 탈삼진, 이닝(3884.1), 선발(482), 완투(255), 완봉(56) 1위 기록은 여전히 그의 차지다.

깁슨은 1963년부터 1972년까지 10년간 연평균 19승을 올렸다. 또 풀타임 15년 동안 9번의 200탈삼진 시즌을 보내고 완봉승 1위에만 4번 올랐다. 1971년에는 윌리 스타젤이 이끄는 피츠버그 파이리츠를 상대로 노히트노런을 따내기도 했다.

깁슨은 "공 9개로 삼진 3개를 잡아내는 것보다 공 3개로 아웃카운트 3개를 잡아내는 것이 더 낫다"고 말할 정도로 삼진에 욕심이 없었다. 그럼에도 월터 존슨(3509개)에 이어 역대 두 번째로 3000탈삼진을 돌파했다. 한편 은퇴할 당시 월터 존슨 다음이었던 깁슨의 탈삼진 랭킹은 이제 14위까지 떨어졌다(2021년, 3000탈삼진 19명).

그의 진짜 목표는 본인이 경기를 끝내는 것이었다. 깁슨은 선발 482경기의 53퍼센트에 해당하는 255경기에서 완투했다. 또 역대 13위에 해당하는 56번 완봉승을 따냈다. 승리의 22퍼센트가 완봉승이었던 것이다. 이는 완봉승 1위인 월터 존슨의 26퍼센트(417승 110완봉)에 견주어도 손색이 없다.

마운드 위의 전사

마운드 위의 밥 깁슨은 강력한 구위뿐 아니라 엄청난 집중력과 불타오르는 승부욕으로 무장한 전사였다. 감독이었던 레드 셰인딘스트Red Schoendienst는 마운드에 선 깁슨이 웃는 모습을 한 번도 보지 못했다고 했다. 되레 교체를 위해 마운드에 올라가면 자신을 무섭게 노려보는 그의 눈초리를 감수해야만 했다. 어떤 타자는 타석에서 깁슨과 상대하다 보면 "금방이라도 나를 물어뜯을 것 같은 맹수를 마주한 느낌"이 든다고 했다.

'위협적인'은 그를 가장 잘 나타내는 단어다. 안 그래도 타자를 압도하는 구위를 지닌 깁슨은 위협구와 빈볼도 서슴지 않았다. 깁슨은 자서전에서 자신은 현역 시절 아홉 가지 구종을 던졌다고 했다. 그 아홉 가지는 패스트볼, 싱커, 빠른 슬라이더, 느린 슬라이더, 커브, 체인지업과 함께 얼굴로 날아가는 공, 등 뒤로 날아가는 공, 타자가 피할 수 없는 공이었다. 팀 동료이자 역대 도루 2위를 기록한 루 브록은 적어도 깁슨이 선발로 나온 경기에서만큼은 점수 차가 크게 벌어진 상황에서 도루를 하고도 빈볼을 맞지 않았다. 상대 팀에서 깁슨을 무서워해 응징을 포기했기 때문이다.

깁슨은 자존심 또한 대단했다. 폭발적인 강속구와 함께 역대 최정상급으로 평가받는 슬라이더를 던졌다. 깁슨은 팀 매카버가 스티브 칼턴의 명예의 전당 헌액식 축하 연설에서 "역대 슬라이더는 칼턴"이라고 하자 "맞아. 좌완 중에서 최고지"라며 한마디를 거들기도 했다. 한편 세인트루이스는 1972년 연봉 협상에서 5000달러 차이로 이견을 보인 칼턴을 필라델피아 필리스로 보냈다. 이에 깁슨의 슬라이더가 칼턴의 슬라이더로 이어질 수 있는 위대한 역사를 놓쳤다.

1962년
세인트루이스 카디널스의 투수
밥 깁슨

깁슨은 공을 던지고 1루 방향으로 쓰러지는 투구 폼에도 불구하고 수준급의 제구력과 함께 최고의 수비력을 자랑했다. 이에 1965년부터 1973년까지 골드글러브를 9연패하기도 했다. 깁슨보다 골드글러브를 더 많이 따낸 투수는 그레그 매덕스(18개)와 짐 캇(16개)뿐이다.

또 역사상 가장 강력한 공격력을 자랑한 투수 중 한 명이었다. 깁슨은 통산 타율 0.206와 함께 24홈런 114타점을 기록했다. 제2차 세계대전 이후 20홈런 100타점을 날성한 투수는 깁슨과 밥 레본(타율 0.232 37홈런 147타점)뿐이다.

깁슨은 한 시즌에 5개 홈런을 날린 것도 두 번이나 되며, 월드시리즈에서도 홈런 두 방을 쏘아 올렸다. 1970년에는 타율 0.303 2홈런 19타점의 맹타를 휘둘렀으며 대타 5타석에서 볼넷 두 개와 희생 플라이 한 개를 기록하기도 했다. 빠른 발까지 겸비한 그는 한 시즌 5개 도루에 성공한 마지막 투수다.

세인트루이스 카디널스

1955년 네브래스카주 오마하에서 태어난 밥 깁슨은 아버지의 얼굴을 보지 못했다. 아버지는 그가 태어나기 석 달 전에 세상을 떠났다. 깁슨은 어린 시절 심장병과 구루병, 천식, 폐렴 등 온갖 병을 달고 살았다. 사람들은 깁슨이 오래 살지 못할 것이라고 생각했다. 그 때문에 깁슨은 운동에 더욱 몰입했다. 원래 이름은 팩 로버트 깁슨 Pack Robert Gibson으로, 하지만 자신의 이름이 싫었던 그는 18살 때 로버트 깁슨으로 바꾸었다.

고교 시절 야구와 농구를 병행한 깁슨은 크레이튼대에 농구 장학금을 받고 입학했다. 1957년에는 4000달러 보너스를 받고 자신의 고향에 트리플A 팀을 두고 있던 세인트루이스에 입단했다. 하지만 야구를 시작하는 대신 1년간 곡예 농구단인 할렘 글로브트로터스에서 뛰었다. 깁슨의 별명은 '총알'(Bullet)이었다.

서커스가 아닌 진짜 승부가 하고 싶었던 깁슨은 결국 야구공을 쥐었고, 1958년을 트리플A 팀 오마하 카디널스에서 보냈다. 오마하의 조니 킨 감독은 깁슨을 지켜보면서 그에 대한 확신을 가졌다. 하지만 세인트루이스의 살리 히머스Solly Hemus 감독은 좀처럼 기회를 주지 않았다. 1961년 시즌 중반 킨이 세인트루이스의 감독으로 승격되면서 깁슨도 선발진에 자리를 얻었다. 깁슨은 선발 로테이션에 정식으로 들어온 첫 경기에서 11개 삼진을 잡아내며 완봉승을 따냈다.

월드시리즈를 지배하다

깁슨은 선수 생활을 하는 동안 수없이 부상을 당하며 300승에 49승 모자란 251승으로 유니폼을 벗었다. 풀타임 15년밖에 뛰지 못했으며 건강하게 보낸 시즌은 10시즌뿐이었다. 그런 깁슨이 역대 최고 투수 중 한 명으로 뽑히는 이유는 너무나 눈부신 두 개의 업적, 바로 1968년과 월드시리즈 때문이다.

1968년, 평균자책점 1.12

밥 깁슨의 1968년은 메이저리그 역사상 투고타저 최고의 해 중 하나로 꼽힌다. 깁슨이 34경기(22승 8패)에 나서 기록한 평균자책점 1.12는 1914년 더치 레너드(0.96)와 1906년 모르데카이 브라운(1.04)에 이은 역대 3위 기록이자, 라이브볼 시대가 열린 1920년 이후 최고 기록이다. 또 300이닝 이상(304.2) 던진 투수 중 최고의 기록이다. 그해 깁슨은 사이영상과 MVP를 동시에 수상했다.

그해 깁슨은 16경기에서 15연승을 질주하고, 95이닝 동안 단 2점을 내주고 봉쇄하기도 했다. 또 5경기 연속 완봉승을 포함해 47.2이닝 연속 무실점을 기록했는데, 무실점 행진이 폭투에 의해 중단된 뒤 다시 17.1이닝 연속 무실점을 추가했다. 폭투만 없었다면 65이닝 연속 무실점이 될 수 있었다. 그해 돈 드라이스데일은 58.2이닝 연속 무실점을 기록하고 깁슨 대신 월터 존슨의 56.2이닝 기록을 경신했다.

더 놀라운 것은 이닝 소화 능력이었다. 깁슨은 그해 선발로 나선 34경기 중 28경기에서 완투했는데, 11이닝을 던지고도 승패 없이 물러난 한 경기가 없었다면 20경기 연속 완투도 가능했다. 8이닝을 넘기지 못한 것은 7이닝을 던진 단 두 경기뿐이었다.

또 깁슨은 그해 5경기 연속 완봉승을 포함한 13회 완봉승을 따냈다. 13완봉은 1900년 이후 2위 기록이자(1916년 피트 알렉산더 16완봉) 스핏볼이 금지된 1920년 이후 최고 기록으로, 앞으로 더 이상 나올 수 없는 기록 중 하나로 여겨지고 있다. 깁슨은 커리어를 통틀어 총 528경기 중 255경기에서 완투했다. 한마디로 그는 완봉형 투수의 대명사로 꼽힌다.

깁슨은 9패를 당한 경기에서 평균자책점 2.14를 기록했다. 9번 모두 퀄리티 스타트였으며, 그중 6번은 완투패였다. 그해 깁슨이 퀄리티 스타트에 실패한 두 경기는 12이닝 4자책과 11이닝 4실점 경기였다.

사실 1968년은 메이저리그 역사상 투수들이 가장 맹위를 떨쳤던 해다. 그해 내셔널리그의 평균자책점은 2.99였으며, 양 리그에서 도합 7명의 1점대 투수가 나왔다. 2000년 페드로 마르티네스의 조정평균자책점이 역대 1위인 291인 반면(마르티네스 1.74, 아메리칸리그 평균 4.91), 1968년 깁슨의 조정평균자책점은 역대 6위에 해당하는 258이다.

이듬해 메이저리그 사무국은 타자들을 위해 스트라이크존을 좁히고 마운드를 15인치에서 10인치로 낮췄다. 1893년 홈플레이트와 투수판 간 거리가 50피트(15.24미터)에서 60피트 6인치(18.44미터)로 늘어나는 데 에이모스 루지가 결정적인 역할을 했다면, 깁슨은 현재의 마운드 높이를 만드는 데 일조했다. 1969년 내셔널리그의 평균자책점은 2.99에서 3.60으로 크게 올랐다. 하지만 깁슨은 변함없이 35경기(28완투 4완봉)에 나서 314이닝을 던지면서 20승 13패 2.18을 기록했다.

또 한 명의 월드시리즈 에이스

뉴욕 양키스의 최다승 투수인 화이티 포드(236승 106패 2.75)는 월드시리즈 최다승 투수이기도 하다(22경기 10승 8패 2.71). 하지만 월드시리즈 7차전에 내보낼 투수를 한 명만 고르라면 샌디 코팩스(1963년, 1965년 월드시리즈 MVP) 또는 밥 깁슨(1964년, 1967년 월드시리즈 MVP) 중 한 명이 될 것이다.

깁슨은 월드시리즈에서 첫 경기에서 패배한 후 마지막 경기에서 다시 패하기 전까지 7연승으로 질주했으며, 8이닝을 던진 첫 경기를 제외한 8경기에서 모두 완투했다(10이닝 완투한 한 경기를 포함해, 월드시리즈 9경기에서 81이닝을 던졌다).

1964년 첫 월드시리즈의 상대는 미키 맨틀과 로저 매리스의 M&M포를 앞세운 뉴욕 양키스였다. 2차전에서 8이닝 4실점을 기록해 패전을 당한 깁슨은 시리즈 2승 2패로 맞선 5차전에서 10이닝 2실점 무자책을 기록해 완투승을 책임졌다. 이틀 쉬고 등판한 7차전에선 팀의 우승을 확정 짓는 5실점 완투승을 따냈다. 3경기에 나서 2승 1패를 거두면서 평균자책점 3.00(27이닝 9자책)을 기록했다.

1967년 월드시리즈의 상대는 칼 야스트렘스키가 이끄는 보스턴 레드삭스였다. 그해 피츠버그의 로베르토 클레멘테가 친 타구에 다리를 맞아 정규 시즌의 3분의 1을 놓친 깁슨은 1차전에서 1실점 완투승, 4차전에서 완봉승, 7차전에서 2실점 완투승을 따내면서 다시 한 번 영웅이 됐다. 3경기에서 3승을 거두면서 평균자책점 1.00(27이닝 3실점)을 기록했다. 깁슨을 제외한 나머지 세인트루이스 투수들의 평균자책점은 3.97이었다.

최고의 정규 시즌을 보낸 1968년, 이번에는 월드시리즈에서 디트로이트를 만났다. 1차전에서 깁슨은 마지막 30승 투수인 데니 매클레인과 대결하면서 월드시리즈 신기록인 17개 탈삼진을 곁들인 완봉승을 만들어냈다. 4차전 매클레인과의 리턴 매치에서도 1실점 완투승을 거뒀다. 부시스타디움에서 열린 7차전, 세인트루이스 팬들은 우승을 믿어 의심치 않았다. 지난 두 차례 월드시리즈에서 모두 7차전 승리를 안겨준 깁슨이 선발로 나서기 때문이었다.

깁슨은 6회까지 무실점으로 호투했다. 하지만 7회 중견수 커트 플러드Curt Flood가 평범한 플라이 타구를 놓쳐 2타점 3루타로 만들어준 탓에 3점을 내주면서 결국 4실점 완투패를 당했다(디트로이트 4대 1 승리). 실책으로 기록되지 않은 플러드의 판단 착오가 없었다면, 깁슨은 3회 연속 월드시리즈 7차전 승리라는 대기록을 만들어냈을지도 모른다.

1970년 개인 최다승 기록인 23승(7패 3.12)을 따내며 두 번째 사이영상을 수상하고 이듬해 피츠버그를 상대로 노히트노런을 달성했지만, 이후 깁슨은 부상에 신음하는 날이 잦아졌다. 1975년 다리에 부상을 입어 시즌 내내 고전한 깁슨은 9월 초 홈런과 거리가 먼 타자에게 만루 홈런을 맞은 후 은퇴를 결심했다. 39세 시즌이었다.

1981년 밥 깁슨은 득표율 84퍼센트를 기록해 입회 자격이 주어진 첫해 명예의 전당에 오른 11번째 선수가 됐다. 세인트루이스는 깁슨의 45번을 영구 결번으로 정했다. 동료였던 조 토레를 따라 한때 뉴욕 메츠와 애틀랜타 브레이브스의 투수코치를 맡았던 깁슨은 이후 전담 해설가로 세인트루이스 구단에 복귀했다.

1992년 올스타전에 앞서 열린 올드 타이머 경기에서 46세의 레지 잭슨은 56세인 깁슨이 던진 공을 홈런으로 연결시켰다. 깁슨은 이듬해 친선 경기에서 만난 잭슨에게 아주 느리게 날아간 몸 쪽 위 협구를 던졌다. 그 의미를 잘 알고 있었던 잭슨은 환하게 웃은 다음 더 이상 방망이를 휘두르지 않았다.

2020년 10월 깁슨은 1년여 간의 췌장암 투병 끝에 84세를 일기로 세상을 떠났다.

게일로드 페리, 부정 투구의 달인

야구의 가장 큰 문제는 1년 내내 하지 않는다는 것이다. _게일로드 페리

게일로드 페리 Gaylord Jackson Perry, 1938~

투수, 우투우타

활동 기간 1962~1983(22시즌)

최초로 양 리그에서 사이영상 수상. 13년 연속 15승을 만들어낸 3명 중 하나(그레그 매덕스 17년, 사이 영 15년). 15년 연속 200이닝을 던진 2명 중 하나(사이 영 19년, 그레그 매덕스 14년). 300승 3500탈삼진을 달성한 역대 8명 중 하나이자 1960년 이후 300이닝을 가장 많이 던진 투수(통산 6회). 하지만 게일로드 페리는 첫해가 아니라 세 번째 도전에서 그것도 77.2퍼센트의 낮은 득표율을 기록하며 명예의 전당에 올랐다.

이는 같은 시기에 활동했으며 역시 300승 3500탈삼진을 달성한 톰 시버(98.8퍼센트), 놀란 라이언(98.8퍼센트), 스티브 칼턴(95.6퍼센트)과 비교하면 차이가 큰 득표율이다. 300승을 올리고 명예의 전당

에 들어간 다른 19명 투수 중 득표율이 그보다 낮은 투수는 없다.

22년간 8개 팀을 돌아다닌 페리는 '저니 맨' 이미지가 강했다. 그것도 첫 10년간 샌프란시스코 자이언츠에서 뛴 후로는 12년 동안 7개 팀을 전전했다. 샌프란시스코를 제외하면 한 팀에서 보낸 가장 긴 근속 연수는 3년 반이었다.

페리에게는 그보다 더 심각한 결함이 있었다. 부정 투구의 상징이었다는 점이다. 스테로이드의 대표가 누구냐고 물으면 여러 이름이 나올 것이다. 하지만 부정 투구 분야에서 페리를 능가할 선수는 없다. 페리는 2007년 ESPN이 뽑은 메이저리그 '10대 사기꾼' 명단에도 이름을 당당히 올렸다.

원로 감독인 진 모크는 게일로드 페리의 명예의 전당 동판에 바셀린 튜브를 붙여놓아야 한다고 주장했다. 페리의 공을 받았던 포수 진 테니스Gene Tenace는 "그가 던진 공은 하도 미끄러워 제대로 돌려주기도 힘들었다"고 고백했다. 페리는 은퇴 후 펴낸 자서전 〈나와 스핏볼Me and the Spitter〉에서 소금과 후추, 초콜릿 시럽을 빼고는 다 이용해봤다며 부정 투구를 한 사실을 인정했다.

스핏볼 마스터

1920년 메이저리그는 공에 침을 발라 던지는 스핏볼을 금지시켰다(당시 스핏볼 투수들은 침이 아니라 씹는담배의 즙을 묻혀 던졌다). 이미 뛰고 있던 17명은 이 조항에서 면제됐는데 1934년 마지막 스핏볼러인 벌리 그라임스Burleigh Grimes가 은퇴하면서 스핏볼은 공식적으로는 사라졌다. 하지만 금지 조치 이후에도 적지 않은 투수들이 은근슬쩍 스핏볼을 던졌다. 메이저리그도 이를 엄격히 규제하지 않았다.

1967년 메이저리그는 격렬한 스핏볼 논란에 휩싸였다. 이를 대놓고 사용하는 게일로드 페리 때문이었다. 1968년 사무국은 '투수는 공을 던지기 전에 입에다 손가락을 갖다 댈 수 없다'는 새로운 규정을 만들었다.

하지만 그 정도에서 물러설 페리가 아니었다. 이때부터 그는 몸 곳곳에 이물질을 숨겨놓고 공을 던질 때마다 모자 챙, 귀 뒤쪽, 머리카락, 이마, 손목, 유니폼 등을 만진 후에 던졌다. 수없이 몸수색을 당했지만 이물질이 발견돼 퇴장당한 것은 은퇴하기 1년 전인 1982년 보스턴전이 처음이자 마지막이었다. 상대 팀과 심판 입장에서는 미치고 펄쩍 뛸 노릇이었지만, 페리는 심판이 허탕을 치고 내려갈 때마다 묘한 미소로 그들을 비웃었다. 신출귀몰한 그의 부정 투구는 '유령 스핏볼'로 불렸다.

페리는 어떻게 해서 완전범죄를 저지를 수 있었을까. 그는 자서전에서 부정 투구를 한 건 사실이지만, 실제로 이물질을 묻혀 던진 것은 알려진 것처럼 많지 않았다고 주장했다. 사실 당시 부정 투구를 한 투수는 페리뿐이 아니었으며, 화이티 포드 같은 명예의 전당 투수와 루 버데트 같은 에이스급 투수도 있었다.

그런데 다른 투수들이 공에 무언가를 묻히는 동작을 최대한 들키지 않으려고 노력한 반면, 페리는 일부러 더 눈에 띄게 했다. 페리가 공에 무언가를 묻히는 듯한 동작을 취하면, 타자는 지레 겁을 먹고 평범한 공조차 제대로 치지 못했다. 즉 페리는 타자와의 심리전에서 승리하기 위해 '부정 투구 상습범'이라는 이미지를 고의로 만들어냈다.

월드시리즈를 지배하다

1965년
샌프란시스코 자이언츠 시절
26세의 게일로드 페리

　실제로 페리는 수준급의 싱커와 슬라이더 조합을 갖고 있었다. 또 정상급의 제구력과 화려한 레퍼토리를 자랑했다. 하지만 그가 부정 투구를 했으며 그로 인해 타자와의 심리전에서 큰 도움을 받은 것은 부인할 수 없는 사실이다. 이는 분명 정당한 방법이 아니었다.

　그의 스핏볼은 어떤 공이었을까. 대체로 그리스나 바셀린을 묻혀 던졌는데 패스트볼처럼 들어오다 빠르게 가라앉는 마구였다. 지금 으로 치면 스플리터에 가까운 궤적으로, 처음 등장했을 당시 포크볼 과 스플리터는 '마른 스핏볼'(Dry Spitter)로 불렸다.

　어느 날 한 기자가 관중석에서 페리의 다섯 살짜리 딸을 발견했 다. 기자는 페리의 딸에게 "아빠가 그리스볼을 던지는 게 맞지?"라고 고약한 질문을 했다. 하지만 아버지에게 철저히 교육받은 다섯 살배

기의 답은 "아닌데요. 하드 슬라이더인데요"였다.

비열한 무공을 얻다

1958년 샌프란시스코 자이언츠에 입단한 게일로드 페리는 1962년 스물세 살 나이에 메이저리그에 데뷔했다. 하지만 첫 2년간 제대로 된 기회는 오지 않았다. 1964년 6월 1일 뉴욕 메츠와의 원정 경기에서 페리는 6대 6으로 맞선 연장 13회 말 마운드에 올라 10이닝을 무실점으로 막았다(경기는 23회에 끝났다). 바로 그 경기에서, 페리는 팀 선배인 밥 쇼Bob Shaw에게 배운 스핏볼을 처음 던졌다.

감독에게 강렬한 인상을 심어준 페리는 한 달 뒤에 가진 선발 등판에서 생애 첫 완봉승을 따냈다. 그리고 8월부터 선발 로테이션에 들어가 15경기에서 5승 3패 2.79를 기록하는 준수한 활약을 하고 시즌을 끝냈다. 페리의 돌파구를 열어준 것은 결국 스핏볼이었다. 지금 슬라이더와 스플리터 조합이 그러하듯, 페리의 슬라이더와 스핏볼 조합은 강력한 시너지 효과를 냈다.

선발투수로서 첫 풀타임 시즌이던 1966년, 페리는 21승 8패 2.99를 기록하며 에이스 후안 마리찰(25승 6패 2.23)의 원투 펀치 파트너가 됐다. 이때 1경기 15탈삼진이라는 팀 역대 최고 기록을 세웠으며(제이슨 슈미트Jason Schmidt가 2006년 16탈삼진으로 경신했고, 팀 린스컴Tim Lincecum도 15탈삼진을 기록했다), 처음 나선 올스타전에서 승리투수가 됐다.

1967년 페리는 15승 17패(2.61)에 그쳤지만, 이는 샌프란시스코가 17패 중 10패에서 1점 이하를 냈기 때문이었다. 페리는 그해 40이닝 연속 무실점을 기록하며 질주했다.

부정 투구 금지 규정이 강화된 1968년, 페리는 그해 평균자책점 1.12를 기록한 밥 깁슨과의 선발 대결에서 1대 0 노히트노런을 따냈다(샌프란시스코가 낸 한 점은 론 헌트가 1회에 때려낸 홈런이었는데, 그해 헌트가 만들어낸 두 개 홈런 중 하나였다). 한편 다음 날 세인트루이스의 레이 워시번Ray Washburn이 노히트노런을 기록해 복수에 성공하면서, 역사상 처음이자 마지막으로 한 시리즈에서 2경기 연속 노히터가 나왔다.

1970년 페리는 41경기에 나서 23경기에서 완투하고 328.2이닝을 던졌다. 그리고 두 번째 20승에 성공했다(23승 13패 3.20). 사이영상 투표에선 1위 표 한 장을 가져와 밥 깁슨(23승 7패 3.12)의 만장일치 수상을 저지했다. 그해 아메리칸리그에서는 세 살 위의 형 짐 페리(24승 12패 3.04)가 사이영상을 차지했다. 깁슨만 아니었다면 사상 첫 형제 사이영상이 탄생할 수 있었다. 형제는 사상 첫 동반 20승을 달성한 것으로 만족해야 했다(1979년 니크로 형제가 두 번째로 달성했다).

이제 페리는 하향세에 접어든 후안 마리찰을 제치고 포스트시즌 1선발이 됐다. 하지만 챔피언십시리즈 두 경기에서 1승 1패 6.14에 그쳤고, 샌프란시스코는 피츠버그에 1승 후 3연패를 해 물러났다. 이것이 그의 처음이자 마지막 포스트시즌이었다. 그는 22시즌이나 뛰었는데도 월드시리즈 무대를 한 번도 밟지 못하고 은퇴했다. 필 니크로의 24시즌에 이은 투수 역대 2위 기록이었다.

방랑자가 되다

1971년 시즌이 끝나자 샌프란시스코는 게일로드 페리에 유격수 유망주 프랭크 더피Frank Duffy를 붙여 클리블랜드 인디언스에 넘기고 파이어볼러 샘 맥도웰Sam McDowell을 받아 왔다. 맥도웰은 루브 웨델, 월터 존슨, 샌디 코팩스에 이어 300탈삼진을 두 번 달성한 역대 4번째 선수였다. 당시 페리가 32세, 맥도웰이 28세로, 샌프란시스코가 유리한 거래를 한 것 같았다. 하지만 이후 페리가 180승을 더 거둔 반면, 맥도웰은 24승에 그쳤다(샌프란시스코에서는 11승). 샌프란시스코 역사상 최악의 트레이드 실패였다.

이적 첫해인 1972년, 페리는 40경기에 나서 29번 완투하고 342.2이닝을 던졌다. 그리고 24승 16패 1.92의 성적을 기록해 너클볼러 윌버 우드(376.2이닝, 24승 17패 2.51)를 총점 6점 차로 아슬아슬하게 제치고 사이영상을 수상했다. 그해 클리블랜드는 아메리칸리그 12팀 중 9위에 그쳤는데, 빌 제임스는 페리의 1972년 시즌을 1931년 이후 아메리칸리그 투수의 최고 시즌으로 꼽고 있다.

1974년 페리에게 반가운 일이 일어났다. 형 짐 페리가 클리블랜드로 온 것이다. 페리 형제는 팀 승리의 49퍼센트에 해당하는 38승을 합작했다(짐 17승, 게일로드 21승). 1975년 시즌이 끝나고 형은 통산 215승 174패의 성적으로 유니폼을 벗었다. 공교롭게도 1975년 시즌까지 동생 게일로드의 통산 성적은 216승 174패였다. 페리 형제가 거둔 통산 529승은 니크로 형제의 539승에 이은 역대 2위 기록이다.

니크로 형제의 동생 조 니크로Joe Niekro의 인생에는 페리가 적지 않은 영향을 미쳤다. 1972년 페리의 스핏볼에 분통이 터진 디트로이트의 빌리 마틴 감독은 '눈에는 눈 이에는 이' 전략으로 조를 불러 스핏볼을 마스터할 것을 지시했다. 하지만 조의 스핏볼 진도는 좀처럼 나가지 못했다. 디트로이트는 조를 방출했다. 조는 이후 형 필 니크로의 팀으로 이적했다. 그리고 스핏볼 대신 너클볼을 완성했다.

페리는 꼴찌 팀 클리블랜드의 기둥이었다. 클리블랜드에서 뛴 3.5시즌 동안 팀 승리의 39퍼센트를 책임졌다. 하지만 페리는 선수 겸 감독이던 프랭크 로빈슨과 충돌하면서 1975년 시즌 중간에 텍사스로 넘겨졌다. 페리가 떠난 후 클리블랜드에서는 2007년이 되어서야 사이영상 투수가 나왔고(CC 사바시아), 2008년이 되어서야 20승 투수가 등장했다(클리프 리Cliff Lee).

페리는 1969년부터 1975년까지 7년간 6번이나 300이닝 이상을 던지며 연평균 321이닝을 소화하는 괴력을 선보였다. 같은 기간 2위인 미키 롤리치보다 134.2이닝이 더 많았다. 페리는 1966년부터 1976년까지 11년 연속으로 250이닝 이상을 기록하기도 했다.

텍사스에서 2.5시즌을 보낸 페리는 1978년 샌디에이고 파드리스에 입단하면서 내셔널리그로 돌아왔다. 그리고 그해 5번째이자 마지막인 20승 시즌(21승 6패 2.73)을 만들어내고 통산 2번째 사이영상을 수상했다. 사상 최초로 양 리그에서 사이영상(이후 랜디 존슨, 페드로 마르티네스, 로저 클레먼스, 로이 할러데이가 달성했다)을 달성한 순간이었다. 이는 서른아홉 살 나이에 따낸 내셔널리그 최고령 사이영상이었다(로저 클레먼스가 41세로 경신했다). 그의 사이영상 두 개가 모두 리그를 옮긴 첫해에 나온 것은 우연한 일치가 아니었다.

메이저리그가 맞은 불주사

몇 개 팀을 더 거치다가 시애틀 매리너스 유니폼을 입은 1982년 게일로드 페리는 통산 300승을 달성했다. 메이저리그에서 1963년 얼리 윈이 이룬 후 거의 20년 만에 나온 300승이었다. 필 니크로가 그랬던 것처럼, 페리는 300승 도전 경기에서 한 개의 스핏볼도 던지지 않았다. 그해 페리는 시즌 종료를 얼마 남겨두지 않고 사이드암 전환을 시도했다. 리그 1위 팀인 볼티모어와의 경기에서는 생애 두 번째 노히터를 따낼 뻔도 했다.

1983년 마흔네 살의 페리는 스티브 칼턴, 놀란 라이언과 함께, 56년간 이어온 월터 존슨의 3509탈삼진 기록을 경신했다(3534). 그리고 유니폼을 벗었다.

페리는 메이저리그의 골칫거리였다. 하지만 페리가 선수 생활을 하는 동안 부정 투구에 대한 규정을 두 차례 강화하면서 지나칠 정도로 엄격한 기준을 만들어내는 데 성공했다. 다른 측면에서 생각하면 메이저리그에서 부정 투구를 쫓아내는 데 페리가 큰 기여를 했던 셈이다.

"승리하는 것이 프로의 최대 덕목이라고 생각했을 뿐"이라고 밝힌 페리는 능글맞게도 은퇴하고는 바셀린 회사의 광고 모델이 됐다. 광고의 문구는 이랬다. "우리 제품은 아기의 몸을 부드럽게 해줍니다. 단, 야구장에서는 사용할 수 없습니다."

필 니크로, 마구에 가까운 너클볼

그의 너클볼을 치는 것은 젓가락으로
젤리를 집으려는 것과 같았다. _바비 머서Bobby Murcer

필 니크로 Philip Henry Niekro, 1939~2020

투수, 우투우타

활동 기간 1964~1987(24시즌)

"녀석은 킬킬거리며 나를 향해 날아온다. 그 비웃음은 도저히 참을 수 없다."

릭 먼데이를 화나게 했던 '그 녀석'은 필 니크로의 너클볼이다. 318승으로 최다승 역대 16위, 3342탈삼진으로 최다 삼진 역대 11위에 올라 있는 니크로는 메이저리그 역사상 가장 성공한 너클볼 투수다.

24명의 300승 투수, 34명의 2500탈삼진 투수 중에서 너클볼 투수는 니크로가 유일하다. 그와 테드 라이언스(260승), 호이트 빌헬름(143승 227세이브)만이 너클볼러로서 기자 투표를 통해 명예의 전당에 들어갔다. 니크로는 1920년 라이브볼 시대가 열린 이후 가장 많은 이닝(5404)을 소화했으며, 4번째로 많은 경기(716)에 선발로 나섰다. 또 전체 역사를 통틀어 5번째로 많은 패배를 기록했다(최다패 상위 7명은 모두 명예의 전당에 올랐다).

니크로는 애틀랜타 브레이브스의 역대 다승 랭킹에서 워런 스판(356)과 키드 니콜스(329)에 이은 3위(268)에 올라 있다(4위 톰 글래빈 244승, 5위 존 스몰츠 210승, 6위 그레그 매덕스 194승). 브레이브스 역사에서 보스턴 시대 최고의 에이스가 니콜스, 밀워키 시대가 스판이었다면, 애틀랜타 시대를 대표하는 투수는 니크로다. 브레이브스가 애틀랜타로 연고지를 옮긴 후 처음 노히트노런을 달성한 투수도 니크로다.

아버지에게 배운 너클볼

필 니크로는 역사상 최고의 너클볼을 던졌다. 팀 웨이크필드에게 미안한 말이지만, 니크로의 너클볼은 차원이 달랐다. 웨이크필드가 호이트 빌헬름처럼 검지와 중지 두 개로 공을 긁은 반면, 니크로는 네 번째 손가락인 약지를 이용해 더 현란한 변화를 만들어냈다.

하지만 그의 너클볼이 어느 날 갑자기 하늘에서 떨어졌거나 땅에서 솟아난 것은 아니었다. 니크로는 강력한 하체를 만들기 위해 달리고 또 달렸던 톰 시버를 두고 "차라리 폴카 댄스를 추겠다"며 놀렸지만, 정작 본인은 너클볼을 완성하기 위해 엄청난 노력을 쏟아부었다. 훗날 그는 어린 선수들에게 다음과 같은 말을 들려줬다. "노력하고 또 노력하라. '이만하면 되겠다'는 생각이 들면 좀 더 노력하라. 그래서 누구보다 잘할 수 있다는 자신감이 생기면 거기서 좀 더 노력하라." 그가 브레이브스에 입단한 후 너클볼을 완성하기까지 걸린 시간은 10년이었다.

니크로는 1939년 오하이오주의 한 탄광 마을에서 태어났다. 아버지는 제법 빠른 공을 던지는 광부 팀의 에이스였다. 그러나 사고로 팔을 심하게 다친 후 더 이상 빠른 공을 던질 수 없게 됐다. 이에 동료에게 너클볼을 배웠다. 아버지의 경기를 보는 것이 큰 즐거움이었던 니크로는 아버지가 타자들을 바보로 만드는 장면을 똑똑히 목격했다. 그리고 매일 던지고도 팔이 아프지 않을 수 있다는 사실에 놀랐다. 너클볼의 매력에 빠진 니크로는 아버지에게 그 공을 가르쳐달라고 졸랐다.

아버지는 둘째 아들 조에게도 너클볼을 가르쳤다. 하지만 조는 시큰둥했다. 훗날 조는 선수 생활의 위기에 봉착하고 나서야 너클볼을 본격적으로 던지기 시작했다. 첫 10년간 너클볼 없이 68승에 그친 조는 이후 12년간 너클볼로 153승을 따내고 200승 투수가 됐다.

아버지에게 너클볼을 배운 뒤부터 오직 한 우물만 판 니크로는 그 공으로 고교 무대를 제패했다. 심지어 그는 커브는 물론 패스트볼 그립조차 알고 있지 못했다. 그의 너클볼이 역대 최고가 될 수 있었던 것은 마지막으로 너클볼을 선택한 거의 대부분 투수들과 달리, 그가 너클볼로부터 출발했기 때문이다.

선수 생활을 하면서 한 번도 온 힘을 다해 공을 던져본 적이 없었다는 니크로는 그 덕분에 48세 나이에도 메이저리그에서 뛸 수 있었다. 새철 페이지가 59세, 잭 퀸Jack Quinn이 50세, 호이트 빌헬름이 49세에 마운드에 오르기는 했지만, 주전으로 뛴 최고령 선수는 니크로다.

너클볼 투수에게 폭투는 숙명과도 같다. 니크로 역시 통산 226개를 기록해, 1900년 이후 투수 중에서는 놀란 라이언(277)에 이은 2위에 올라 있다. 하지만 니크로에게는 5개 골드글러브를 따낸 뛰어난 수비 실력이 있었다. 또 오른손 투수 중 역대 최고로 꼽히는 픽오프(투수나 포수가 견제로 주자를 솎아내는 것) 동작 덕분에 도루 허용의 수도 크게 줄일 수 있었다.

10년이 걸리다, 40세 이후 121승

필 니크로는 1958년 대학의 장학금 제안을 뿌리치고 밀워키 브레이브스에 입단했다. 계약금은 단돈 500달러. 1955년 샌디 코팩스가 브루클린 다저스에 입단하면서 받은 돈은 1만 4000달러였다.

그러나 프로 생활은 그의 기대를 완전히 벗어났다. 프로 타자들은 니크로의 너클볼을 배팅볼 취급했다. 자신감을 잃은 니크로는 타자와의 승부에서 도망 다니기 시작했다(훗날 니크로는 너클볼 투수에게 필요한 첫 번째 덕목으로 배짱을 꼽았다). 하지만 포기하지 않았다. 그리고 무려 10년간의 노력 끝에 1967년 풀타임 메이저리거가 됐다. 그의 나이 스물여덟 살이었다.

남들은 하향세에 접어들 나이에 메이저리그 생활을 시작한 니크로는 무서운 속도로 달렸다. 28세부터 47세 시즌까지 20년간 305승을 쓸어 담고 5125이닝을 던졌다(연평균 15승 256이닝). 또 28세부터 40세 시즌까지는 구원 등판을 틈틈이 하면서도 선발 경기의 44퍼센트를 완투하는 최고의 완투 능력을 뽐냈다(연평균 36선발 16완투). 다른 투수들보다 공을 훨씬 많이 던질 수 있었기 때문이다.

니크로가 마흔 살이 넘은 후에 거둔 121승은 앞으로도 깨지기 힘든 기록이다. 103승까지 따라붙은 제이미 모이어가 토미 존 수술을 받고 복귀했지만 2승 추가에 그쳤다. 선수 생활 막바지에 니크로의 모습은 백발의 커크 더글러스가 마운드에 선 것 같았다.

1979년 마흔 살의 니크로는 44경기에 선발로 나서 23경기에서 완투했다. 342이닝은 2위 J. R. 리처드J. R. Richard의 기록보다 50이닝이 많았다. 니크로는 평균자책점 3.39를 기록하며 리그 최다인 21승을 따냈다. 하지만 동시에 무려 20패를 당해 역사상 처음으로 한 시즌 다승 1위와 패전 1위에 동시에 오른 투수가 됐다. 니크로가 마운드를 이끌던 무렵 애틀랜타의 전력은 신통치 않았다.

한편 그해 동생 조 니크로(휴스턴 애스트로스)도 21승(11패 3.00)을 따내면서 전무후무한 형제 공동 다승왕이 탄생했다. '형제 동시 20승' 역시 1970년 게일로드, 짐 페리 형제 이후 역대 두 번째였다. 니크로 형제는 도합 539승을 거둬 529승의 페리 형제를 제치고 가장 많은 승리를 기록한 투수 형제가 됐다.

1976년 니크로는 7회 자신을 상대로 타석에 들어선 동생 조에게 "진정한 너클볼이나 실컷 구경하고 들어가시지"라며 농담을 던졌다. 하지만 조는 3구째 너클볼을 담장 밖으로 날려버렸다. 조가 형을 상대로 뽑아낸 유일한 안타이자, 메이저리그 1165타석에서 친 유일한 홈런이었다. 동생에게 동점 홈런을 맞은 니크로는 패전투수가 됐다.

1983년 시즌이 끝나자 애틀랜타는 니크로를 잡지 않기로 했다. 그를 떠나보내며 아쉬워하던 애틀랜타 팬들은 그가 뉴욕 양키스와 2년 계약을 맺었다는 소식에 축하를 보냈다. 애틀랜타에서 20년간 뛰면서 지구 우승 두 차례에 그친 그에게 월드시리즈 우승 반지가 주어지기를 바란 것이다. 하지만 그는 끝내 가장 많은 시즌(24)을 뛰고도 월드시리즈에 나가지 못한 투수로 기록됐다.

300승, 아버지와의 약속

지금까지 나온 24번의 300승 달성 장면 중 가장 극적이고 감동적이었던 것은 필 니크로의 300승이었다. 베이스볼 페이지의 소개를 들어보자.

1985년 니크로는 시즌 종료를 얼마 남겨놓지 않은 상황에서 아버지가 위독하다는 소식을 듣고 동생 조와 함께 고향으로 달려갔다. 통산 300승에 1승을 남겨둔 니크로는 이대로 시즌을 접을 생각이었다. 하지만 아버지는 그에게 "win… hap(py)…"이라고 말했다. 아버지의 뜻을 알게 된 그는 동생과 함께 다시 팀에 복귀했다.

299승을 거둔 뒤 내리 4차례나 실패한 니크로는 시즌 마지막 등판을 남겨두고 있었다. 이때 니크로는 충격적인 선언을 한다. 마지막 타자를 상대할 때까지 하나의 너클볼도 던지지 않겠다는 것. 자신의 성공이 너클볼 때문만은 아니었음을 증명하고 싶었다. 니크로는 정말로 마지막 타자 제프 버로스Jeff Burroughs를 상대하기 전까지 80마일 초반대 패스트볼과 슬라이더만 던졌다. 그리고 완봉승을 따냈다. 이는 2010년 제이미 모이어가 47세 170일 기록을 만들 때까지 유지된 최고령 완봉승(46세 188일)이었다. 지금까지 300승을 완봉승으로 장식한 투수는 니크로가 유일하다.

병상에 누운 아버지는 라디오를 통해 처음부터 끝까지 니크로와 함께했다. 경기 후 니크로는 아버지의 손에 300승 기념구를 쥐어 줬고, 아버지는 극적으로 회복해 2년 더 살았다.

1986년 클리블랜드 인디언스에 입단한 니크로는 이듬해 8월 토론토 블루제이스로 트레이드됐다. 하지만 토론토는 한 달이 지나기도 전에 그를 방출했다. 1987년 시즌 종료를 일주일 앞둔 9월 27일,

1985년 3월 뉴욕 양키스 시절
46세의 필 니크로.
사진 Deborah Thomas

48세 179일의 니크로는 20년을 보낸 애틀랜타로 돌아와 풀턴카운티 스타디움 마운드에 올랐다. 3회까지 5점을 내준 니크로는 4회 초 2루타, 안타, 볼넷, 안타, 볼넷을 기록하고 교체됐다. 마운드를 내려가는 백발의 투수에게 그동안 수고했다는 박수가 쏟아졌다.

1995년 필 니크로는 보스턴 레드삭스로부터 보여줄 너클볼 투수가 한 명 있으니 좀 와달라는 요청을 받았다. 피츠버그에서 쫓겨난 팀 웨이크필드였다. 코치도, 교제도 없이 독학해야 했던 니크로는 정성을 다했다. 그렇게 그의 노력과 땀은 웨이크필드의 손끝에서 다시 살아났다.

1997년 니크로는 다섯 번째 도전 끝에 득표율 80.34퍼센트를 기록하며 명예의 전당에 입성했다. 그해 유일한 입회자였다. 2020년 12월 니크로는 오랜 암 투병 끝에 81세를 일기로 세상을 떠났다.

퍼기 젠킨스, 빛과 그림자

**스포츠는 두 가지 상황이 있다. 이기거나 혹은 지거나. 인생도 마찬가지다.
어떤 결과가 나올지는 당신의 믿음이 얼마나 강한지에 달려 있다.** _퍼기 젠킨스

퍼기 젠킨스 Ferguson Arthur "Fergie" Jenkins, 1942~
투수, 우투우타
활동 기간 1965~1983(19시즌)

라이브볼 시대가 열린 1920년 이후 3000이닝 이상 던진 투수 중
통산 9이닝당 볼넷 수가 가장 적은 선수는 로빈 로버츠다. 로버츠는
통산 4688.2이닝을 던지면서 볼넷 902개를 내줘 9이닝당 1.73볼넷
을 기록했다. 볼넷을 주는 데 인색한 '짠물 피칭'의 일인자였다.

그레그 매덕스는 메이저리그에서 5000이닝 넘게 던진 13명 중
하나다(5008.1이닝). 라이브볼 시대 투수로 국한하면 7명으로(워런
스판, 게일로드 페리, 필 니크로, 돈 서턴Don Sutton, 스티브 칼턴, 놀란 라
이언), 이들 중 통산 볼넷 수가 1000개를 넘기지 않는 투수는 매덕스
가 유일하다(999볼넷). '컨트롤 아티스트'로 불리는 매덕스의 9이닝
당 볼넷 수는 1.80개다. 로빈 로버츠에 이은 2위다.

퍼기 젠킨스의 9이닝당 볼넷 수는 1.99개다. 이 부문 11위에 해당한다. 젠킨스보다 9이닝당 볼넷 수가 적은 투수는 칼 허벨과 후안 마리찰(이상 1.82개) 등 10명이나 더 있다. 하지만 젠킨스는 4500.2이닝을 던졌다. 4500이닝을 기준으로 하면 9이닝당 최소 볼넷 3위다(997볼넷). 젠킨스는 3000탈삼진을 달성한 19명 가운데 볼넷 1000개 미만을 내준 6명에 속한다(그레그 매덕스, 페드로 마르티네스, 커트 실링Curt Schilling, 저스틴 벌랜더Justin Verlander, 맥스 셔저).

젠킨스가 이룬 업적은 대단했다. 그런데 다른 투수들에 비해 덜 알려져 있다. 1991년 캐나다 출신 선수 최초로 명예의 전당에 들어갔지만(득표율 75.4퍼센트) 이 사실을 아는 사람도 그리 많지 않다.

시카고 컵스로

퍼거슨 '퍼기' 젠킨스는 운동선수 DNA를 갖고 태어났다. 아버지는 세미프로 야구 선수였고, 어머니는 출중한 볼링 실력을 자랑했다. 어머니는 키가 177센티미터였는데, 젠킨스 역시 196센티미터로 남부럽지 않게 자랐다. 흑인 팀에서 뛴 아버지는 재키 로빈슨이 좀 더 일찍 등장했다면 메이저리그의 문을 두드렸을지도 모른다.

캐나다 온타리오주 출신인 젠킨스는 아이스하키 팀에서 디펜스맨으로 활약했다. 그런데 어느 날 머리가 찢어지는 부상을 당하자 어머니의 반대에 부딪쳤다. 때마침 그를 지켜보던 고교 선생님도 야구를 권유했다. 젠킨스는 주변의 조언을 받아들여 야구로 마음을 돌렸다.

젠킨스에게 야구를 추천한 선생님은 진 지아두라Gene Dziadura였다. 한때 시카고 컵스의 마이너리그 팀에서 선수 생활을 했던 지아두라는 필라델피아의 스카우트로 활동하고 있었다. 지아두라는 젠킨스가 아직 발견하지 못한 투수로서의 재능을 가장 먼저 알아차렸다.

젠킨스는 1962년 필라델피아와 계약했다. 당장 첫 시즌부터 겪었던 트리플A는 힘겨워 보였는데, 1964년 세 번째 시즌이 되자 적응력을 키웠다(5승 5패 3.16, 57이닝). 메이저리그에 올라온 1965년 트리플A에서 낸 성적은 32경기(10선발), 8승 6패 2.95였다. 젠킨스의 마지막 트리플A 시즌이었다.

1965년 구원 등판한 7경기에선 평균자책점 2.19를 기록했다. 내용도 나쁘지 않았다(WHIP[이닝당 출루허용률] 0.73, 피안타율 0.159). 그러나 필라델피아는 1966년 4월 젠킨스를 시카고 컵스로 트레이드했다. 투수코치 칼 매클리시Cal McLish는 트레이드를 극구 말렸지만, 진 모크 감독의 의지가 워낙 확고했다. 모크는 어린 유망주보다 당장 성적을 낼 수 있는 베테랑 선수를 선호했다. 또 젠킨스의 포심 패스트볼이 메이저리그에 통하지 않을 것으로 생각했다(젠킨스는 모크의 혹평에 "그는 날 자주 보러 오지도 않았다"며 어이없다는 듯이 말했다).

결과적으로 젠킨스를 넘긴 건 필라델피아 최악의 트레이드였다. 젠킨스를 넘기면서 시카고 컵스에서 받아 온 래리 잭슨Larry Jackson은 1966년 준수한 성적을 올렸지만(15승 13패 2.99) 이미 35세 시즌이었다. 잭슨은 1968년 37세 시즌(13승 17패 2.77)을 끝으로 은퇴했다. 잭슨과 함께 넘어온 다른 투수 밥 불Bob Buhl은 1966년이 37세 시즌이었다. 성적도 잭슨에 미치지 못했다(32경기 18선발, 6승 8패 4.77). 불은 1967년 세 경기만 던진 후 커리어에 마침표를 찍었다.

젠킨스를 데려온 컵스는 말 그대로 대박을 쳤다. 젠킨스는 이적한 그해 60경기(12선발)에 나서 6승 8패 3.31을 기록하며 몸을 풀었다.

리오 더로서 감독은 예열을 끝낸 그를 다음 시즌부터 선발진에 포함
시켰다. 젠킨스의 폭주가 시작됐다.

전성기 8년간 7번 20승

1967년 퍼기 젠킨스는 20승 투수로 올라섰다(20승 13패 2.80,
289.1이닝 236삼진). 그해 처음 뽑힌 올스타전에서는 선발 후안 마리
찰에 이어 두 번째 투수로 등판했다. 3이닝 동안 미키 맨틀, 하먼 킬
러브루, 토니 코니글리아로Tony Conigliaro, 토니 올리바, 로드 커루, 짐
프레고시Jim Fregosi를 삼진으로 제압했다. 브룩스 로빈슨에게 홈런
한 방을 허용했지만, 3이닝을 6탈삼진 1실점으로 봉쇄한 피칭은 그
를 전국구 투수로 만들었다.

1967년 젠킨스는 사이영상 투표 2위에 올랐다(1위 마이크 매코믹
Mike McCormick). 22승 16패 3.39(313이닝 274삼진)를 기록한 1970년
에도 밥 깁슨과 게일로드 페리에 밀린 3위였다.

1971년 마침내 사이영상을 거머쥐었다. 개막전부터 세인트루이
스의 밥 깁슨과 치열한 투수전을 펼쳤다. 젠킨스가 10이닝을 1실점
으로 봉쇄하자 9이닝을 1실점으로 막은 깁슨도 10회 말에 올라왔다.
하지만 빌리 윌리엄스에게 끝내기 홈런을 맞고 무릎을 꿇었다.

기분 좋게 출발한 젠킨스는 그해 4월 21일 휴스턴전부터 5월
20일 샌프란시스코전까지 7경기 연속으로 승리하며 내달렸다. 7경
기 모두 9이닝 완투·완봉승을 기록했다. 그해 젠킨스는 다승(24), 완
투(30), 이닝(325)에서 1위, 탈삼진에서 2위(263)를 차지하면서 사이
영상을 수상했다. 컵스 투수 최초의 사이영상이었다. 한편 그해 젠킨
스에게 가로막혀 사이영상을 놓친 투수는 뉴욕 메츠의 톰 시버였다.

20승 10패 1.76(286.1이닝 289삼진)을 기록한 시버는 평균자책점과 탈삼진에서 1위에 올랐었다.

젠킨스는 1972년에도 20승을 거뒀다. 1973년 시즌 후 텍사스로 옮겼는데 이적한 첫해 한 시즌 개인 최다승 기록을 바꿨다. 25승 12패 2.82(328.1이닝 225삼진)를 기록한 젠킨스는 오클랜드의 캣피시 헌터에 총점 15점 차로 밀려 사이영상 투표 2위에 올랐다. 젠킨스와 마찬가지로 25승을 거둔 헌터는 평균자책점이 2.49로 리그 1위였다(318.1이닝 143삼진).

젠킨스는 1967년부터 1974년까지 8년간 7번 20승 시즌을 만들어냈다. 같은 기간 무려 평균 304이닝을 소화했다. 그 기간에 올린 166승은 메이저리그 전체 1위(게일로드 페리 153승) 기록이었다. 라이브볼 시대에 '7번 20승 시즌'은 워런 스판(13회), 레프티 그로브와 짐 파머(이상 8회) 다음으로 많은 기록이다.

1973년엔 무릎과 어깨에 부상을 입어 14승에 머물렀다. 그러면서 연속 20승 시즌이 6년에서 멈췄다. 만약 1973년에도 20승에 성공했다면 8년 연속 20승이라는 최고 기록을 확보할 수 있었다(레프티 그로브 1927~1933년 7년).

텍사스와 보스턴을 거쳐 1982년 다시 컵스로 돌아온 젠킨스는 1982년과 1983년 도합 20승을 더 추가하고 은퇴했다. 전성기 시절 8년간 한 시즌 평균 21승을 쓸어 담았지만 마지막 4년간은 평균 9승에 그쳤다. 명예의 전당에 입회할 투수에 대한 암묵적 기준인 통산 300승도 아쉽게 실패했다(284승). 그 때문에 젠킨스는 명예의 전당 입회를 위한 투표에서 삼수를 해야 했다.

1973년
시카고 컵스 시절의
퍼기 젠킨스

투수도 타격을 해야

팔다리가 길었던 퍼기 젠킨스는 원래 1루수였다. 스스로를 1루수
라고 소개했다. 진 지아두라를 만나기 전까지는 투수에 관심도 없었
다. 팀에 뛰어난 투수가 많다고 설명했지만, 현실을 부정하는 변명이
었다. 젠킨스는 타격을 무척 좋아했다.

젠킨스는 투수도 당연히 타격을 해야 한다는 입장이었다. 이에 타
격과 베이스 런닝을 기본적으로 숙지하고 있었다. 필요하면 슬라이
딩도 두려워하지 않았다. 타석에서 위협적인 타자가 되면 결과적으
로 본인에게도 이득이라고 생각했다. 젠킨스는 마운드에서 내려오
면 야수로서 역할에 충실했다.

실제로 젠킨스는 1966년 컵스로 이적한 후 첫 타석에서 모두를
깜짝 놀라게 했다. LA 다저스 신인 돈 서턴의 공을 받아쳐 좌측 담장

을 훌쩍 넘겼다. 필라델피아 시절엔 구원투수로 나오는 바람에 타석에 설 기회가 한 번밖에 없었다. 다저스와의 경기에서 그렇게 선취점을 직접 만든 젠킨스는 7회 타석에서 추가 적시타도 때려냈다. 당시 컵스는 2안타 2타점을 기록한 젠킨스 덕분에 2대 0으로 승리했다. 승리투수는 5.1이닝을 무실점으로 막은 젠킨스였다(젠킨스의 데뷔 첫 홈런은 서턴의 통산 첫 피홈런이기도 했다).

젠킨스는 타격 훈련을 미루지 않았다. 간혹 자신의 본업을 착각한 것 같았다. 그러나 메이저리그 투수들은 만만한 상대가 아니었다. 심지어 1960년대 후반은 역사에 남은 투고타저 시대였다(1968년 리그 평균자책점 2.98은 라이브볼 시대 최저 기록이다). 타격까지 잘하기를 바라는 건 욕심이었다.

1967년부터 1970년까지 4년간 통산 타율 0.143에 머물던 젠킨스가 타석에서 흥이 오른 건 1971년이었다. 사이영상을 수상한 그해 타석에서도 존재감을 드러냈다. 9월 2일 몬트리올전에서는 연타석 홈런을 작렬했다. 컵스 투수의 멀티 홈런 경기는 역대 5번째로, 젠킨스 이후 나오지 않고 있다. 9월 26일에는 자신을 포기한 필라델피아를 상대로 시즌 6번째 홈런을 쏘아 올렸다. 젠킨스는 그해 6홈런 20타점을 기록해 투수 전체 1위에 올랐다.

1971년 젠킨스는 39경기에 나서 0.243/0.282/0.478의 타격 성적을 냈다. 베이스볼 레퍼런스가 매긴 젠킨스의 야수 승리기여도는 1.7이었다(투수 10.1). 젠킨스는 전체 5개 항목에서 20을 넘어선 것을 무척 자랑스럽게 여겼다. 다승(24), 완투(30), 안타(28), 타점(20), 총루타(55)를 가리키며 "five 20s"라고 칭했다.

젠킨스는 40세 시즌인 1983년 6승 9패 4.30을 기록했다. 확실히 기량이 떨어진 모습이었다. 그런데 타석에서는 1971년보다 더 높은 타율 0.245를 기록했다(53타수 13안타). 그의 마지막 자존심을 지켜준 건 방망이였다.

피홈런과 포스트시즌

퍼기 젠킨스는 무모하다 싶을 정도로 스트라이크를 많이 던졌다. 스트라이크를 던지지 못하는 건 모두에게 죄악이라고 생각했다. 그는 "투수는 자신에게 화가 날 것이며, 포수는 실망하고, 감독은 미치기 일보 직전이며, 투수코치는 불행할 것"이라고 말했다. 그에게 스트라이크는 모든 사람을 편안하게 할 수 있는 치유책이었다.

스트라이크 신봉자였던 그는 유인구를 거의 던지지 않았다. 커브는 기억에서 잊힐 때쯤 한 번씩 던졌고, 체인지업이나 다른 변화구는 거의 활용하지 않았다. 주로 포심 패스트볼과 투심 패스트볼에 의존했다.

정면 승부를 하다 보니 볼넷이 적은 대신 홈런이 많았다. 젠킨스는 최대한 바깥쪽으로 낮게 제구를 했지만, 리그 최다 피홈런이라는 오명을 7번이나 썼다. 통산 피홈런 484개는 역대 세 번째로 많은 기록이다(제이미 모이어 522피홈런, 로빈 로버츠 505피홈런). 그럼에도 젠킨스는 적극적으로 스트라이크를 던진 것을 후회하지 않았다.

샌디 코팩스에게 '황금의 5년'이 있다면 젠킨스에겐 '황금의 8년'이 있다. 1967~1974년 8년간 젠킨스는 조정평균자책점이 123이었다. 같은 기간의 톰 시버(142)와 밥 깁슨(135)에게는 미치지 못하지만, 스티브 칼턴(118)과 캣피시 헌터(109)보다는 높다.

하지만 젠킨스는 동시대 비슷한 위치의 투수들에게 가려져 있다.

가장 먼저 이름을 떠올리게 하는 자신만의 분야가 없었다. 여기에 팬들에게 강렬한 인상을 심어줄 만한 포스트시즌 등판이 한 번도 없었다. 컵스와 텍사스, 보스턴은 공교롭게도 젠킨스가 있을 때 약팀이었다. 포스트시즌 없이 치른 594선발은 이 부문 최다 기록이다(짐 버닝 519선발). 포스트시즌과 인연이 없기로는 타자로 어니 뱅크스가 있다면 투수는 젠킨스가 있었다.

캐나다의 국민 영웅으로 추앙받던 젠킨스는 1980년 8월 마약 밀매 혐의가 적발돼 큰 충격을 안겨줬다. 보위 쿤 커미셔너는 즉시 징계를 내렸지만, 법원 판결을 기다려야 한다는 중재자에 의해 기각됐다. 법원은 정상을 참작해 기소유예 판결을 내렸다. 법적 처벌과 리그 징계는 피했지만 그의 명성은 크게 훼손됐다.

은퇴 후 젠킨스의 인생은 비극 그 자체였다. 아버지와 어머니, 이혼한 부인과 약혼자, 그리고 세 살짜리 딸의 장례를 연달아 치렀다. 삶에 회의감이 든 그는 무기력한 얼굴로 "독방에 들어가야 한다"고 말했다.

심한 굴곡을 겪은 젠킨스는 살아온 길을 되돌아보는 자서전을 출간했다. 자서전의 제목은 〈경기는 쉽고, 인생은 어렵다*The Game Is Easy, Life Is Hard*〉였다.

3000K 4000K 5000K

태초에 패스트볼이 있었다. 투수에게 최고의 무기는 빠른 공이었다. 변화구의 개념으로 처음 등장한 공은 커브였다. 커브를 처음 던진 투수들이 나타난 것은 1872년이었다. 반면 커브와 쌍벽을 이루는 슬라이더는 그보다 60년 늦은 1930년대에 등장했다. 종적을 감췄던 포크볼은 1980년대 스플리터라는 모습으로 다시 나타났다. 1990년대엔 서클 체인지업이 두각을 드러냈다.

투수들은 더 이상 빠른 공으로만 윽박지르지 않았다. 또 다른 무기를 앞세워 타자들을 돌려세웠다. 방망이를 피하는 슬라이더, 허를 찌르는 커브, 패스트볼 가면을 쓰고 있는 체인지업은 타자들의 머릿속을 복잡하게 만들었다.

구종의 다양화는 탈삼진 증가를 불러왔다. 타자에게 홈런이 있다면, 투수에게는 탈삼진이 있었다. 이 장에서는 탈삼진으로 팬들을 열광시킨 투수들을 접할 수 있다.

짐 파머, 투혼으로 이룬 재기

짐 파머가 맞은 홈런은 대부분 1점짜리였다. _레이 밀러

짐 파머 James Alvin "Jim" Palmer, 1945~

투수, 우투우타

활동 기간 1965~1967, 1969~1984(19시즌)

부상은 팬들에게서 많은 어린 투수들을 빼앗아간다. 첫 2년간 500개 넘는 삼진을 잡아낸 허브 스코어가 그랬고, 스무 살 나이에 20탈삼진 경기를 만든 케리 우드Kerry Wood가 또 그랬다. 부상만 아니었으면 스티브 에이버리는 톰 글래빈보다 더 뛰어난 좌완 투수가 됐을지도 모르며, 마크 프라이어Mark Prior는 제2의 로저 클레먼스가 될 수도 있었다. 볼티모어 오리올스 역사상 최고의 에이스인 짐 파머 역시 공식대로라면 부상으로 사라졌어야 할 선수다.

1945년 뉴욕에서 태어난 파머는 출생 즉시 입양됐다. 그리고 아홉 살 때 아버지가 세상을 떠나고 열네 살 때 어머니가 배우 맥스 파머Max Palmer와 재혼하면서 파머라는 성을 얻게 됐다. 고교 시절 미

식축구팀의 쿼터백이자 평균 25점을 넣는 가드였던 파머는 UCLA 로부터 농구 장학금 제안을 받았지만 야구를 선택했다.

이른 나이에 온 은퇴 위기

1965년 열아홉 살의 짐 파머는 데뷔전에서 훗날 명예의 전당에 들어가는 로빈 로버츠를 구원해 마운드에 올랐고, 첫 타자 토니 코니글리아로를 삼진으로 잡아냈다. 선발 데뷔전에서는 이후 마지막 30승 투수로 남게 되는 데니 매클레인을 상대했다.

그해 시즌이 끝난 후 볼티모어는 파머에게 선발 자리를 맡길 계획으로 밀트 파파스를 신시내티 레즈로 보냈다. 볼티모어가 파파스에 두 명을 붙여 보내고 데려온 선수는 다름 아닌 프랭크 로빈슨이었다. 1966년 로빈슨은 리그 MVP에 올랐으며, 파머는 팀 내 최다인 15승(10패 3.46)을 따냈다. 파머는 리그 우승이 확정된 경기에서도 승리투수가 됐다. 그해 볼티모어는 창단 66년 만에 첫 월드시리즈 우승을 차지했다.

1966년 월드시리즈 2차전은 메이저리그 역사에 남은 경기였다. 샌디 코팩스의 마지막 등판임과 동시에 파머가 LA 다저스 타선을 4안타 완봉으로 잠재우며 20세 11개월의 월드시리즈 최연소 완투 기록을 세운 날이다. 파머는 이듬해 시즌 첫 경기에서도 1실점 완투 승을 따냈다. 바야흐로 그의 시대가 열리는 듯했다.

하지만 행복은 잠시였고 불행이 그를 덮쳤다. 너무 이른 나이에 많은 강속구를 던진 탓에 부상이 쏟아지기 시작했다. 팔꿈치와 어깨, 허리 등 그야말로 안 아픈 곳이 없게 되면서 1967년 9경기 등판에 그쳤고, 이듬해인 1968년에는 아예 한 경기에도 나서지 못했다. 많은 사람이 파머의 선수 생활이 이대로 끝나는 것으로 생각했다.

1968년 시즌이 끝난 후 신생 팀 캔자스시티 로열스와 시애틀 파일러츠(현 밀워키 브루어스)를 위한 확장 드래프트가 열렸다. 볼티모어는 보호 선수 명단에서 파머의 이름을 뺐다. 하지만 두 팀 역시 파머를 거들떠보지 않았다. 스물한 살에 부상을 당해 그다음 시즌을 거른 투수. 어찌 보면 당연한 일이었다.

땀으로 이룬 부활

하지만 재기를 위한 노력은 계속되고 있었다. 어린 선수들 상당수가 부상 후 방탕한 생활에 빠지는 것과는 달랐다. 짐 파머는 스스로 짠 지옥 훈련 일정을 매일 소화했다. 지구력 강화를 위해 일부러 덥고 습한 지역을 찾아다니며 훈련했고, 근력 강화를 위해 땡볕 아래서 하루에 몇 시간씩 테니스를 쳤다(훗날 테니스 선수에 버금가는 실력을 갖게 될 정도였다). 또 부상 위험성을 줄이기 위해 투구 폼을 바꿨다.

1969년 파머는 극적으로 부활했다. 한 차례 부상자 명단에 오르며 23경기 선발 등판에 그치기는 했지만, 11번 완투하고 16승 4패 2.34의 성적을 내면서 승률 1위에 올랐다. 부상자 명단에서 돌아온 후 첫 등판에서는 6개 볼넷과 실책 2개를 내주는 어려운 과정에도 노히트노런을 따냈다.

돌아온 그는 완전히 다른 투수가 돼 있었다. 신인 시절의 강속구는 더 이상 볼 수 없었지만 슬라이더와 체인지업, 커브가 날카로워졌고, 제구력 역시 몰라보게 좋아져 있었다. 얼 위버 감독의 표현대로 '진정한 투수'가 되어 돌아온 것이다.

투구 폼 역시 완전히 달라져 있었다. 그의 새로운 투구 폼은 물 흐르듯 부드럽고, 하이킥 모션을 유지하면서도 전혀 힘들이지 않고 던지는 듯했다. 메이저리그 역사상 '가장 아름다운 딜리버리' 중 하나로 꼽히는 그의 투구 폼에 대해 레이 밀러 투수코치는 "마치 발레를 보는 듯했다"는 평을 내리기도 했다.

테드 라이언스가 너클볼이라는 새로운 공, 토미 존이 새로운 수술법, 데니스 에커슬리가 1이닝 마무리라는 새로운 보직을 통해 위기를 극복했다면, 파머는 피나는 노력으로 이들보다 훨씬 이른 나이에 닥친 위기를 극복해낸 것이다.

이러한 노력에도 불구하고 그는 은퇴하기 전까지 수많은 부상과 싸워야 했다. "중국 사람들이 '말띠 해'나 '용띠 해'로 구분한다면 나는 '팔꿈치의 해'와 '어깨의 해'로 기억한다"고 했던 얼 위버 감독의 표현은 매년 하나씩 부상을 달고 산 파머를 두고 한 말이다.

1970년대의 에이스

짐 파머는 다승(186), 완투(175), 평균자책점(2.58)에서 1970년대 1위 투수다(톰 시버는 다승, 완투, 평균자책점에서 모두 2위를 기록했다). 특히 1970년부터 1978년까지 9년간은 8번이나 20승을 따내는 등 176승을 쓸어 담았으며, 아메리칸리그 최초의 2연패를 포함해 3회 사이영상(1973, 1975, 1976년)을 거머쥐었다. 여기에 선발 등판의 51퍼센트에 달하는 168경기에서 완투했으며, 4번의 300이닝을 포함해 평균 288이닝을 소화했다.

파머는 1974년 팔꿈치 부상으로 8주간 결장하고 그 여파로 부진하는 바람에 '9년 연속 20승 270이닝'이라는 대기록을 아깝게 놓쳤다. 그렇지 않았다면 사이영상 4연패도 그레그 매덕스보다 먼저 달성했을지도 모른다. 지금도 아메리칸리그에서 파머(3회)보다 많은 사이영상을 따낸 투수는 로저 클레먼스(6회)뿐이다.

메이저리그 최다 연속 20승 기록은 크리스티 매튜슨과 월터 존슨이 갖고 있는 '10년 연속'이지만, 이는 모두 데드볼 시대에 나온 것들이다. 파머가 기록한 통산 '8번 20승' 역시 크리스티 매튜슨과 워런 스판(이상 13회), 월터 존슨(12회), 피트 알렉산더(9회)에 이은 1900년대 이후 역대 5위 기록으로, 제2차 세계대전 이후로는 워런 스판 다음이다.

파머는 라이브볼 시대가 열린 후 그다지 위력적이지 않은 패스트볼로 스트라이크존의 높은 코스를 가장 적극적으로 공략한 투수로 꼽힌다. 담력과 제구력 덕분에 가능한 일이었지만, 당시 볼티모어의 홈구장인 메모리얼스타디움이 넓은 센터필드를 갖고 있었기 때문이기도 했다.

강심장이었던 파머는 포스트시즌을 포함해 메이저리그에서 4072.1이닝을 던지고도 단 한 개의 만루 홈런도 맞지 않았다. 만루에서 통산 피안타율은 0.196, 피장타율은 0.230에 불과하다. 그가 프로에서 허용한 만루 홈런은 1968년 마이너리그에서 맞은 단 하나다. 마이너리그에서 파머를 상대로 만루 홈런을 뽑아낸 선수는 훗날 월드시리즈에서 만나게 될 자니 벤치였다.

볼티모어의 에이스

세인트루이스 브라운스(1902~1953년) 시절 만년 꼴찌 팀이었던 볼티모어 오리올스의 최고 전성기는 짐 파머의 시대와 정확히 일치

한다. 볼티모어는 파머가 처음으로 선발진에 들어온 1966년 창단 첫 월드시리즈 우승을 차지했으며, 파머가 첫 20승을 거둔 1970년 두 번째 우승에 성공했다. 그리고 파머가 선발로 10경기 이상을 나선 마지막 시즌인 1983년에 세 번째이자 마지막 월드시리즈 우승을 차지했다.

1960년대, 1970년대, 1980년대에 모두 우승 반지를 따냄으로써 파머는 30년에 걸쳐 모두 우승을 거머쥔 역대 유일한 선수로 남아 있다. 볼티모어는 파머가 선발진에서 뛴 16시즌 동안 6차례 리그 우승과 3차례 월드시리즈 우승을 이뤘다. 하지만 이를 제외한 나머지 105시즌의 성적은 리그 우승 1회가 전부다.

톰 시버에 비하면 파머의 팀 전력이 좋았던 것은 분명한 사실이다. 파머는 볼티모어의 다른 영구 결번 선수들(브룩스 로빈슨, 프랭크 로빈슨, 에디 머리, 칼 립켄 주니어)과 모두 함께 뛰었다. 하지만 파머가 있었기에 볼티모어가 강팀이 될 수 있었던 것 역시 사실이다.

파머의 감독은 볼티모어의 유일한 영구 결번 감독인 얼 위버였다. 파머는 재기를 위해 마이너리그에 내려가 있던 1968년 위버를 처음 만나 1982년 감독직에서 해임될 때까지 그와 15년간 함께했다. 파머에게 무조건 가운데로 꽂아 넣으라고 했다가 자니 벤치에게 만루 홈런을 맞게 한 감독이 바로 위버였다.

둘은 애증 관계에 있었다. 당대 최고의 미남 선수였던 파머(10년 간 속옷 모델을 하기도 했다)와 그와는 정반대로 생긴 얼 위버는 서로를 끔찍이 싫어했다. 그러면서도 서로를 높게 평가했다. 함께 뛰었던 선수들에 따르면 사실 둘은 서로를 좋아하고 존중했다. 파머를 누구보다도 잘 알고 있었던 위버는 오히려 그의 자존심을 건드려 승부

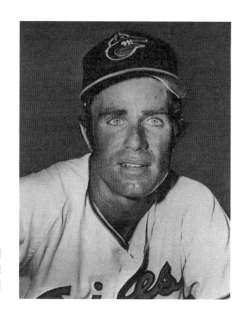

1972년
볼티모어 오리올스에서 뛰던
26세의 짐 파머

욕을 불타오르게 했다. 경기 도중 마운드에 올라온 위버에게 파머가
들을 수 있었던 말은 "대체 어쩌자고 이러는 거야? 어디 불펜에 너보
다 나은 투수 있는지 찾아보든가"였다.

1979년 캘리포니아 에인절스와의 챔피언십시리즈를 앞두고, 얼
위버 감독은 23승 9패 3.08의 성적을 내 그해 사이영상을 따낸 마이
크 플래너건Mike Flanagan 대신, 10승 6패 3.30에 그친 파머를 1선발
에 내정했다. 하지만 자존심이 강했던 파머는 팀의 에이스는 자신이
아니라 플래너건이라며 등판을 거부했다. 하지만 위버는 "파머가 마
운드에 오를 수 있는 한, 우리 팀의 에이스는 파머다"라며 1차전 등
판을 끝내 관철시켰다. 파머는 9이닝 동안 3실점으로 호투해 승리의
발판을 놓았다.

1984년 볼티모어는 평균자책점이 9.17까지 치솟은 서른여덟 살

의 파머에게 은퇴를 권유했다. 하지만 그는 이를 받아들이지 않았고, 볼티모어는 그를 방출했다. 파머는 이후 여러 차례 재기를 시도했지만 그때마다 실패로 돌아갔다.

파머는 1990년 명예의 전당 입회 자격을 얻은 첫해 92.6퍼센트 득표율을 기록하며 명예의 전당에 올랐다. 투수 중에서는 톰 시버와 놀란 라이언, 스티브 칼턴, 밥 펠러 다음인 다섯 번째로 높은 득표율이다. 첫해에 명예의 전당에 오른 투수 역시 그를 포함해 단 10명뿐이다. 현재 볼티모어의 다승, 경기, 선발, 완투, 완봉, 이닝, 탈삼진 기록은 모두 그의 것이다. 볼티모어 역사상 유일한 200승 투수이자 유일한 영구 결번 투수 역시 스물한 살에 은퇴의 고비를 넘긴 파머뿐이다.

스티브 칼턴, 고독한 에이스의 슬라이더

칼턴의 슬라이더를 치는 것은
포크로 커피를 떠먹는 것과 같다. _월리 스타젤

스티브 칼턴 Steven Norman Carlton, 1944~

투수, 좌투좌타

활동 기간 1965~1988(24시즌)

　샌디 코팩스라는 색다른 이력의 투수를 제외하면, 메이저리그의 좌완 에이스 계보는 레프티 그로브, 워런 스판, 스티브 칼턴, 랜디 존슨으로 이어진다. 흥미로운 점은 그로브(1925~1941년)가 은퇴한 이듬해에 스판(1942~1965년)이 데뷔했고, 스판이 은퇴한 해 칼턴(1965~1988년)이 데뷔했으며, 칼턴이 은퇴한 해에 존슨(1988~2009년)이 등장했다는 것이다.

　레프티 그로브가 좌완 역대 최고 승률(250승 이상), 워런 스판이 좌완 최다승, 랜디 존슨이 좌완 최다 탈삼진 기록을 갖고 있다면, 칼턴은 다승과 탈삼진에서 좌완 2위에 올라 있다. 329승을 올린 칼턴보다 더 많은 승리를 따낸 좌완은 스판(363)뿐이며, 4136삼진을 기록한 칼턴보다 더 많은 삼진을 잡아낸 좌완은 존슨(4875)뿐이다. 칼턴은 우완을 포함하더라도 탈삼진 역대 4위 투수이며, 1900년 이후 출생한 선수 중 네 번째로 많은 승리를 따냈다.

최초의 근육질 투수

1944년 플로리다주 마이애미에서 태어난 스티브 칼턴은 1963년 트라이아웃을 거쳐 세인트루이스 카디널스에 입단했다. 당시 칼턴은 좌완이라는 희소가치와 수준급 커브 말고는 내세울 만한 게 없었다. 하지만 엄청난 훈련량을 통해 강속구를 얻고 최고의 슬라이더를 만들어냈다.

칼턴이 데뷔한 1960년대 중반만 하더라도 웨이트트레이닝은 미식축구 선수나 하는 것이었다. 특히 유연성이 중요한 투수에게 근육 훈련은 금기시돼왔다. 하지만 동갑내기 톰 시버가 "차라리 폴카 댄스를 추겠다"고 한 필 니크로의 놀림에도 틈만 나면 달려 엄청나게 두꺼운 허벅지를 갖게 된 것처럼, 칼턴도 끊임없는 웨이트를 통해 단단한 근육질 몸을 만들었다. 칼턴은 근육 훈련을 하면 안 된다는 금기를 깬 최초의 투수였다.

선수 생활 내내 물집 부상에 시달린 놀란 라이언이 피클에 손가락을 담가 피부를 단련하는 노하우를 갖고 있었던 것처럼(텍사스에서 뛰던 리치 로드리게스Rich Rodriguez는 이를 따라 했다가 염증이 생겨 부상이 커지기도 했다), 쿵푸를 즐기던 칼턴도 쌀통에 손을 집어넣었다 빼는 자신만의 비법으로 왼손을 단련했다. 젊은 시절 커트 실링이 로저 클레먼스와의 첫 합동 훈련에서 낙오했던 것처럼, 당대 칼턴의 훈련량을 따라잡을 선수는 없었다.

칼턴은 뛰어난 수비력(골드글러브 1회)과 보크의 경계선 바로 앞에서 멈추는 최고의 픽오프 동작을 갖고 있었다. 또 통산 13개 홈런과 타율 0.201를 기록했을 정도로 방망이 실력도 뛰어났다. 역사상 20승 20안타 시즌을 만들어낸 투수는 칼턴과 드와이트 구든, 페르난도 발렌수엘라, 빌 스위프트Bill Swift, 마이크 햄프턴Mike Hampton, 돈 트렐 윌리스Dontrelle Willis, 퍼기 젠킨스 7명뿐이다.

칼턴은 입단한 지 4년 만인 1967년 당시 밥 깁슨이 이끌던 세인트루이스 선발진에 풀타임으로 합류했다. 그리고 28경기에 나서 14승 9패 2.98을 기록했다. 그해 세인트루이스는 월드시리즈에서 보스턴 레드삭스를 꺾고 우승을 차지했다. 1968년에도 2.99를 기록했고, 1969년엔 전년도보다 0.82나 낮춘 평균자책점 2.17을 기록했다. 1968년 일본을 방문했을 때 배운 슬라이더 덕분이었다(칼턴은 오사다하루를 상대로 처음 슬라이더를 던졌다).

칼턴은 커브는 오버핸드로, 슬라이더는 사이드암으로 던졌다. 그리고 패스트볼은 오버핸드로 던지기도 하고 사이드암으로 던지기도 했다. 이는 타자들에게 큰 혼란을 안겼다.

가공할 만한 속도와 변화를 모두 지닌 그의 슬라이더는 우타자에게도 위력적이었지만 좌타자에게는 악몽 그 자체였다. 롭 네이어는 자신의 책에서 그의 슬라이더를 랜디 존슨과 밥 깁슨에 앞선 역대 1위 슬라이더로 꼽았다. 윌리 스타젤은 "칼턴의 슬라이더를 치는 것은 포크로 커피를 떠먹는 것과 같다"는 말을 남겼다. 칼턴 이후 슬라이더는 좌투수들의 필수품이 됐다.

1969년 칼턴은 시즌 막판, 그해 월드시리즈에서 우승하는 뉴욕 메츠를 상대로 한 경기에서 19개 삼진을 잡아내 샌디 코팩스의

18개를 경신하는 메이저리그 신기록을 세웠다(훗날 로저 클레먼스, 케리 우드, 랜디 존슨이 20삼진을 기록해 칼턴을 넘어섰다). 하지만 그는 이 경기에서 홈런 두 방을 맞고 패했다.

꼴찌 팀의 에이스

1970년 스티브 칼턴은 연봉을 놓고 구단과 첨예하게 대립하느라 스프링캠프를 놓쳤다. 이에 시즌 내내 슬라이더 제구에 문제를 보이며 10승 19패 3.73에 그쳤다. 이듬해 20승을 따내기는 했지만 평균 자책점은 내려가지 않았다(20승 9패 3.56). 시즌 후 칼턴은 1만 달러가 인상된 연봉 6만 달러를 요구했다. 하지만 세인트루이스는 5만 5000달러에서 물러서지 않았고, 결국 칼턴을 필라델피아 필리스로 트레이드했다. 세인트루이스는 하향세에 접어든 밥 깁슨의 뒤를 이을 수 있었던 에이스를 이렇게 놓쳤다.

필라델피아로 이적한 첫해인 1972년은 최고의 해였다. 2년간 애를 먹였던 슬라이더의 제구가 다시 돌아온 덕분이었다. 그해 칼턴은 선발 41경기 중 30경기에서 완투하며(8완봉) 346.1이닝을 던졌고, 27승 10패 1.97, 탈삼진 310개의 성적을 기록해 트리플 크라운을 차지했다. 칼턴 이후 30완투는 내셔널리그에서 더 이상 나오지 않고 있으며(아메리칸리그 마지막 기록은 1975년 캣피시 헌터), 이후 그보다 더 많은 이닝을 던진 투수는 너클볼러인 윌버 우드(1973년 359.1이닝)뿐이다. 310삼진은 샌디 코팩스에 이은 좌완 역대 두 번째 300삼진 기록이었다.

칼턴의 1972년이 더욱 대단한 점은 그해 필라델피아가 59승 97패에 그친 리그 최악의 팀이었다는 것이다. 투수 한 명이 팀 승리의 45.8퍼센트를 책임진 것은 사이 영이 1901년에 기록한 41.8퍼센트를 경신한, 1900년 이후 최고 기록이다. 꼴찌 팀에서 트리플 크라운이 나온 것 역시 최초였으며, 꼴찌 팀에서 20승 투수가 나온 것도 역대 5번째에 불과했다. 그해 칼턴을 제외한 나머지 필라델피아 투수들의 성적은 32승 87패(승률 0.269) 4.21로, 칼턴과의 평균자책점 차이는 2.24에 달했다. 그해 칼턴에게 만장일치로 사이영상이 주어진 것은 당연했다.

이후 3년간 팔꿈치 통증에 시달리며 44승 47패에 그친 칼턴은 1976년 슬라이더 장착에 이은 두 번째 변신을 시도했다. 투수판에서 스탠스를 조정해 제구력을 크게 끌어올렸다. 칼턴은 세 번째 20승(7패 3.13)에 성공했다. 당시 최고의 리시버였던 주전 포수 밥 분 대신, 오랜 친구이자 세인트루이스 시절에도 배터리를 이뤘던 팀 매카버를 전담 포수로 쓴 것도 큰 도움이 됐다. 칼턴과 매카버의 사이는, 죽으면 서로 18.44미터(투수와 포수 간의 거리) 떨어진 곳에 묻어달라는 말을 했을 정도였다. 칼턴은 이때부터 패스트볼보다 슬라이더를 더 많이 던졌으며, 좌타자가 나오면 대놓고 슬라이더만 던졌다.

칼턴은 이듬해인 1977년 23승 10패 2.64의 성적을 내고 두 번째 사이영상을 차지했다. 그리고 1980년(24승 9패 2.34)과 1982년(23승 11패 3.10)에 두 번 더 추가해 최초의 사이영상 4회 수상자가 됐다(이후 그레그 매덕스가 동률을 이뤘고, 랜디 존슨과 로저 클레멘스가 각각 5회, 7회 수상해 칼턴을 추월했다).

특히 1980년 칼턴은 38경기에 나서 304이닝을 던졌는데 이후 300이닝 기록은 더 이상 나오지 않고 있다. 칼턴은 밥 깁슨의 78경기에 이어 역대 2위에 해당하는 '69경기 연속 선발 6이닝' 기록도 세

윘다(3위 저스틴 벌랜더 63경기 연속).

칼턴이 고군분투하는 동안 점차 전력을 다져나간 필라델피아는 1976년 26년 만에 포스트시즌에 진출하고 이후 1983년까지 8년간 6차례 지구 우승을 차지했다. 특히 1980년에는 캔자스시티 로열스를 꺾고 창단 98년 만에 월드시리즈 우승을 차지하는 감격을 누렸다. 창단 이래 가장 오랜 시간이 걸린 우승이었다. 칼턴은 최종 6차전에서 7이닝 동안 1실점으로 호투해 승리를 따낸 것을 비롯해, 포스트시즌 4경기에서 3승 2.31을 기록하는 눈부신 활약을 펼쳤다.

굿바이 필라델피아

스티브 칼턴은 테드 윌리엄스만큼이나 기자들을 싫어했다. 1978년부터는 모든 인터뷰를 거절하며 아예 말문을 닫았다. 1981년 멕시코 출신인 페르난도 발렌수엘라가 나타나 돌풍을 일으키자, 한 기자는 "내셔널리그에는 영어를 하지 못하는 두 명의 좌완 에이스가 있다"는 우스갯소리를 하기도 했다. 심지어 칼턴은 은퇴 후 해설자가 된 팀 매카버가 인터뷰를 요청했을 때도 받아들이지 않았다.

1983년 서른여덟 살의 칼턴은 5번째 탈삼진왕에 오르며 놀란 라이언과 함께, 월터 존슨(3509삼진)을 추월했다. 9월 24일에는 친정 팀인 세인트루이스를 상대로 통산 300승에 성공했다. 하지만 그해를 기점으로 하향세가 시작돼 오랫동안 지켜온 에이스 자리를 존 데니John Denny에게 넘겨줬다. 1985년 마흔이 된 칼턴은 16경기에서 1승 8패 3.33에 그친 뒤 부상자 명단에 들어가며 시즌을 마감했다.

1986년 필라델피아는 16경기에서 4승 8패 6.18의 부진한 모습을 보인 칼턴에게 은퇴를 권고했다. 하지만 당시 4000탈삼진에 18개만

을 남겨둔 칼턴은 이를 거부했다. 필라델피아는 칼턴을 방출했다. 방출이 결정되자 칼턴은 말문을 열었다. 거의 10년 만에 그의 입에서 나온 말은 "그동안 큰 사랑을 베풀어준 필라델피아 팬들에게 진심으로 감사한다"였다.

샌프란시스코 자이언츠로 이적한 칼턴은 다시 시카고 화이트삭스, 클리블랜드 인디언스, 미네소타 트윈스를 거치며 4000탈삼진을 달성했다. 하지만 1.5시즌 동안 10승을 추가하는 데 그쳤고, 1988년 미네소타가 4경기 만에 자신을 방출하자 마침내 은퇴를 결심했다.

1989년 필라델피아는 칼턴의 등번호 32번을 영구 결번으로 정했다. 그리고 2004년 새로 개장한 시티즌스뱅크 파크에 그의 동상을 세웠다. 1994년 칼턴은 입회 자격이 생긴 첫해 투표에서 역사상 8번째로 높은 95.6퍼센트 득표율을 기록하며 명예의 전당에 입성했다.

놀란 라이언, 패스트볼과 탈삼진의 제왕

그는 내가 두려워한 유일한 투수였다.
공에 맞으면 죽을 수도 있다는 생각이 나를 공포로 몰아넣었다. _레지 잭슨

놀란 라이언 Lynn Nolan Ryan, 1947~

투수, 우투우타

활동 기간 1966, 1968~1993(27시즌)

타자의 꽃이 홈런이라면 투수의 꽃은 탈삼진이다. 놀란 라이언이
피운 꽃은 메이저리그 역사상 가장 화려했다.

5714개 탈삼진. 이는 2008년 탈삼진 265개, 2009년 261개, 2010년
231개를 기록해 내셔널리그 3연패에 성공한 팀 린스컴이 1년에 250개
씩 23년간 쌓아야 도달할 수 있는 기록이다(린스컴 통산 1736개). 랜디 존
슨이 4875개, 로저 클레먼스가 4672개에서 멈춘 만큼, 5000개를 달성
하는 또 다른 투수는 이제 나올 수 없을 것으로 보인다.

11번의 탈삼진 1위, 6번의 300탈삼진 시즌, 15번의 200탈삼진 시
즌, 24번의 100탈삼진 시즌, 23시즌 연속 100탈삼진, 215번의 10탈
삼진 경기, 한 시즌 23번의 10탈삼진 경기, 양 리그 2000탈삼진, 양

3000K 4000K 5000K

리그 1이닝 9구 3삼진 등 탈삼진에 관한 거의 모든 기록이 그의 차지다(주요 탈삼진 기록 중에서 유일하게 '20탈삼진 경기'만 만들어내지 못했다). 그에게 삼진을 당한 타자 명단에는 명예의 전당 선수 21명과 리그 MVP 47명, 다섯 쌍의 부자 선수가 들어 있다.

라이언은 안타를 뽑아내기 가장 어려운 투수였다. 그가 통산 5386이닝을 던지며 기록한 피안타율 0.204는 샌디 코팩스가 2324이닝에서 기록한 0.205를 넘는 역대 1위 기록이다(페드로 마르티네스 2827이닝 0.214, 클레이튼 커쇼 2454.2이닝 0.209). 남들은 한 번을 하기도 힘들다는 노히트노런을 그는 7번이나 달성했다(2위 샌디 코팩스 4회). 12번의 1피안타 완봉승 역시 밥 펠러와 함께 타이기록이다. 은퇴할 당시 그는 무려 53개 메이저리그 기록을 보유하고 있었다.

27시즌 동안 뛴 그보다 더 오래 선수 생활을 한 사람은 없다. 조토레에게 결승 홈런을 맞고 패전투수가 된 첫 경기 때 19세 223일이었으며, 댄 호윗Dann Howitt에게 만루 홈런을 맞고 내려간 마지막 경기 때는 46세 234일이었다. 전 구단 영구 결번인 재키 로빈슨을 제외하면, 그는 유일하게 세 팀에서 영구 결번을 갖고 있는 선수다(에인절스 30번, 휴스턴과 텍사스 34번). 또 명예의 전당에 입성하면서 기록한 득표율 98.79퍼센트는 톰 시버(98.84퍼센트)에 이은 2위 자리를 꽤 오랫동안 지켰다.

볼넷의 제왕

놀란 라이언은 분명 화려한 투수였다. 하지만 동시대의 톰 시버나 짐 파머만큼 안정적이지 못했다. 라이언은 역사상 가장 많은 2795개 볼넷을 내주면서 8번이나 최다 볼넷 1위에 올랐다. 볼넷 역대 2위인 스티브 칼턴(1833개)과는 무려 962개 차이다.

그는 1900년 이후 한 시즌 200개 이상 볼넷을 내준 두 명 중 하나이며(밥 펠러), 200볼넷을 두 번 기록한 유일한 투수다. 또 너클볼러인 필 니크로(226개)보다도 많은 277개 폭투를 기록했다. 그는 볼넷보다 안타를 더 싫어했다. 그러나 통산 9이닝당 4.7개 볼넷은 에이스로서 심각한 결격사유에 해당했다. 시간이 지나면서 제구력이 크게 향상된 밥 펠러와 달리, 그의 제구 문제는 유니폼을 벗을 때까지 계속됐다.

많은 볼넷 때문에 통산 조정평균자책점은 112에 불과하다(톰 시버 127). 이에 WHIP는 역대 최고의 피안타율을 기록하고도 1.25에 달했다(톰 시버 1.12). 또 노히트노런을 7번이나 기록했지만 볼넷 때문에 퍼펙트게임은 달성하지 못했다. 노히트노런 7경기에서 내준 볼넷은 총 26개로(삼진 94개) 그중 4개는 1회부터 허용했다.

통산 승률은 생각보다 높지 않은 0.526로, 1900년 이후 데뷔한 투수 중 가장 많은 292패를 기록한 탓이다. 그의 승패 차이 +32는 기자 투표를 통해 명예의 전당에 오른 선발투수 중 테드 라이언스(260승 230패) 다음으로 적다. 이에 스티브 칼턴이 네 번, 톰 시버가 세 번 사이영상을 차지한 반면, 매년 많은 패전 수를 기록한 그는 한 번도 사이영상을 따내지 못했다. 2위 한 번, 3위 두 번에 그쳤다.

승률이 0.492인 팀에서 고군분투한 월터 존슨과 승률 0.500인 팀에서 뛰었던 톰 시버처럼, 라이언이 뛴 팀의 승률 역시 0.503에 불과하다. 하지만 존슨이 팀 승률보다 1할 7리, 시버가 1할 3리 높은 개인 승률을 기록한 반면, 라이언은 2푼 3리 높았을 뿐이다. 시버의 통산 성적을 162경기 평균으로 환산하면 16승 11패가 되는데, 라이언은 14승 13패가 된다. 그의 또 다른 별명은 '5할 투수'였다.

하지만 피칭은 그 누구보다도 재미있고 통쾌했다. 연거푸 볼넷을 내줘 위기에 몰리는가 싶다가도 삼진쇼로 위기에서 탈출함으로써, 손에 땀을 쥐고 지켜보는 팬들에게 짜릿한 쾌감을 안겼다. 팬들은 그런 약점이 있는 그를 더욱 사랑하고 응원했다.

강속구의 제왕

놀란 라이언이 던진 구종은 단 세 가지였다. 100마일에 육박한 강속구와 최고 89마일까지 나온 파워커브, 85마일에 이르는 체인지업이다. 특히 그의 커브는 보통의 다른 커브와 달리 손목을 심하게 비트는 동작이 없어 롱런에 결정적인 역할을 했다.

그가 기록한 최고 구속은 1974년에 찍은 100.9마일(162.4킬로미터)이다. 그러나 당시 스피드건을 지금의 측정 기준으로 바꾸면 108.1마일(174킬로미터)이 된다. 이는 아롤디스 채프먼Aroldis Chapman이 2016년에 기록한 105.7마일을 훌쩍 뛰어넘는다. 한번은 포수 미트를 찢고 백스톱까지 날아가 보는 사람들을 깜짝 놀라게 한 적도 있다.

진정한 위력은 마지막 순간까지 강속구를 던질 수 있다는 것이었다. 그의 저서 〈피처스 바이블Pitcher's Bible〉에 따르면, 1980년부터 1988년 사이(33~41세) 그의 패스트볼 평균 구속은 1회부터 9회 중에서 8회(94.6마일)가 가장 높았으며 그다음이 9회였다(94.5마일). 그는 마흔이 넘은 후에도 95마일 넘는 강속구를 뿌렸다.

라이언은 구속을 유지하기 위해 엄청난 노력을 했다. 하루도 빠짐없이 몇 시간씩 자전거를 탔다. 심지어 완투를 한 당일에도 경기 후 웨이트트레이닝장에서 몇 시간씩 자전거를 타느라 인터뷰를 위해 기다리는 기자들을 애먹이기도 했다. 그는 겨우내 상상을 초월하는 훈련량을 소화하는 것으로도 유명했다. 겨울 훈련은 시즌이 끝나자마자 시작돼 다음 시즌이 개막하기 전까지 계속됐다.

또 다른 문제는 선수 생활 내내 그를 괴롭힌 만성적인 손가락 물집 부상이었다. 그는 이를 위해 손가락을 피클이나 과일주스에 담그는 자신만의 단련법을 만들어냈다. 하지만 물집 부상을 완전히 떨쳐낼 수는 없었다.

제왕의 등장, 시즌 383개 삼진

영화 '탈주 특급'(Von Ryan's Express)이 개봉된 1965년은 처음으로 신인 드래프트가 열린 해다('The Ryan Express'가 라이언의 별명이었다). 이 드래프트에서 놀란 라이언은 뉴욕 메츠의 12라운드 226순위 지명을 받는 데 그쳤다. 그는 고교 시절부터 스피드건에 100마일을 찍었지만, 소문을 듣고 찾아온 스카우트 대부분은 구제 불능의 제구력에 고개를 저으며 돌아갔다.

톰 시버와 제리 쿠스먼이라는 최고의 영건 원투 펀치를 보유하고 있던 메츠는 라이언을 팀의 미래로 생각하지 않았다. 1970년 라이언은 한 경기 15탈삼진의 팀 타이기록을 세우며 주목을 받는 듯했다. 그러나 나흘 후 시버는 한 경기 19탈삼진의 메이저리그 타이기록을 작성했다. 메츠에서 라이언은 시버의 그늘에서 벗어나지 못했다.

실질적인 데뷔 4년차였던 1971년, 라이언은 152이닝을 던지면서 116개 볼넷을 내주고 10승 13패 3.97에 그쳤다(리그 평균 3.91). 실력은 좀처럼 늘지 않았고 뉴욕 생활도 맞지 않았다. 야구를 그만둘까도 생각했지만 마음을 바꿔 팀에 트레이드를 요청했다. 메츠는 결국 캘리포니아 에인절스(현 LA 에인절스)에서 올스타 유격수 짐 프레고시를 데려오면서 내준 4명의 명단에 그의 이름을 집어넣었다 (1979년 프레고시는 에인절스 감독으로 부임해 라이언과 만난다).

뉴욕 메츠와 달리 창단 후 스타 부재에 시달렸던 에인절스는 라이언에게 온 정성을 쏟았다. 톰 모건Tom Morgan 투수코치와 베테랑 포수 제프 토보그가 달려들어 개조에 나섰다. 효과는 바로 나타났다.

에인절스에서의 첫해였던 1972년, 라이언은 역대 4위에 해당하는 329개 삼진을 잡아냈다. 아메리칸리그에서는 1946년 밥 펠러가 348삼진을 기록한 이후 26년 만에 나온 300삼진 기록이었다. 1973년 라이언은 다시 383개를 잡아내, 샌디 코팩스가 1965년에 세운 382개 메이저리그 최고 기록을 갈아 치웠다. 2년 연속 300탈삼진 역시 역대 최초 기록이었다. 1974년에는 두 번의 19삼진 경기를 만들어 톰 시버와 어깨를 나란히 했다.

노히터 행진도 시작됐다. 라이언은 1973년부터 1975년까지 3년간 네 번을 쓸어 담아 샌디 코팩스의 최고 기록과 타이를 이뤘다. 특히 1973년 시즌 두 번째 노히터 경기에서는 마지막 타자 놈 캐시가 라이언에 경의를 표하기 위해 방망이 대신 부러진 테이블 다리를 들고 나오기도 했다. 다음 경기에서 라이언은 8회에 안타를 맞아, 조니 밴더 미어에 이은 역대 2번째 '두 경기 연속 노히터'이자 역대 최초의 '한 시즌 3회 노히터' 달성을 아깝게 놓쳤다.

1972~1977년 라이언은 선발로 223경기에 나서 125번 완투를 했다. 승패를 기록하지 못한 경기는 단 17경기였다(112승 94패). 그 6년간 에인절스는 6개 팀이 소속된 지구(1977년부터는 시애틀이 창설되면서 7팀으로 늘어났다)에서 4위 두 번, 5위 두 번, 6위 두 번에

그쳤다.

최초 100만 달러 연봉

1979년 시즌 후 FA가 된 놀란 라이언은 에인절스에 메이저리그 최초의 100만 달러 연봉을 요구했다. 하지만 단장 버지 버베이지 Buzzie Bavasi(시애틀 전 단장 빌 버베이지 Bill Bavasi의 아버지)는 마지막 2년간 26승 27패에 그친 그를 잡지 않았다. 그러자 라이언의 고향 팀인 휴스턴 애스트로스가 나서 요구를 들어줬다. 라이언은 휴스턴과 역사적인 3년 350만 달러 계약을 맺었다.

라이언은 에인절스에서의 8년간 탈삼진 1위에 7번 올랐다. 1975년에 팔꿈치 부상만 없었다면 8년 연속 1위이자 6년 연속 300탈삼진도 가능했다. 하지만 그 8년간 두 번의 200볼넷과 함께 볼넷 1위에도 여섯 번 올랐다. 볼넷 2위에도 두 번 올랐다.

휴스턴에서의 첫해였던 1980년, 라이언은 세사르 헤로니모를 상대로 3000탈삼진을 달성했다. 헤로니모는 1974년 밥 깁슨에게도 3000탈삼진의 제물이 됐던 선수다. 1981년에는 5번째 노히트노런을 달성함으로써 샌디 코팩스를 제치고 단독 1위에 나섰으며, 사이 영과 짐 버닝에 이어 역대 3번째로 양 리그 노히트에 성공했다. 그리고 그해 처음이자 마지막인 1점대 평균자책점(1.69)을 기록하고 리그 1위에 올랐다.

1983년 4월 라이언은 스티브 칼턴보다 2주 빨리 월터 존슨의 탈삼진 기록(3509개)을 넘어섰으며, 1985년에는 최초로 4000탈삼진을 달성했다. 1987년에는 최초로 양 리그 모두에서 2000탈삼진을 기록한 투수가 됐다.

3000K 4000K 5000K

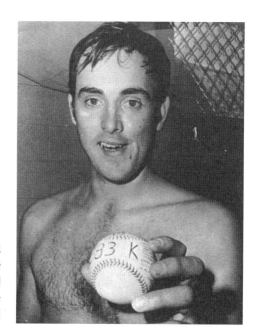

1973년 한 시즌 메이저리그 최고 기록인 383개 삼진을 달성한 후 클럽하우스에서 기념구를 들어 보이는 놀란 라이언

1987년 마흔의 라이언은 평균자책점(2.76)과 탈삼진(270)에서 리그 1위에 올랐다. 하지만 그해 휴스턴 타선이 9이닝당 3.1득점을 지원하는 데 그치면서 8승 16패를 기록했다. 라이언은 사이영상 투표에서 5위에 올랐다.

5714개 삼진

1988년 시즌을 마지막으로 휴스턴에서의 9시즌을 마감한 놀란 라이언은 다른 텍사스주 팀인 텍사스 레인저스의 러브콜을 받아들였다. 이로써 그는 1962년에 창단한 메츠, 1961년에 창단한 에인절스, 1962년에 창단한 휴스턴에 이어 다시 1961년에 창단한 텍사스에서 뛰게 됐다.

텍사스에서의 첫해였던 1989년, 라이언은 마흔두 살 나이에 6번째이자 마지막 300탈삼진을 만들어냈다. 그리고 8월 23일 대망의 5000번째 삼진을 리키 헨더슨을 상대로 잡아냈다.

항해는 멈추지 않았다. 1990년에는 6번째 노히트노런을 따내고 마지막 탈삼진왕에 올랐으며, 1991년에는 로베르토 알로마를 삼진으로 잡아내고 7번째이자 마지막 노히트를 달성했다. 알로마는 첫 번째 노히트노런 당시 라이언의 동료 2루수였던 샌디 알로마Sandy Alomar Sr.의 아들이었다. 그해 라이언은 마흔네 살 나이에 평균자책점 5위(2.91)와 탈삼진 3위(203)에 올랐다.

1993년 시즌이 열리기 직전 라이언은 시즌이 끝나는 대로 은퇴하겠다고 선언했다. 마지막 시즌 중반에 유쾌한 장면 하나가 만들어졌다. 8월 5일 시카고 화이트삭스전에서 마흔여섯 살의 라이언은 자신에게 달려든 스물여섯 살의 로빈 벤투라Robin Ventura를 가볍게 헤드록으로 제압한 다음, 꿀밤 6연타를 날렸다. 벤투라는 머리 쪽으로 날아온 공에 일단 마운드로 돌진했지만, 마운드에 서 있는 투수가 라이언임을 깨닫고 머뭇거렸다. 포수 이반 로드리게스가 말린 것이 벤투라에게는 다행이었다.

9월 22일 시애틀 매리너스전, 라이언은 통산 773번째이자 마지막 선발 등판에 나섰다. 세월은 흐르고 흘러, 라이언이 383삼진을 달성한 해(1973년)에 데뷔한 켄 그리피 시니어의 아들 켄 그리피 주니어가 3번을 치고 있었다. 1회 마운드에 오른 라이언은 안타, 볼넷, 볼넷, 밀어내기, 볼넷 후 만루 홈런을 맞고 마운드에서 내려왔다. 그가 마지막으로 던진 공은 98마일짜리 강속구였다.

은퇴 후 휴스턴 애스트로스와 텍사스 레인저스를 오가며 구단 중

역을 지낸 라이언은 2010년 자신이 이끈 투자자 그룹과 함께 텍사스의 구단주가 됐다. 그해 텍사스는 1961년 창단 후 처음으로 월드시리즈에 올랐다. 2014년 휴스턴으로 돌아가 2019년까지 자문역을 맡았다.

톰 시버, 강속구와 제구 모두 갖춘 완성형

리그에는 두 가지 등수가 있다. 1등과 그 나머지다. _톰 시버

톰 시버 George Thomas "Tom" Seaver, 1944~2020

투수, 우투우타

활동 기간 1967~1986(20시즌)

모든 신생 팀이 그렇듯, 1962년 휴스턴 애스트로스와 함께 창단한 뉴욕 메츠도 동네북 신세로 출발했다. 메츠는 뉴욕 양키스에서 12년간 10차례 리그 우승과 7차례 월드시리즈 우승을 만들어낸 조지 와이스George Weiss 단장과 케이시 스텡걸 감독을 모셔 왔지만, 등장 첫해 40승 120패(승률 0.250)라는 20세기 최다패 기록을 세웠다.

이듬해에도, 다다음 해에도 뉴욕 메츠는 다른 팀들의 보약이자 잠시 쉬어가는 코스였다. 1963년부터 1965년까지 3년에 걸쳐 111패, 109패, 112패를 당한 형편없는 꼴찌였다. 이에 천하의 케이시 스텡걸 감독도 끝내 불명예 퇴진을 피하지 못했다. 하지만 창단 5년째인 1966년, 메츠는 마침내 시즌 100패와 리그 꼴찌에서 벗어났다. 그

리고 구단 역사상 가장 빛나는 보물을 얻었다. '더 프랜차이즈The Franchise' 톰 시버였다.

1967년부터 1986년까지 정확히 20시즌 동안 뛴 톰 시버의 통산 성적은 311승 205패 2.86, 탈삼진 3640개다. 역대 10명뿐인 300승 3000탈삼진 투수 중에서도 통산 평균자책점이 2점대인 투수는 월터 존슨(2.17)과 시버뿐이다. 물론 라이브볼 시대 투수로는 시버가 유일하다. 2004년까지 평균자책점 2.95를 기록하며 세 번째 '300승 3000탈삼진 2할대 평균자책점' 투수가 되는 듯했던 그레그 매덕스는 이후 평균자책점 급상승을 막지 못하고 결국 3.16으로 은퇴했다. 페드로 마르티네스는 2.93으로 은퇴했지만, 300승에 한참 모자란 219승에서 멈췄다. 시버는 첫 12년간 11번이나 2점대 평균자책점을 기록했다. 그 기간에 유일하게 실패한 시즌(1974년) 역시 3.20이었다.

20시즌 중 8시즌은 승률이 5할 미만인 팀에서 뛰었다. 특히 첫 10.5시즌을 보낸 뉴욕 메츠는 당시 대표적인 물방망이 팀이었다. 그럼에도 그는 통산 승률 0.603을 기록했다. 그와 동시대를 보낸 300승 투수들인 스티브 칼턴(0.574), 돈 서턴(0.559), 게일로드 페리(0.542), 필 니크로(0.537), 놀란 라이언(0.526)은 승률이 모두 5할대다.

또 20시즌 중 16시즌에서 개막전 선발투수로 나섰다. 역사상 그보다 더 많이 개막전에 등판한 투수는 없다(월터 존슨, 스티브 칼턴, 잭 모리스, 랜디 존슨 14시즌). 61완봉승은 놀란 라이언과 함께 역대 공동 7위에 해당한다. 하지만 라이언은 그보다 126경기에 더 나섰으며, 스티브 칼턴 역시 62경기에 더 등판했지만 55완봉으로 그에 미치지 못했다.

시버가 뉴욕 메츠에서 올린 198승(124패 2.57)은 같은 기간 메츠가 올린 승수의 25퍼센트에 해당했다(월터 존슨은 팀 승리의 27퍼센트). 지금도 메츠의 선발, 이닝, 승리, 평균자책점, 탈삼진, 완투, 완봉 기록은 모두 그의 것이며, 팀이 따낸 7개 사이영상 중 3개를 그가 가져왔다(나머지 4개는 1985년 드와이트 구든, 2012년 R. A. 디키R. A. Dickey, 2018과 2019년 제이컵 디그롬Jacob deGrom). 시버는 지금도 메츠의 유일한 영구 결번 선수이며(나머지 두 개는 모두 감독 결번) 두 번째 선수가 언제 추가될지는 기약이 없다.

컨트롤에서 파워로

톰 시버는 1944년 캘리포니아주 프레즈노에서 4남매 중 막내로 태어났다. 1944년은 스티브 칼턴이 태어난 해이기도 하다.

시버는 완벽주의자이자 대단한 노력파였다. 언제나 엄청난 훈련량을 소화했으며, 항상 타자들의 장단점을 분석한 노트를 갖고 다녔다. 명예의 전당에 오른 포수 칼턴 피스크는 그와 호흡을 맞춰보고 나서 "육체적으로나 정신적으로나 이렇게 준비가 완벽한 선수는 보지 못했다"며 감탄했다.

패스트볼과 커브, 슬라이더뿐 아니라 체인지업의 개념도 확실히 알고 있었던 시버는(특히 패스트볼의 구속 변화에 능했다) 강속구와 컨트롤을 모두 갖춘 완성형 투수였다. 그리고 두 가지를 모두 가질 수 있었던 것은 아이러니하게도 왜소한 체격 때문이었다.

고등학교를 졸업할 당시 시버는 168센티미터 70킬로그램에 불과한 작은 선수였다(시카고 컵스가 너무 왜소해서 포기할 뻔했던 그레그 매덕스의 고교 졸업 당시 신체 지수는 180센티미터 70킬로그램이었다).

여기에 패스트볼까지 형편없었던 그는 그 대신 제구력을 가다듬고 타자들의 수를 읽는 데 전력을 다했다. 당시 미국은 베트남전에 빠져들고 있었고 시버도 졸업과 동시에 징집 대상이 됐다.

1962년 시버는 해병대에 입대해 6개월간 복무했다. 제대하고 나서는 집 근처에 있는 프레즈노 시티칼리지의 야구팀에 들어가기 위해 트라이아웃에 참가했다.

그런데 놀라운 일이 일어났다. 패스트볼 구속이 몰라보게 빨라진 것이다. 이는 해병대에서 받았던 하체 훈련 덕분이었다. 하체의 중요성을 여실히 깨달은 시버는 이후 은퇴할 때까지 틈만 나면 달렸고, 누구보다도 두터운 허벅지를 갖게 됐다. 특히 시버는 유난히 무릎을 많이 구부리고 스트라이드 폭이 넓은 투구 폼을 갖고 있었는데, 이는 다른 투수들보다 강한 하체를 갖고 있었기에 가능한 일이었다. 항상 경기가 끝나고 나면 오른쪽 무릎에는 흙이 잔뜩 묻어 있었는데, 공을 뿌리는 순간 무릎과 종아리가 지면을 스치는 모습은 지금도 그의 액션 피겨로 남아 있다.

또 하나의 사건이 일어났다. 그토록 속을 타게 했던 키가 대학에 진학하고부터 하루가 다르게 자라난 것이다. 대학을 다니는 동안 키가 17센티미터나 자란 덕에 결국 강속구를 견딜 수 있는 든든한 하드웨어(185센티미터 93킬로그램)까지 마련했다. 이렇게 컨트롤 투수에서 출발해 파워 투수로 변신하고, 그러면서 컨트롤과 파워 모두 보유하게 된 사정은 페드로 마르티네스의 경우와 같다. 마르티네스도 미국에 오기 전까지는 자신이 그 정도로 빠른 공을 던질 수 있다는 것을 몰랐다. 하지만 마르티네스는 시버 같은 체격을 갖지 못했다.

박찬호가 메이저리그에 데뷔할 무렵 많이 들은 소리는 시버를 닮았다는 것이었다. 박찬호도 꾸준한 달리기를 통해 '시버급' 허벅지를 얻었다. 다리가 급격히 주저앉는 투구 폼을 하체로 버텨내는 모습도 시버와 유사했다. 박찬호는 텍사스 레인저스로 이적한 후 양쪽 햄스트링을 다치면서 강력한 하체를 더 이상 활용하지 못하게 됐다. 오렐 허샤이저가 맡기 전 투수코치였던 오스카 아코스타Oscar Acosta는 박찬호에게 달리기를 금지하고 놀란 라이언이 그랬던 것처럼 자전거를 타게 했지만, 이는 박찬호에게 맞지 않았다.

1969년 미러클 메츠

1964년 톰 시버는 명문 서던캘리포니아대로 옮기면서 본격적인 엘리트 코스를 밟아나갔다. 1965년은 메이저리그에서 신인 드래프트가 처음 시작된 해다. 그리고 당시까지만 해도 아직 잘 알려지지 않은 그를 처음으로 눈여겨본 사람은 LA 다저스의 스카우트 토미 라소다였다.

그해 드래프트에서 다저스는 그를 10라운드에서 지명하고 입단 보너스 2000달러를 제시했다. 시버의 대답은 "7만 달러라면 가겠다"였다(반면 놀란 라이언은 뉴욕 메츠의 12라운드 지명을 받아들였다).

이듬해 애틀랜타 브레이브스가 1라운드 전체 20순위에서 그를 지명하며 5만 3500달러를 제시했고, 그도 여기에 동의했다. 하지만 대학 리그 기간 중에는 계약할 수 없다는 조항을 어긴 것이 밝혀지면서 애틀랜타의 지명은 취소됐다.

결국 시버는 커미셔너의 직권에 따라 FA가 됐고 시버에게 4만 달러 이상 보너스를 줄 의사가 있다고 밝힌 필라델피아 필리스, 클리블랜드 인디언스, 뉴욕 메츠 세 팀이 제비뽑기를 했다. 커미셔너의 중절모에 담겨 있던 유일한 동그라미 제비를 고른 팀은 바로 메츠였다.

만약이라는 가정을 해보면, 필라델피아는 시버와 스티브 칼턴으로 이뤄진 최강의 좌우 원투 펀치를 보유할 수 있었다. 애틀랜타도 강속구와 너클볼이 절묘한 조화를 이루는, 시버와 필 니크로의 시대를 열 수 있었다. 그리고 두 팀 중 어느 곳으로 갔더라도 1969년의 '미러클 메츠Miracle Mets'(또는 어메이징 메츠)는 없었을 것이다.

1년 만에 마이너리그를 졸업한 시버는 1967년 34선발 18완투, 16승 13패 2.76의 성적을 거두고 신인왕에 올랐다. 16승은 그해 뉴욕 메츠가 올린 61승의 26퍼센트에 해당했다. 이듬해에도 35선발 14완투, 16승 12패 2.20의 좋은 활약을 펼쳤다. 그리고 운명의 1969년이 시작됐다.

1969년 7월 9일 5만 9000명이 들어찬 뉴욕 셰이스타디움에서는 시버가 동부 지구 선두이자 강력한 중심 타선(빌리 윌리엄스, 론 산토, 어니 뱅크스)을 자랑하는 시카고 컵스를 상대로 놀라운 투구를 이어가고 있었다. 퍼펙트게임까지 남은 아웃카운트는 단 2개. 하지만 시버는 8번 타자이자 이날 26번째 타자였던 신인 짐 퀄스Jim Qualls에게 안타를 맞았다.

그해 시즌 49경기를 남겨두고 컵스에 10경기가 뒤졌던 메츠는 이후 믿을 수 없는 질주를 펼쳐 38승 11패를 기록했고, 결국 컵스에 8경기 앞서 지구 우승을 차지했다. 그 기간 동안 시버는 11경기에 선발로 나서 10승 무패 1.34를 기록했다. 특히 마지막 8경기에서는 3차례 완봉승을 포함해 모두 완투승을 따냈다.

뉴욕 메츠는 챔피언십시리즈에서 애틀랜타 브레이브스를 3연승으로 제압한 데 이어, 월드시리즈에서도 당시 메이저리그 최강팀이던 볼티모어 오리올스를 4승 1패로 꺾고 감격의 첫 우승을 차지했다. 시버는 월드시리즈 1차전에서 5이닝 동안 4실점을 해 패전을 안았지만 4차전에서 10이닝 1실점의 완투승을 만들어내 이를 만회했다. 그해 시즌 36경기에 나서 35선발 18완투 5완봉, 25승 7패 2.21을 기록한 시버는 첫 번째 사이영상을 차지했다. 다만 필 니크로가 1위 표 한 장을 가져가 만장일치는 되지 못했다.

10타자 연속 탈삼진

1970년 4월 22일 셰이스타디움 경기에서 톰 시버는 샌디에이고 파드리스를 상대로 두 가지 탈삼진 기록을 세웠다. 2안타 1실점의 완투승을 거두는 동안 19삼진을 잡아내 1969년에 최고 기록을 세운 스티브 칼턴과 타이를 이룬 것이 하나였다(칼턴이 기록을 세웠을 당시 제물은 바로 메츠였다). 또 시버는 마지막 10명 타자를 모두 삼진으로 잡아내 86년 만에 연속 타자 최다 탈삼진 기록을 세웠다. '한 경기 19삼진' 기록은 이후 놀란 라이언까지 가세하며 훗날 로저 클레멘스(2회), 케리 우드, 랜디 존슨, 맥스 셔저가 넘어섰지만, '10타자 연속 탈삼진'은 아직도 메이저리그 기록으로 남아 있다(2021년 애런 놀라 Aaron Nola와 코빈 번스 Corbin Burnes가 타이기록을 세웠다).

시버가 2년차인 1968년부터 1976년까지 기록한 '9년 연속 200탈삼진' 역시 메이저리그 기록이다. 1977년에 4개만 더 잡아냈다면 10년 연속이 될 수도 있었다. 통산 10번 기록한 시버보다 200탈삼진을 더 많이 기록한 투수는 놀란 라이언(15회), 랜디 존슨(13회), 로저 클레멘스(12회) 셋뿐이다.

1971년
뉴욕 메츠 시절 26세의 톰 시버.
사진 New York Mets

1970년 시버는 평균자책점(2.82)과 탈삼진(293)에서 1위에 올랐지만 마지막 5경기에서 승리 없이 2패만을 기록하면서 18승(12패)에 그쳤다. 1971년엔 20승(10패)을 거두고 평균자책점(1.76)과 탈삼진(289)에서 1위에 올랐다. 하지만 사이영상은 시버보다 평균자책점이 1점 이상 높지만(2.77) 4승을 더 거둔(24승 13패) 시카고 컵스의 퍼기 젠킨스에게 돌아갔다.

1972년에도 21승(12패 2.92)을 따낸 시버는 1973년 19승(10패 2.08)의 성적을 내 다시 평균자책점과 탈삼진에서 1위에 올랐다. 이로써 1970년부터 1973년 4년간 3번 '평균자책점과 탈삼진 동시 1위'를 차지했다. 그러면서 1973년 몬트리올의 마무리 투수 마이크 마셜Mike Marshall을 제치고 사이영상을 따냈다.

1973년 신시내티 레즈와의 챔피언십시리즈 1차전에 선발로 나선 시버는 2회 득점타를 때려내고(통산 타율 0.154 12홈런 86타점) 7회까지 무실점으로 호투하면서 팀의 1대 0 리드를 이끌었다. 하지만 8회 피트 로즈에게 동점 솔로 홈런, 9회 자니 벤치에게 끝내기 솔로 홈런을 맞아 2실점 완투패를 당했다. 그러나 시버는 5차전에서 8.1이닝 1자책의 승리를 거둬 메츠의 두 번째 월드시리즈 진출을 확정 지었다.

그해 월드시리즈는 오클랜드 어슬레틱스와의 대결이었다. 3차전에 나선 시버는 8회까지 12개 삼진을 잡아내며 2실점으로 호투했지만, 메츠는 11회 연장전 끝에 2대 3으로 패했다. 시버는 6차전에서도 7이닝 2실점의 패전을 안았고, 결국 메츠는 7차전 끝에 무릎을 꿇었다.

1974년 시버는 엉덩이에 부상을 입어 11승 11패 3.20에 그쳤다. 하지만 1975년 22승 9패 2.38의 성적을 내 다승과 탈삼진에서 1위에 오르며 세 번째 사이영상을 차지했다. 메츠에서의 마지막 불꽃이었다.

두 번 버린 메츠

1976년 톰 시버는 34번 선발 등판해 3번 완투하며 평균자책점 2.59로 선전했지만 지독히도 득점 지원을 받지 못하며 14승 11패에 그쳤다.

시즌 후 오프시즌 동안 시버는 연봉을 두고 M. 도널드 그랜트M. Donald Grant 회장과 첨예하게 대립했다. 그 과정에서 그랜트 회장은 시버의 자존심을 건드렸고 시버도 공개적으로 회장을 비난했다. 1977년 6월 15일, 결국 그랜트 회장은 4명을 받는 조건으로 시버를 신시내티 레즈로 보내는 사고를 치고 말았다.

팬들이 가장 사랑하는 선수를 버린 대가는 혹독했다. 시버를 더 이상 볼 수 없게 된 뉴욕 메츠 팬들은 경기장으로 향하는 발길을 끊었다. 1976년 내셔널리그 12팀 중 5위를 기록한 메츠의 관중 순위는 1977년 10위로 떨어진 데 이어, 리그 최하위로 추락한 1979년에는 창단 후 처음으로 평균 관중 수 1만 명 이하로 떨어졌다. 황량해진 셰이스타디움은 '그랜트의 무덤'으로 불렸다.

1977년 7승(3패 3.00)을 거두고 뉴욕 메츠를 떠난 시버는 신시내티에서 14승(3패 2.34)을 추가해 통산 다섯 번째이자 마지막 20승 시즌을 만들어냈다. 메츠에서 5번 '1안타 완봉승'(그중 3경기는 시카고 컵스전)에 만족해야 했던 시버는 신시내티로 이적한 이듬해인 1978년 6월 16일 세인트루이스 카디널스를 상대로 마침내 노히트 노런을 달성했다(메츠는 2012년이 되어서야 요한 산타나가 창단 첫 노히트에 성공했다).

단축 시즌으로 치러진 1981년엔 14승 2패 2.54를 기록했다. 하지만 사이영상은 13승 7패 2.48을 기록한 신인 페르난도 발렌수엘라에게 돌아갔다.

1981년까지 4.5시즌 동안 70승(33패 2.92)을 거둔 시버가 1982년 5승 13패 5.50의 최악의 시즌을 보내자, 신시내티는 곧바로 그를 트레이드 시장에 내놓았다. 이에 M. 도널드 그랜트 회장이 물러난 뉴욕 메츠는 선수 세 명을 주고 서른여덟 살의 시버를 다시 데려왔다. 그렇게 시버는 메츠에서 300승을 기록하고 선수 생활을 끝내는 듯했다.

1983년 시버는 평균자책점 3.55를 기록하며 선전했다. 하지만 메츠의 공격력이 받쳐주지 않으면서 시버는 9승 14패에 그쳤다.

시즌이 끝난 뒤 뉴욕 메츠는 또 한 번 실수를 저질렀다. 당시 FA를 잃은 팀은 FA를 영입한 팀이 아니라 다른 팀에서도 보상선수를 데려갈 수 있었다. 이에 FA 선수를 토론토 블루제이스에 빼앗긴 시카고 화이트삭스가 시버를 지명해버린 것이다. 당시 메츠는 대릴 스트로베리와 레니 다익스트라Lenny Dykstra, 빌리 빈, 드와이트 구든 등의 유망주를 보호하느라 시버를 보호선수 명단에서 뺐다. 메츠 팬들은 또 한 번 분노했다.

시버는 화이트삭스에서 1984년 15승(11패 3.95), 1985년 16승(11패 3.17)을 거뒀다. 그리고 1985년 8월 4일 양키스타디움에서 1실점 완투승을 거두며 300승에 성공했다(같은 날 로드 커루는 3000안타를 달성했다).

1986년 6월 9일 41세의 시버는 39세의 칼턴 피스크와 배터리를 이뤘다. 상대 팀인 캘리포니아 에인절스의 배터리 역시 41세의 돈 서턴과 38세의 밥 분으로 베테랑들이었다. 이들 배터리 조합은 도합 159세의 최고 기록을 세웠다(이 기록은 2005년 케니 로저스Kenny Rogers와 샌디 알로마 주니어Sandy Alomar Jr., 제이미 모이어와 팻 보더스 Pat Borders 배터리가 대결하면서 163세로 경신됐다).

얼마 후 시카고 화이트삭스는 시버를 보스턴 레드삭스로 보냈다. 보스턴은 월드시리즈에서 메츠를 만났지만, 시버는 발목 부상을 당한 탓에 마운드에 서지 못했다. 시즌 후 보스턴이 그를 방출하자 메츠가 다시 다가왔다. 하지만 시버는 자신의 시간이 다 됐다는 것을 느끼고 은퇴를 선언했다.

유니폼을 벗은 톰 시버는 마이크를 잡았다. 필 리주토와 함께 양키스 전담 해설을 맡았으며, NBC에서는 빈 스컬리와 함께 전문적인 해설을 선보였다. 1984년에는 〈피칭의 입문 *The Art of Pitching*〉이라는 베스트셀러를 내기도 했다.

1992년 시버는 명예의 전당 입회를 위한 첫해 투표에서 98.84퍼센트 득표율을 기록해 그때까지 최고 기록인 타이 콥의 98.23퍼센트(1936년)를 경신했다. 투표인단 430명 중에서 시버의 이름을 적지 않은 사람은 5명이었다. 1999년 놀란 라이언은 98.79퍼센트(497명 중 6명 반대)를 기록하며 득표율 역대 2위에 올랐다. 2007년 칼 립켄 주니어는 시버의 득표율을 깰 수 있을 것으로 기대됐다. 하지만 545명 중 8명이 반대해 98.53퍼센트에 그쳤다. 깨지지 않을 것 같던 시버의 기록은 2016년 켄 그리피 주니어(99.3퍼센트), 2019년 마리아노 리베라(100.0퍼센트), 2020년 데릭 지터(99.7퍼센트)가 넘어섰다.

2006년 5월 ESPN 전문가 32명은 투표를 통해 '살아 있는 최고의 투수'를 뽑았다. 1위는 로저 클레먼스였다. 그리고 시버가 그레그 매덕스(5위), 밥 깁슨(4위), 샌디 코팩스(3위)를 제치고 2위를 차지했다.

2013년 무렵 시작된 기억상실이 급기야 치매 증상으로 번지면서 고생하던 시버는 2020년 8월 코로나19 합병증으로 향년 75세에 세상을 떠났다.

버트 블라일레븐, 커브 마스터

그의 커브는 정말로 지저분하다.
타석에 들어서 보면 당신도 모르게 몸이 휘청거릴 것이다. _브룩스 로빈슨

버트 블라일레븐 Rik Aalbert "Bert" Blyleven, 1951~

투수, 우투우타

활동 기간 1970~1990, 1992(22시즌)

명예의 전당 밖에 있는 최고의 투수. 가장 저평가된 투수인 버트 블라일레븐은 이 꼬리표를 떼는 데 무려 14년이 걸렸다. 2011년 블라일레븐은 14번째 도전 만에 79.7퍼센트 득표율을 기록하며 지긋지긋하던 75퍼센트의 벽을 넘어섰다. 한편 최대 15번까지 할 수 있었던, 명예의 전당 입회를 위한 도전은 이후 10번으로 줄었다. 1999년 놀란 라이언과 2014년 그레그 매덕스 및 톰 글래빈 사이에 명예의 전당에 오른 순수 선발투수는 블라일레븐이 유일하다.

블라일레븐은 역대 순위에서 탈삼진에서 놀란 라이언(5714), 랜디 존슨(4875), 로저 클레먼스(4672), 스티브 칼턴(4136)에 이은 5위(3701)이자 완봉승 9위(60), 선발 등판 11위(685), 이닝 14위(4970)

에 올라 있는 위대한 투수다. 톰 시버(3640)보다 많은 삼진을 잡아내고 월터 존슨(666)보다 많은 경기에 선발로 나섰으며, 로저 클레먼스(4916.2)보다 많은 이닝을 던졌다.

1900년 이후 출생한 투수 중 그보다 많은 완봉승을 거둔 투수는 워런 스판(63), 놀란 라이언(61), 톰 시버(61) 셋뿐이다. 이들은 모두 명예의 전당 입회 자격이 주어진 첫해에 들어갔으며, 시버(98.84)와 라이언(98.79)은 아주 오랫동안 득표율 역대 1위, 2위를 지켰다. 완봉승을 50회 이상 기록한 20명 투수 중 오직 그만이 힘겹게 명예의 전당에 들어갔다.

선수의 팀 기여도를 측정하는 효과적인 지표로 인정받고 있는 승리기여도에서 블라일레븐은 투수 역대 12위(96.1)에 올라 있다. 첫해에 명예의 전당에 입성한 투수 17명중 그보다 승리기여도가 높은 선수는 월터 존슨과 크리스티 매튜슨, 톰 시버, 그레그 매덕스, 랜디 존슨 5명에 불과하다.

블라일레븐이 명예의 전당 입회를 위한 투표에서 고전한 이유로는 가장 먼저 300승 실패가 언급된다. 하지만 그보다 먼저 명예의 전당에 들어간 선발투수 35명 중에서 첫 5명(월터 존슨, 크리스티 매튜슨, 사이 영, 피트 알렉산더, 레프티 그로브)을 제외한 나머지 30명의 면면을 살펴보면, 300승 달성자는 11명에 불과하다. 또 20명은 모두 그(287승)보다 승수가 적은데도 들어갔다.

두 번째 이유는 위력이 부족했다는 것. 그러나 그의 조정평균자책점은 118로, 그에 앞서 명예의 전당에 오른 9명 중 조정평균자책점이 더 좋은 선수는 짐 파머(125)와 톰 시버(127) 둘뿐이다. 그럼에도 그가 홀대를 받은 것은 0.534(287승 250패)의 평범한 승률과 함께 올스타전 2회 출장, 사이영상 3위 2회, 20승 1회, 탈삼진 타이틀 1회에 그친 초라한 수상 경력 때문일 것이다.

하지만 그는 역사상 가장 지독한 불운에 시달린 투수였다고 해도 과언이 아니다. 평균자책점에서 7번이나 리그 5위 내에 들었는데(그보다 더 많이 오른 선수는 11명뿐이다), 그 7시즌에서 평균 35경기에 선발로 나서 17번 완투하고 평균 271이닝을 평균자책점 2.78로 막아냈다. 하지만 그에게 돌아온 성적은 평균 17승 13패가 고작이었으며, 그중 세 시즌에서는 각각 16승 15패, 17승 17패, 17승 16패를 기록했다.

만약 블라일레븐이 조금만 덜 불운해 13승을 더 거둬 300승을 채웠거나, 2010년 13승 12패 2.27을 기록한 시애틀의 펠릭스 에르난데스Felix Hernandez에게 사이영상을 준 흐름이 조금만 일찍 찾아왔더라면 이렇게 애태우는 일은 없었을 것이다.

커브를 사랑한 소년

릭 앨버트 블라일레븐은 1951년 네덜란드 중부 제이스트에서 태어났다. 지금까지 메이저리그에 등장한 네덜란드 태생 투수는 5명이다. 이들이 올린 승수는 도합 317승으로 그중 287승을 블라일레븐이 올렸다. 네덜란드 출생자로 2007년 데뷔해 블라일레븐 이후 17년 만에 승리를 따내면서 화제를 모은 릭 밴덴헐크Rick van den Hurk는 메이저리그 통산 8승에 그쳤다(이후 삼성 라이온스를 거쳐 일본에서 뛰고 있다). 블라일레븐이 네덜란드 대표팀의 투수코치를 맡았던 2009년 WBC에서 네덜란드가 도미니카공화국을 꺾는 대파란을 일으킨 것은 우연의 일치가 아니었다.

　　　　　　　　　　　　　　　3000K 4000K 5000K

블라일레븐은 어렸을 때 부모를 따라 미국으로 왔다. 가족이 정착한 곳은 남부 캘리포니아였다. 다저스와 샌디 코팩스의 열성 팬이었던 아버지는 그를 데리고 코팩스가 출장하는 경기를 자주 보러 갔다. 블라일레븐은 코팩스, 그리고 그가 던지는 커브와 사랑에 빠졌다. 코팩스와 밥 펠러의 커브를 연구하고 또 연구한 블라일레븐은 역사상 가장 강력한 커브를 던진 투수 중 한 명이 됐다.

그는 완벽한 12 to 6의 낙차를 자랑한 '오버핸드 드롭커브'와 팔을 내려서 던지는 '라운드하우스 커브', 부상을 입고 나서 1983년 개발해 큰 효과를 본 '슬로커브' 세 종류의 커브를 던졌다. 그중 라운드하우스 커브는 샌디 코팩스의 팔꿈치를 망가뜨린 범인이었다(극단적인 오버핸드 딜리버리였던 코팩스는 커리어 중반부터 던지기 시작한 라운드하우스 커브가 독이 됐다). 하지만 블라일레븐은 코팩스의 실패를 거울삼아 문제가 없는 딜리버리를 만들어냈다.

롭 네이어는 자신의 저서에서 블라일레븐의 커브를 샌디 코팩스, 그리고 모르데카이 브라운의 '세 손가락 커브'에 이어 역사상 3번째로 위력적인 커브로 선정했다(우리 세대의 선수 중에서는 데이비드 웰스David Wells가 10위에, 배리 지토는 '그 밖'[others]에 이름이 올랐다). 블라일레븐과 동시대를 산 자니 벤치, 레지 잭슨, 로드 커루도 그의 커브를 자신이 경험한 최고의 변화구로 꼽았다.

그는 선천적으로도 커브를 잘 던질 수밖에 없는 신체 구조를 갖고 있었는데, 손가락이 비정상적으로 길었다. 이에 어린 시절 친구들로부터 (손가락으로 둑에 난 구멍을 막아 사람들을 구한) '네덜란드 소년'이라는 놀림을 받기도 했다(하지만 이 이야기는 사실이 아니라고 한다).

고교 시절 블라일레븐이 야구 못지않게 열정을 쏟은 스포츠는 특이하게도 크로스컨트리였다. 크로스컨트리를 통해 만든 강력한 하체는 메이저리그에서 22년간 뛴 롱런의 결정적인 바탕이 됐다. 등판이 있었던 날도 거르지 않고 매일 2시간 이상 자전거를 탄 놀란 라이언, 마라톤 선수냐는 놀림을 받을 정도로 허벅지를 단련한 톰 시버도 그와 같은 경우였다.

22세 이하 3250이닝 투구

고교 졸업반이던 1969년, 버트 블라일레븐은 3라운드 지명을 받고 미네소타에 입단했다. 마이너리그에서 단 21경기만 뛰고 올라온 그는, 1970년 6월 6일, 정확히 드래프트 지명 1년 만에 19세 60일 나이에 데뷔전을 치렀다. 이미 그는 메이저리그 최정상급의 커브를 혼자 마스터한 상태였다.

데뷔전에서 블라일레븐은 첫 상대인 리 메이에게 리드오프 홈런을 맞았다. 하지만 이후 완벽한 피칭을 선보이며 7이닝을 7탈삼진 1실점으로 틀어막고 승리를 따냈다. 그해 25경기에 선발로 나서 5번 완투하고 10승 9패 3.18을 기록한 그는 스포팅 뉴스에 의해 아메리칸리그 올해의 신인으로 선정됐다.

1971년 스무 살의 블라일레븐은 38경기에 나서 17번 완투하고 278.1이닝을 던졌다. 평균자책점에서 리그 5위(2.81)에 올랐지만, 득점 지원을 제대로 받지 못해 16승 15패를 기록하는 데 그쳤다. 패한 15경기에서 미네소타가 낸 득점은 총 18점이었다. 1972년에도 38경기에 나서 17승 17패 2.73을 기록했다.

1973년 블라일레븐은 40경기에 선발로 나서 25번 완투했다. 그리고 리그에서 가장 많은, 완봉승 9번을 거뒀다. 평균자책점에서도 2위(2.52)에 올랐지만(조정평균자책점은 1위) 20승 17패에 그쳤다. 사이영상 투표에서는 짐 파머와 놀란 라이언 등 쟁쟁한 투수들에 밀려 7위에 머물렀다.

한편 그해 블라일레븐은 325이닝을 던졌는데, 이는 22세 이하 투수가 300이닝을 던진 마지막 기록으로 남아 있다. 22세 이하 투수가 한 해 25번 완투한 것 역시 그가 마지막으로, 라이브볼 시대 이후로는 1930년의 웨스 페럴, 1940년과 1941년의 밥 펠러와 함께 셋이 전부다.

하지만 너무 일찍 오른 스타덤이 좋은 것만은 아니었다. 블라일레븐은 얼마 지나지 않아 삼진 욕심을 너무 낸다는 비난을 받기 시작했다. 일부 홈 팬들이 자신에게 야유를 보내자 이죽거리는 답례를 해 논란을 일으키기도 했다. 1976년엔 구단이 자신의 연봉 요구를 들어주지 않자 트레이드를 요구했다. 이후 툭하면 터져 나오는 '트레이드 요구'의 시작이었다. 결국 블라일레븐은 시즌 중반 텍사스로 트레이드됐다.

방랑의 시작

1977년 9월 23일 텍사스와 캘리포니아 에인절스와의 경기. 사타구니 부상에서 돌아와 2주 만에 마운드에 오른 버트 블라일레븐은 8회까지 한 개의 안타도 허용하지 않았다. 하지만 8회 마지막 타자를 잡고 내려오면서 부상이 재발했다. 9회 다시 올라와서는 모든 공을 커브로만 던졌고 끝내 노히트노런을 달성했다.

1977년에도 활약은 좋았다(30경기 15완투, 14승 12패 2.72). 하지만 블라일레븐은 텍사스로서는 정말 드물었던 전국 방송 경기에서 카메라를 향해 가운뎃손가락을 쳐드는 초대형 사고를 쳤다. 구단주는 격노했고, 블라일레븐은 보따리를 싸야 했다. 그는 총 11명이 이동한 메이저리그 최초의 4각 트레이드를 거쳐 피츠버그 유니폼을 입게 됐다.

데뷔 첫해인 1970년 리그 챔피언십시리즈에서 2이닝을 던진 것이 포스트시즌 경험의 전부였던 블라일레븐은, 1979년 피츠버그가 마지막 월드시리즈 우승을 차지하는 데 크게 기여했다. 챔피언십시리즈 3차전에서 1실점 완투승을 따낸 뒤, 볼티모어와 격돌한 월드시리즈 2차전에서는 짐 파머와 박빙의 승부를 펼쳤으며 5차전에서는 4이닝 무실점의 구원승을 따냈다(3경기 2승 1.42).

하지만 그는 만족을 느끼지 못했다. 피츠버그의 척 태너Chuck Tanner 감독이 좀처럼 완투 기회를 주지 않는 것이 문제였다. 1971년부터 1978년까지 288경기에 나서 136번이나 완투했지만(완투율 47.2퍼센트), 1979년에는 37경기에 나서 4번 완투하는 데 그쳤다. 참다못한 블라일레븐은 1980년 시즌에 앞서 팀에 트레이드를 요구했고, 4월을 걸렀다. 결국 블라일레븐은 시즌 후 클리블랜드로 넘겨졌다.

1971년부터 1980년까지 10년간 연평균 268이닝을 기록한 블라일레븐은 1981~1983년 클리블랜드에서 어깨 부상에 시달리며 평균 112이닝을 던지는 데 그쳤다. 하지만 1984년 부상을 털어내고 화려하게 돌아왔다. 그의 손에는 신무기 슬로커브가 있었다.

1984년 블라일레븐은 19승 7패 2.87을 기록했다. 더 나은 성적을 낼 수 있었는데, 5월 중순 경기에 앞서 외야에서 몸을 풀다 날아온 공에 발등 골절상을 입어 한 달 가까이 경기를 날린 것이 치명타가

됐다. 이 부상은 그에게서 통산 두 번째 20승과 함께 생애 첫 사이영
상도 앗아갔다(사이영상 투표 3위).

1985년 시즌 중반 통산 4번째로 트레이드됐다. 이번에 그를 데
려간 팀은 친정 팀인 미네소타였다. 블라일레븐은 두 팀에서 뛴 그
해 선발(37), 완투(24), 이닝(293.2), 탈삼진(206)에서 리그 1위를 휩
쓸고 평균자책점에서도 5위(3.16)에 올랐다. 하지만 이번에도 17승
16패에 그쳤다.

1986년 17승, 1987년엔 15승을 기록했다. 하지만 1986년 평균자
책점은 부상을 당해 4경기밖에 나서지 못한 1982년을 제외하면 데
뷔 후 처음으로 4점대를 넘었다. 1986년 50개를 맞아 메이저리그 신
기록을 세우고, 1987년에도 46개를 맞아 '2년간 96개'의 최고 기록
을 세운 피홈런이 문제였다. 블라일레븐은 원래부터 볼넷을 극도로
꺼리면서 '솔로 홈런은 맞아도 좋다'는 식의 공격적인 피칭을 했는
데, 당시 미네소타의 초기 메트로돔은 메이저리그에서 소문난 홈런
공장이었다. 그가 22년간 뛰면서 25개 이상 홈런을 내준 것은 이 두
시즌이 전부다.

돌아온 미네소타에서 블라일레븐은 행복했다. 특히 프랭크 바이
올라Frank Viola 같은 어린 선수들의 개인 교사 노릇을 하는 재미가
쏠쏠했다. 하지만 블라일레븐은 1988년 10승 17패 5.43의 최악의
시즌을 보낸 뒤, 시즌이 끝나고 에인절스로 트레이드됐다. 5번째이
자 생애 마지막 트레이드였다.

은퇴, 다시 미네소타로
모두가 끝났다고 생각한 1989년, 서른여덟 살의 블라일레븐은 에

미네소타
트윈스 시절의
버트 블라일레븐.
사진 Society for
American Baseball
Research

인절스에서 33경기에 나서 17승 5패 2.73을 기록하고 리그에서 가장 많은 완봉승(5)을 따냈다. 사이영상 투표 4위에 올랐으며, 올해의 재기 선수로 선정됐다. 하지만 이듬해 블라일레븐은 다시 추락했고, 다다음 해에는 어깨 수술을 받고 시즌을 완전히 날렸다.

1992년 8승 12패 4.74에 그친 후 에인절스에서 방출된 블라일레븐은 1993년 초청선수 자격으로 미네소타의 스프링캠프에 합류했다. 하지만 결국 개막전 로스터에 들지 못했고, 은퇴를 선언했다.

블라일레븐은 1996년부터 2020년까지 미네소타 전담 해설가로

3000K 4000K 5000K

활약하면서 미네소타 팬들의 큰 사랑을 받았다. 2007년 뉴욕 메츠와의 인터리그 경기에 앞서 블라일레븐은 미네소타의 에이스 요한 산타나와 '완봉승을 거두면 머리를 밀기로' 내기를 했다. 산타나는 2006년 트리플 크라운을 달성하면서도 2년 동안 완봉승이 없었기 때문에 충분히 해볼 만한 내기였다. 하지만 괴물 같은 산타나는 '9이닝 1탈삼진'의 맞춰 잡기를 한 끝에 기어코 완봉승을 거뒀고, 경기 후 더그아웃에서 블라일레븐의 머리를 직접 밀었다.

블라일레븐은 자주 감독과 프런트, 팬들과 충돌했고 툭하면 트레이드를 요구했다. 하지만 더그아웃에서는 그 누구보다도 쾌활했으며 특히 후배들을 아꼈다. '더그아웃의 악동'으로 악명이 높았던 그의 주특기는 동료가 다른 곳을 보고 있는 사이 그가 신고 있는 신발의 끈에 몰래 불을 붙이는 것이었다. 이로 인해 블라일레븐은 동료들 사이에서 '핫 풋hot foot'이라는 별명으로 불렸다.

커트 실링의 필라델피아 시절은 '불운'과 '고군분투'로 상징된다. 하지만 블라일레븐은 커리어 전체가 실링의 필라델피아 시절과 같았다. 물론 블라일레븐은 명예의 전당에 이름을 올림으로써 그 보상을 받게 됐다.

데니스 에커슬리, 1이닝 전문 마무리의 시작

**데니스 에커슬리가 타자에게 심어주려 한 것은 두려움이었다.
그는 그 일을 완벽하게 해냈다.** _토니 라루사

데니스 에커슬리 Dennis Lee Eckersley, 1954~

투수, 우투우타

활동 기간 1975~1998(24시즌)

1900년대 초 뉴욕 자이언츠의 존 맥그로 감독은 그동안 아무도 하지 않았던 일을 했다. 처음으로 경기 중간에 투수를 '의도적으로' 바꾼 것이다. 당시 투수 교체는 어쩔 수 없는 순간에만 일어났다. 완투는 선발투수의 자존심이었고, 교체는 불명예로 여겨졌다.

1904년 사이 영은 41경기에 선발로 나서 40번 완투했다. 그해 보스턴이 치른 157경기에서 투수 교체가 일어난 것은 9경기뿐이었다. 하지만 존 맥그로 감독은 처음으로 경기 후반을 지친 선발투수 대신 싱싱한 후보 투수에게 맡겼다. 전문 불펜 투수가 탄생한 순간이었다.

1950년대 후반 피츠버그 파이리츠의 대니 머토Danny Murtaugh 감독은 로이 페이스Roy Face라는 한 투수에게만 경기 마무리를 맡겼다.

최초의 전문 마무리 투수가 등장한 것. 초기 마무리 투수는 경기 중반 이후 조금이라도 승리 가능성이 있으면 마운드에 올랐고, 8회는 물론 7회, 심지어 6회에도 마운드에 올라 경기가 끝날 때까지 던졌다. 1974년 LA 다저스의 마이크 마셜은 마무리로만 106경기에 나서 규정 이닝을 넘어서는 208.1이닝을 던졌다.

1988년 오클랜드 어슬레틱스의 토니 리루사 감독은 또 하나의 새로운 생각을 해냈다. 마무리 투수를 철저히 '9회, 그리고 이기고 있는 상황'에서만 내보내기로 한 것. '1이닝 세이브'라는 라루사이즘 LaRussaism이 야구의 시스템을 바꿔놓는 순간이었다. 그리고 라루사 감독의 새로운 시도는 데니스 에커슬리를 통해 이뤄졌다.

스타터 Starter

1954년 캘리포니아주 오클랜드에서 태어나 성장한 데니스 에커슬리는 고교 졸업반인 1972년 드래프트에서 3라운드 50순위로 지명을 받고 클리블랜드 인디언스에 입단했다. 에커슬리는 풀타임 2년 만에 마이너리그를 졸업한 뒤, 1975년 스무 살 나이에 개막전 로스터에 이름을 올렸다.

10번의 불펜 등판에서 1점도 내주지 않은 에커슬리는 11번째 경기이자 선발 데뷔전에서 3안타 완봉승을 거뒀다. 상대는 훗날 자신의 운명을 바꿔놓은 팀인 오클랜드 어슬레틱스였다. 오클랜드를 다시 만난 12번째 경기에서도 1실점 완투승을 거뒀다. 그해 '데뷔 후 28.2이닝 연속 무실점'이라는 메이저리그 신기록을 세우고 13승 7패 2.60(평균자책점 리그 3위)의 뛰어난 성적을 올렸다.

1976년 13승 12패 3.43, 1977년에도 14승 13패 3.53의 인상적인

활약을 펼쳤다. 1976년에는 199.1이닝을 던지면서 200개 삼진을 잡아내 22세가 되기 전에 200탈삼진을 기록한 역대 8번째 선수가 됐다. 1977년에는 캘리포니아 에인절스를 상대로 1대 0의 노히트노런을 달성했다. 또 21이닝 연속 무피안타를 이뤄냄으로써 사이 영의 24이닝(1904년)에 이은 역대 2위 기록을 세웠다. 하지만 당시 포스트시즌에 도전할 의사가 없었던 클리블랜드는 선수 4명을 받는 조건으로 포수 프레드 켄들Fred Kendall(포수 제이슨 켄들의 아버지)과 에커슬리를 보스턴 레드삭스로 보냈다.

에커슬리는 보스턴에서의 첫해인 1978년을 개인 최고의 선발 시즌으로 만들었다. 35경기에 나서 16번 완투하며 20승 8패 2.99를 기록했다. 특히 팀이 뉴욕 양키스와 치열한 순위 싸움을 하던 마지막 4차례 등판에서 완봉승 3번을 포함해 4승 0.80을 기록하는 결정적 활약을 했다. 한편 양키스와 타이를 이룬 보스턴은 순위 결정을 위해 단판 승부를 치렀다. 하지만 그해 시즌 타율 0.243와 4홈런에 그쳤던 버키 덴트에게 그린몬스터를 넘어가는 홈런을 맞고 포스트시즌 진출이 무산됐다.

에커슬리는 1979년에도 17승 10패 2.99의 준수한 성적을 냈다. 하지만 이후 4.5년간 47승 52패 4.47로 부진하면서, 1984년 시즌 중반 시카고 컵스로 보내졌다. 보스턴이 에커슬리와 다른 한 명을 보내고 데려온 선수는 빌 버크너였다.

에커슬리는 이적 후 24경기에 선발로 나서 10승 8패 3.03을 기록하며 컵스의 1945년 이후 첫 포스트시즌 진출에 큰 힘을 보탰다. 그러나 월드시리즈 진출까지 1승을 남겨둔 챔피언십시리즈 3차전에서 5.1이닝 동안 5실점을 내주며 크게 부진했다. 결국 컵스는 2연승

후 3연패로 탈락했고 '염소의 저주'는 계속 이어졌다. 에커슬리와 유니폼을 바꿔 입은 빌 버크너는 공교롭게도 1986년 뉴욕 메츠와 격돌한 월드시리즈에서 통한의 알까기 실책을 범해 '밤비노의 저주'를 잇게 했다.

1985년에도 에커슬리는 11승 7패 3.08의 나쁘지 않은 활약을 했다. 하지만 어깨를 다쳐 데뷔 후 처음으로 부상자 명단에 올랐다. 여기에 폭음 문제까지 더해지면서 결국 주 무기인 강속구를 잃게 됐다. 1986년 6승 11패 4.57에 그쳤고, 시즌 후 오클랜드 어슬레틱스로 보내졌다. 이렇게 통산 376경기에서 151승 128패 3.67, 100완투 20완봉의 성적을 남기고 인생 제1막이 끝났다.

스토퍼Stopper

1987년 서른두 살의 데니스 에커슬리는 오클랜드 어슬레틱스의 롱릴리프 겸 셋업맨으로 시즌을 시작했다. 하지만 곧 주전 마무리 제이 하월Jay Howell이 부상을 당하는 운명적인 일이 일어났다. 하월을 대신한 에커슬리는 그해 16세이브 평균자책점 3.03을 기록하며 시즌을 마쳤고, 오클랜드는 아예 그에게 마무리를 맡기기로 결정했다.

시즌 후 토니 라루사 감독과 데이브 던컨Dave Duncan 투수코치는 에커슬리가 마운드에 오르는 조건을 '리드하고 있는 9회'로 한정했다. 당시까지만 해도 마무리는 8회는 물론 7회 등판도 허다한 상황이었다. 결과는 대성공이었다.

1988년 에커슬리는 당시 메이저리그 최고 기록(1986년 데이브 리게티Dave Righetti 46세이브)에서 1개 모자란 45세이브(2.35)를 올리며 마무리 시대의 화려한 막을 열었다. 사이영상 투표에서도 1위 표 하나를 얻어 프랭크 바이올라(24승 7패 2.64)의 만장일치 수상을 저지했다. 에커슬리는 경기당 1이닝에 거의 근접한 60경기 72.2이닝을 기록했다.

1989년 부상을 입고도 33세이브를 기록하며 평균자책점을 1점대(1.56)로 낮췄고, 1990년엔 48세이브(2블론)를 올리고 73.1이닝에서 단 5점의 자책점을 내주며, 이후 20년 넘게 1이닝 마무리 최고 기록으로 남는 평균자책점 0.61을 달성했다. 이는 2012년 페르난도 로드니Fernando Rodney가 0.60(74.2이닝 5자책), 다시 2016년 잭 브리튼 Zack Britton이 0.54(67이닝 4자책)로 경신했다.

1992년 에커슬리는 69경기에 나서 7승 1패 51세이브(3블론) 1.91을 기록해, 사이영상과 리그 MVP를 동시에 따낸 9번째 투수가 됐다. 마무리로서는 1981년 롤리 핑거스, 1984년 윌리 에르난데스에 이은 3번째였으며, 1이닝 전문 마무리로서는 최초였다. 또 그해 36연속 세이브에 성공해 메이저리그 신기록을 세웠다(훗날 톰 고든이 54연속, 에릭 가녜Eric Gagné가 84연속으로 경신했다). 1988년부터 1992년까지 5년간 에커슬리의 성적은 220세이브에 평균자책점 1.90, WHIP 0.79였다.

하지만 1992년은 에커슬리의 마지막 '철벽 시즌'이었다. 서른여덟 살이 된 그는 이후 3년간 4점대 평균자책점에 그쳤고, 1995년 시즌이 끝난 후 세인트루이스 카디널스로 트레이드됐다. 함께 세인트루이스로 자리를 옮긴 토니 라루사 감독과 데이브 던컨 투수코치가 그를 다시 부른 것이다.

세인트루이스에서 2년간 3점대 평균자책점을 기록하며 66세이브를 올린 에커슬리는 1998년 다시 보스턴 레드삭스로 돌아왔다. 그해 마무리 톰 고든에 앞선 셋업맨으로서 50경기에 등판했다. 시즌 마지막 등판은 호이트 빌헬름의 투수 역대 최다 등판 기록(1070)을 넘는 1071번째 등판이었다. 이후 제시 오로스코Jesse Orosco(1252)와 존 프랑코John Franco(1119), 마이크 스탠턴Mike Stanton(1178)이 에커슬리를 넘어섰지만, 이들은 처음부터 불펜 투수였던 선수들이며 원 포인트 릴리프(단 한 명의 타자를 상대하기 위해 마운드에 오르는) 등판을 많이 한 좌완들이다.

1999년 마흔네 살의 에커슬리는 25번째 시즌을 위해 보스턴과 마이너리그 계약을 맺었다. 3승 남은 통산 200승과 10세이브가 남은 통산 400세이브를 위해서였다. 하지만 메이저리그 진입에 실패하면서 결국 유니폼을 벗었다. 그가 마무리 투수로서 남긴 통산 성적은 48승 41패 390세이브 2.84였다.

파이어볼을 버리다

'선발 에커슬리'는 강속구에 사이드암 슬라이더를 장착한 파워 피처였다. '칠 수 있으면 쳐봐' 식의 과감한 몸 쪽 승부를 즐긴 그에게서, 당시 보스턴 감독이던 돈 짐머는 돈 드라이스데일을 떠올리기도 했다. 하지만 에커슬리는 어깨 부상을 입어 강속구를 잃게 된 뒤 피칭 스타일을 완전히 바꾸기로 결심했다. 그리고 최고의 제구력을 가진 투수가 됐다. 서른두 살 때 내린 결정이었다.

'마무리 에커슬리'는 볼넷을 허용했다는 소식이 지역 방송국의 속보로 전해질 정도로 완벽한 제구력을 뽐냈다. 1989년부터 1992년까지 4년간 그가 287이닝을 던지며 내준 '고의적이지 않은' 볼넷은 단 17개로, 연평균 4개꼴이었다. 1990년에는 48세이브를 거두는 동안 73.1이닝에서 41개 안타와 4개 볼넷만을 내줘(WHIP 0.61) 역사 상 세이브 수보다 출루 허용 수가 적은 유일한 투수가 됐다. 마무리 투수로서 최고의 전성기였던 1988년부터 1992년 사이, 9이닝당 9.46개 삼진을 잡아내고 0.95개 볼넷을 내줬으며(고의사구를 제외하면 0.65개) 평균자책점 1.90을 기록했다.

에커슬리는 강속구를 버리고 컨트롤을 얻었지만 자신감만은 버리지 않았다. 그는 의도적으로 높은 공을 던졌고, 타자들은 빠르지는 않지만 완벽히 제구된 높은 공에 방망이를 내 허공을 가르기 일쑤였다. 선발 시절에는 강력한 구위로 공격적인 피칭을 했다면, 마무리가 돼서는 칼날 같은 제구력으로 그렇게 했다.

에커슬리는 백도어 슬라이더를 처음으로 전면에 내세운 선수이기도 했다. 보통 우투수는 슬라이더를 우타자의 바깥쪽으로 도망가는 공으로 던지기 마련이다. 하지만 백도어 슬라이더는 좌타자의 바깥쪽으로 오다가 스트라이크존에 살짝 걸치는 공이다. 일반적인 슬라이더는 브레이크가 길면 볼이 되지만, 백도어 슬라이더의 경우는 가운데로 몰리는 실투가 된다. 이에 보통의 제구력과 강심장이 아니면 던질 수 없는 공으로, 랜디 존슨은 양키스에 입단한 뒤 백도어 슬라이더를 던졌다가 큰 낭패를 본 바 있다.

커크 깁슨의 한 방

데이브 던컨 투수코치가 '사자의 심장'을 갖고 있다고 말한 데니스 에커슬리는 포스트시즌에도 강했다. 마무리로 나선 통산 27경기에서의 성적은 15세이브(2블론) 2.05였다. 볼넷 역시 30.2이닝을 던지는 동안 단 3개를 내줬다. 하지만 우리가 가장 많이 볼 수 있는 장

데니스 에커슬리. 사진 MLB 네트워크 제작 다큐멘터리 'Eck: A Story of Saving' 캡처

면은 그가 패배자가 된 1988년 월드시리즈다.

그해 월드시리즈는 모든 면에서 전력이 앞선 '골리앗' 오클랜드 어슬레틱스와 전력상 열세인 '다윗' LA 다저스 간의 대결로 불렸다. 오클랜드는 챔피언십시리즈에서 로저 클레먼스가 버틴 보스턴을 4연승으로 돌려세웠고, 에커슬리는 4경기 모두에서 무실점 세이브를 따냈다. 반면 다저스는 오렐 허샤이저의 역투에 힘입어 챔피언십시리즈에서 뉴욕 메츠를 최종전 끝에 겨우 꺾었다.

다저스타디움에서 벌어진 월드시리즈 1차전. 호세 칸세코가 만루 홈런을 날린 오클랜드는 9회 말 마지막 수비를 남겨두고 4대 3으로 앞선 가운데 마운드에는 에커슬리가 올라와 있었다. 승부는 끝난 듯 보였다. 첫 두 타자를 범타로 처리한 에커슬리는 아웃카운트 1개를 남겨두고 놀랍게도 볼넷을 내줬다. 그러자 다저스의 토미 라소다 감독은 무릎 부상을 입어 제대로 뛰기조차 힘든 그해 리그 MVP 커크 깁슨을 대타로 내보냈다.

패스트볼만 7개 던져 볼카운트 3볼 2스트라이크를 만든 에커슬리는 자신의 전매특허를 꺼내 들었다. 백도어 슬라이더였다. 하지만 커크 깁슨의 방망이는 매섭게 돌아갔고, 공은 펜스를 넘어 끝내기 홈런이 됐다. 1차전에서의 충격적인 패배를 이겨내지 못한 오클랜드는 결국 시리즈 1승 4패로 무릎을 꿇었다. 에커슬리는 시리즈의 남은 경기에서 더 이상 모습을 드러내지 않았다. 깁슨이 절룩거리며 그라운드를 도는 사이 에커슬리가 고개를 숙인 모습은 아직도 가장 극적인 월드시리즈 장면 중 하나로 남아 있다.

1989년 에커슬리는 다시 챔피언십시리즈에서 3세이브를 따냈고, 샌프란시스코 자이언츠와 맞붙은 월드시리즈에서도 2경기 무실점을 기록해 팀의 우승을 이끌었다. 우승이 확정된 순간 마운드에 있었던 투수 역시 그였다. 하지만 지금도 에커슬리를 대표하는 장면은 커크 깁슨에게 맞은 피홈런이다.

메이저리그 역사상 선발 20승 시즌과 50세이브 시즌을 모두 달성한 투수는 에커슬리와 존 스몰츠 둘밖에 없다. 150승 150세이브 역시 에커슬리(197승 390세이브)와 스몰츠(213승 154세이브) 둘뿐이다.

1이닝 전문 마무리를 만들어낸 사람은 토니 라루사 감독이다. 하지만 임무를 완벽히 수행한 에커슬리가 없었더라면 그 흐름은 몇 년 더 뒤로 미뤄졌을지도 모른다. 선발과 불펜에서 모두 성공을 거둔 에커슬리는 명예의 전당 입회 자격을 얻은 첫해인 2004년, 83.2퍼센트의 높은 득표율을 기록하며 입성했다.

1990년대 몬스터들

1990년대 메이저리그는 격동기였다. 1994년에 선수 파업으로 리그가 중단됐다. 포스트시즌이 열리지 못한 건 1904년 이후 처음이었다. 이듬해 144경기 체제로 리그가 재개됐다. 그러나 환영받지 못했다. 팬들은 자신들의 이익만 좇은 이기적인 리그를 외면했다. 경기당 3만 명이 넘었던 평균 관중 수는 2만 5000명으로 감소했다. 메이저리그의 위기였다.

버드 셀리그 커미셔너는 메이저리그의 인기를 회복하기 위해 모든 방법을 동원했다. 와일드카드가 생긴 데 이어 내셔널리그와 아메리칸리그가 맞붙는 인터리그 경기가 도입됐다. 1998년에는 애리조나 다이아몬드백스와 탬파베이 데블레이스가 창단됐다.

하지만 팬들의 발걸음을 돌린 건 결국 선수들이었다. 1990년대는 뛰어난 투수들이 대거 등장했다. 그레그 매덕스와 톰 글래빈, 랜디 존슨, 페드로 마르티네스 등은 이름만으로 가슴을 뛰게 하는 선수들이다. 이 장에서는 그들의 이야기를 만나볼 수 있다.

그레그 매덕스, 제구의 마술사

나는 그레그 매덕스 같은 투수가 되고 싶었다. _돈 서턴

그레그 매덕스 Gregory Alan Maddux, 1966~

투수, 우투우타

활동 기간 1986~2008년(23시즌)

로저 클레먼스, 그레그 매덕스, 랜디 존슨, 페드로 마르티네스. 1990년대를 대표하는 4명 중에서 매덕스는 성격이 다른 투수였다. 매덕스는 파워 피처가 아니었고 탈삼진을 목적으로 하지 않았다.

매덕스가 파워를 포기하고 얻은 것은 역대 최고의 꾸준함이었다. 740경기에 선발로 나서 5008.1이닝을 던지며 355승을 거뒀다. 라이브볼 시대 투수 중 놀란 라이언(773)과 돈 서턴(756) 다음으로 많은 선발 등판에 나서, 워런 스판(363) 다음으로 많은 승수를 따냈으며, 5000이닝을 돌파한 7명 중 하나가 됐다(필 니크로, 라이언, 게일로드 페리, 서턴, 스판, 스티브 칼턴). 그 7명 중에서 조정평균자책점과 승률은 매덕스가 가장 좋다. 또 유일하게 1000개 미만 볼넷을 기록했다

(999볼넷).

피칭 사이언티스트

콜로라도 로키스의 마무리 휴스턴 스트리트Huston Street는 시간이 날 때마다 어렸을 때부터 모은 녹화 테이프를 봤다. 화면 속 주인공은 좋아하는 영화배우가 아니라 그레그 매덕스다. 매덕스가 타자를 잡아내는 과정이 어느 영화보다 흥미진진하다고 한 스트리트는 매덕스를 '사이언티스트scientist'라고 불렀다.

매덕스가 완벽하게 마스터한 구종은 포심 패스트볼, 투심 패스트볼, 컷패스트볼, 서클 체인지업, 슬라이더, 스플리터, 싱커, 커브 여덟 가지였다. 이들은 다시 속도와 궤적을 달리하며 들어온다. 매덕스가 한 경기에서 같은 공을 같은 코스, 같은 속도로 던진 경우는 거의 없다. "매덕스가 80개 공을 던지면 그날 던진 공의 종류는 80가지"라는 말은 단순한 농담이 아니었다.

그를 대표하는 이미지는 '컴퓨터' 제구력이다. 그에게 스트라이크존은 홈플레이트의 양쪽 끝만 해당했다. 매덕스는 총 출장 경기 중 32퍼센트에서 무볼넷을 기록했고, 31퍼센트 경기에서는 볼넷 1개만 내줬다. 볼넷을 3개 이상을 허용한 경기는 17퍼센트에 불과했다. 게다가 볼넷의 18퍼센트는 고의사구로, 고의사구 비중이 그보다 높은 투수는 없다. 9이닝당 볼넷 수는 1.795개이지만, 고의사구를 제외하면 1.477개가 된다. 1900년 이후 9이닝당 볼넷 1위는 1.589개를 기록한 크리스티 매튜슨이다. 하지만 1900년대 초반에는 고의사구가 극히 드물었음을 고려하면, 매덕스의 순수 볼넷 허용률은 매튜슨을 넘어서는 역대 최고 기록일 가능성이 높다.

전설적인 제구력의 투수는 과거에도 많았다. 백인이었다면 메이저리그 역사상 최고의 투수가 됐을지도 모르는 새철 페이지는 껌종이를 홈플레이트 삼아 던지곤 했다. 하지만 역사상 이렇게 많은 구종을 모두 완벽히 제어할 수 있었던 투수는 없었다. 매덕스는 눈을 감은 포수의 미트에 그대로 공을 꽂아 넣은 적도 있다.

매덕스가 던진 최고의 구종은 투심이었다. 그는 메이저리그에 투심 열풍을 몰고 온 장본인으로, 구속보다 무브먼트가 더 중요하다는 사실을 어릴 때부터 알고 있었다. 이에 그는 93마일 포심 대신 89마일 투심을 택했다.

손가락을 통해 다양한 변화를 만들어내는 매덕스표 투심의 무브먼트는 다른 투심들과는 차원이 달랐다. 그것은 패스트볼fastball이 아니라 '빠른 변화구'(fast breaking ball)였다. 그가 가장 중요하게 생각한 개인 훈련은 손가락의 악력을 기르는 것으로, 그가 던지는 투심의 원동력은 바로 손가락의 힘과 기술에서 나왔다. 그의 투심은 좌타자가 '몸 쪽으로 오는구나'라는 생각이 드는 바로 그 순간, 바깥쪽으로 급격히 휘어져 나갔다. 한편 그의 공은 무브먼트가 대단히 심해서 포수가 어떻게 잡느냐에 따라 스트라이크가 되기도 하고 볼이 되기도 했다. 이에 매덕스는 에디 페레스Eddie Perez나 폴 바코Paul Bako 등 미트질이 좋은 포수를 전담 포수로 삼았다.

1990년대 초반 그의 투심 구사 비율은 75퍼센트에 달했다. 하지만 나이가 들고 구속이 떨어진 뒤 구종 다양화라는 새로운 전략을 택했다. 특히 딕 폴Dick Pole 투수코치에게 배웠지만 그동안 던질 필요가 없었던 컷패스트볼을 1995년부터 본격적으로 던지기 시작한 것이 롱런에 큰 밑거름이 됐다. 좌타자들에게 몸 쪽을 파고드는 커터와 바깥쪽으로 흘러나가는 투심, 그리고 서클 체인지업의 조합은 그야말로 끔찍한 악몽이었다.

구속 변화, 제구력, 무브먼트와 함께 그의 피칭을 대표하는 마지막 단어는 수 싸움이다. 타자들은 그와 대결하고 나면 자신의 머릿속이 난도질당한 것 같은 느낌을 받았다고 했다. 매덕스를 "외과의사"라고 표현한 토니 그윈의 기준에서 보면, 그는 뇌수술 전문의다. 웨이드 보그스는 매덕스가 마치 글러브 안에 수정공을 숨겨놓고 타자들의 생각을 꿰뚫어보고 있는 것 같다고 했다.

실제로 매덕스는 다른 투수들과 달리 볼 배합을 포수에게만 의지하지 않았다. 볼 배합의 비결은 단순했다. 너무 복잡하게 생각하지 않는 것. 타자들은 매덕스를 상대한다는 이유로 더 많은 생각을 하다가 그에게 말려들었다. 관찰력 역시 뛰어나, 그는 타석에 들어선 타자의 모습을 보고 어떤 공을 노리고 있는지 알아내곤 했다. 그가 역대 최다인 18개 골드글러브를 따낸 것도 자신이 던진 공이 어느 방향으로 향할지를 알고 있었던 덕분이다.

매덕스는 제구의 마술사이자 무브먼트의 전도사였다. 또 속도 조절의 천재이며 두뇌 피칭의 대가였다. 그리고 피칭을 예술로 승화시킨 마운드 위의 예술가였다.

은인들을 만나다

그레그 매덕스는 1966년 텍사스주 샌앤젤로에서 태어났다(데이비드 저스티스와 스티브 에이버리도 생일이 같은데, 셋은 공교롭게도 애틀랜타에서 함께 뛰었다). 매덕스는 공군 장교인 아버지를 따라 스페인 마드리드에서 세 살부터 일곱 살 때까지 보냈다. 여덟 살 무렵 아버지는 군을 제대하고 라스베이거스로 돌아와 MGM 그랜드 호텔 카지노의 딜러가 됐다.

매덕스는 소프트볼 선수로 20년간 활동한 아버지에게 야구와 함께 포커, 체스를 배웠다. 형 마이크 매덕스Mike Maddux(현 세인트루이스 투수코치)에 따르면, 아버지의 승부사 기질을 그대로 물려받은 매덕스는 어렸을 때부터 승산이 없는 승부는 아무리 꾀어도 하지 않았다고 한다.

열세 살 때 매덕스에게 운명적인 만남이 찾아왔다. 전직 메이저리그 스카우트 랠프 메더Ralph Meder였다. 지병 때문에 은퇴한 메더는 라스베이거스로 옮겨 와 어린 선수들을 가르치던 중이었는데, 매덕스도 제자가 됐다. 메더가 배출한 메이저리그 투수는 단 세 명, 매덕스 형제와 마이크 모건Mike Morgan이다. 하지만 이 셋이 메이저리그에서 뛴 시즌은 도합 60년에 이른다(그레그 23시즌, 모건 22시즌, 마이크 매덕스 15시즌).

랠프 메더가 매덕스에게 가르친 것은 숨은 비공이 아니었다. 오히려 피칭 교본의 1장 1절에 나올 만큼 뻔한 내용이었다. 메더는 있는 힘껏 공을 던지는 왜소한 체구의 매덕스에게 다가가 이렇게 말했다. "네 신체 조건상 그렇게 강하게 던지려고만 해서는 타자를 제압할 수 없을 게다." 그리고 힘을 빼고 정확한 위치에 집어넣는 훈련을 시키고 또 시켰다. 메더가 강조한 것은 '볼 같은 스트라이크'와 '스트라이크 같은 볼'이었다.

매덕스는 랠프 메더로부터 자신의 투수 인생을 지배하게 될 단어인 무브먼트라는 말을 처음 들었다. 하지만 잘 이해되지 않았다. 메더는 매덕스의 팔을 1시에서 2시 각도로 내리게 했다. 그리고 투심 패스트볼 그립을 가르쳐줬다. 그러자 공이 춤을 추기 시작했다. 그제 야 매덕스는 무브먼트의 의미를 깨달았다.

당시 매덕스는 또래 투수보다 빨리 배운 체인지업을 이용해 또래 타자들을 농락하고 있었다. 하지만 메더는 체인지업 금지령을 내렸 다. 그리고 "지금은 자신만의 패스트볼을 만들 때"라면서 지겹도록 패스트볼만 던지게 했다. 매덕스의 기초는 남들보다 더 탄탄히 다져 지고 있었다.

고교 졸업반이 된 1984년 매덕스는 네바다주에서 가장 돋보이는 투수가 됐다. 하지만 네바다주는 야구의 변방이었고, 그를 보러 찾아 오는 메이저리그 스카우트는 거의 없었다. 대학들도 매덕스에게 관 심을 기울이지 않았다. 프로필에 적혀 있는 신체 조건 때문이었다. 고교 시절 새로운 시즌이 시작될 때마다 매덕스의 어머니가 가장 먼 저 한 일은 받아온 유니폼을 줄여주는 것이었다.

그해 봄 시카고 컵스의 스카우트 더그 맵슨Doug Mapson은 구단으 로부터 매덕스를 보고 오라는 귀찮은 지시를 받았다. 컵스는 1년 전 같은 학교의 다른 투수를 스카우트하는 과정에서 매덕스라는 특이 한 존재를 알아냈다. 매덕스를 보고 맵슨은 실망했다. 스피드건과 스 톱워치를 갖고 여러 요소를 쟀지만 무엇 하나 마음에 드는 구석이 없었다. 패스트볼 구속도 84마일(135킬로미터)에 불과했다. 마치 배 트보이가 마운드에 올라와 공을 던지고 있는 것 같았다(장난에 일가 견이 있는 매덕스는 실제로 데뷔 첫해 가장 죽이 잘 맞은 선배 릭 섯클리 프Rick Sutcliffe와 함께 배트보이인 척하고 다니며 많은 상대 팀 선수와 구 장 관리인을 골탕 먹였다).

하지만 더그 맵슨의 생각은 점차 바뀌어갔다. 가장 먼저 눈에 들어온 것은 공을 너무도 쉽게 던지는 모습이었다. 경기장 이곳저곳을 다니며 매덕스의 피칭 동작을 살펴보니, 그보다 힘을 적게 들이고 던질 수 있는 투구 폼은 세상에 없을 것 같았다. 7회가 되자 맵슨은 또 한 번 놀랐다. 속도를 재보니 90마일이었다. 그제야 맵슨은 매덕스가 지금까지 전력 피칭을 하고 있지 않았음을 알았다.

더그 맵슨은 댈러스 그린 단장에게 매덕스를 뽑지 않으면 평생 후회하게 될 거라고 보고했다. 컵스는 맵슨을 믿기로 하고 결국 1984년 드래프트에서 자신들이 가진 두 번째 지명권(31순위)을 매덕스를 얻는 데 썼다.

자신이 메이저리그 팀의 선택을 받을 거라고는 꿈에도 생각하지 못한 매덕스는 드래프트 당일 하와이에서 졸업 여행을 즐기고 있었다. 그러나 매덕스라는 괴물을 창조해낸 '프랑켄슈타인 박사'는 그 기쁨을 누리지 못했다. 랠프 메더는 드래프트 1년 전에 세상을 떠나고 없었다.

1986년 9월 스물 살 나이에 메이저리그에 데뷔한 매덕스는 1987년 의기양양하게 풀타임 첫 시즌을 시작했다. 하지만 큰 낙담과 함께 그해 시즌을 마감했다(6승 14패 5.61). 실패를 견딜 수 없던 매덕스는 시즌 도중 감독에게 마이너리그로 보내달라고 하기도 했다.

매덕스에게 터닝포인트가 필요한 것을 눈치 챈 딕 폴 투수코치는 구단에 매덕스를 베네수엘라에서 열리는 윈터리그에 보내라고 요청했다. 그리고 자기도 따라나섰다. 폴 코치가 목표로 삼은 것은 완벽한 체인지업 장착과 몸 쪽 승부였다. 매덕스는 윈터리그에서 지겹도록 서클 체인지업만 던졌다. 그리고 이듬해 메이저리그에서 체인지업을 가장 잘 던지는 투수 중 한 명이 됐다.

딕 폴 코치는 매덕스에게 "삼진을 잡겠다는 생각을 하지 마라. 삼진은 우연한 산물이어야 한다"고 강조했다. 매덕스는 그 가르침을 철저히 따랐고, 타자를 잡아내는 데 공을 가장 적게 쓰는 투수가 됐다. 그리고 우연히 잡아낸 탈삼진을 차곡차곡 쌓아 역사상 19명뿐인 3000탈삼진 달성자가 됐다.

힘의 사용과 부상 위험성을 최소화한 투구 폼을 갖고 있는 데다 공도 적게 던지는 투수. 매덕스가 롱런한 것은 당연했다.

양키스를 거부하다

베네수엘라 특훈을 마친 그레그 매덕스는 완전히 달라져 있었다. 1988년 매덕스는 팀 최다승인 18승(8패 3.18)을 거뒀다. 그해 부임한 돈 짐머 감독은 '어깨는 쓸수록 단련된다'는 생각을 가진 사람이었다. 매덕스는 시즌 첫 등판에서 143구를 던지며 1대 0 완봉승을 거둔 다음, 134구 10이닝 완봉승, 167구 10.2이닝 완투패 등을 기록했다(내셔널리그에서 10이닝 완봉승이 다시 나온 것은 그로부터 17년 후인 2005년 세인트루이스의 마크 멀더Mark Mulder에 의해서였다). 짐머 감독의 혹사에도 매덕스는 고장 나지 않았다. 오히려 짐머 감독 때문에 자신이 선택한 길에 대해 더 큰 확신을 갖게 됐다.

1989년 19승, 1990년과 1991년에 각각 15승을 거둔 매덕스는 마침내 1992년 20승 11패 2.18의 성적을 내면서 첫 번째 사이영상을 따냈다. 타자들이 득점 지원을 제대로만 해줬다면 28승 6패를 기록할 수도 있었다. 특히 그해 마지막 등판에서 지구 우승 팀인 피츠버그를 상대로 완봉승을 따내고 정확히 시즌 20승을 채웠는데, 시카고 컵스 투수로는 1977년 릭 러셸Rick Reuschel 이후 15년 만이었다.

1988년부터 1992년까지 5년간 매덕스는 내셔널리그에서 가장 많은 승리와 완투, 이닝을 기록했다. 하지만 시카고 컵스는 FA가 되는 매덕스를 잡을 수 없었다. 1992년 7월에 일찌감치 컵스와 결별을 선언한 매덕스는 시즌 후 FA 시장에 나왔다. 매덕스에게 달려든 팀은 뉴욕 양키스와 애틀랜타 브레이브스였다.

양키스의 진 마이클Gene Michael 단장은 리스베이거스에 있는 매덕스의 집을 찾아가 함께 골프를 치는 등 온갖 정성을 쏟았다. 매덕스를 뉴욕으로 초대해 브로드웨이 뮤지컬을 함께 보고, 그가 만나고 싶어 했던 도널드 트럼프와의 자리도 마련했다. 양키스는 최초 제시액으로 5년간 3000만 달러를 불렀다. 가장 많은 액수였다.

매덕스의 에이전트인 스콧 보라스는 진 마이클 단장에게 전화를 걸어 5년간 3750만 달러를 주면 당장 사인하겠다고 했다. 마이클은 좀 더 시간을 달라고 했다. 보라스는 1시간 후 존 슈어홀츠John Schuerholz 애틀랜타 단장의 전화를 받았다. 보라스는 애틀랜타의 5년간 2800만 달러 제안과 양키스의 5년간 3400만 달러 제안을 들고 매덕스에게 갔다. 당연히 양키스행을 예상했지만 매덕스의 입에서 나온 말은 충격적이었다. 매덕스는 무려 600만 달러가 적은 애틀랜타를 택했다.

약체 컵스에서 지긋지긋한 패배와 싸워야 했던 매덕스는 월드시리즈 무대에 서고 싶었다. 당시 애틀랜타가 2년 연속 월드시리즈에 오른 강팀이었던 데 비해, 양키스는 6년간 4위 이상은 올라보지 못한 약팀이었다. 결국 매덕스는 우승 반지를 위해 애틀랜타를 택하면서 투수 최고 연봉자라는 타이틀도 포기했다.

애틀랜타 3인방 시대

애틀랜타 브레이브스의 강력한 전력은 그레그 매덕스의 어깨에 날개를 달아줬다. 매덕스는 1993년(20승 10패 2.36) 사이영상 2연패에 성공했고, 1994년(16승 6패 1.56)에는 역대 최초의 3연패 달성자가 됐다. 그리고 1995년(19승 2패 1.63) 다시 최초의 4연패에 성공했다. 또 1994~1995년에 걸쳐 샌디 코팩스 이후 처음으로 2년 연속 만장일치 사이영상 수상자가 됐다. 매덕스는 등판과 이닝에서 5연패를 거두고, 평균자책점과 WHIP, 완투에서 3년 연속 1위에 오르며 내셔널리그를 완벽히 지배했다.

1994년과 1995년은 매덕스의 최고 전성기였다. 2년간 53경기에 나서 20번 완투했고, 35승 8패(승률 0.814) 1.60을 기록했다(6완봉, 피안타율 0.201, WHIP 0.85). 1994년에 기록한 평균자책점 1.56은 1968년 밥 깁슨이 1.12를 기록한 이후 두 번째로 좋은 기록이었으며(1985년 드와이트 구든 1.53), 1995년에 기록한 평균자책점 1.63은 리그 평균(4.18)보다 무려 2.55가 낮은 것이었다. 또 2년 연속 1점대 평균자책점은 우완 투수로서는 1918~1919년의 월터 존슨 이후 처음이었다. 62퍼센트에 달하는 33경기에서 8이닝 이상 던졌으며, 경기당 7.2이닝을 소화했다. 1994년 7월 3일부터 1995년 시즌 종료까지는 원정 경기 18연승(20경기 18승 0.99)이라는 메이저리그 기록을 세우기도 했다.

그러나 매덕스가 불행했던 것은 1994년과 1995년이 선수노조의 파업으로 인한 단축 시즌이었다는 것이다. 파업 때문에 17경기를 잃어버림으로써, 매덕스는 달성이 가능했던 무수한 대기록들을 놓쳤다. 당시 파업을 주도한 선수노조의 대표는 팀 동료인 톰 글래빈이었다.

이후에도 사이영상급 활약은 계속됐는데, 매덕스에게 최대 위기가 찾아온 때는 1999년이었다. 그해 메이저리그는 스트라이크존을 위로 올리는 조치를 단행했다. 그러면서 그의 평균자책점은 전해 2.22에서 3.57로 치솟았다(톰 글래빈도 2.47에서 4.12로 올랐다). 매덕스는 이듬해 3.00을 기록하며 회복했지만 이전의 강력함은 되찾지 못했다(2000년 9월 14일 플로리다 말린스를 상대로 89개 공을 던져 완봉승을 거뒀다).

그즈음 등장한 퀘스텍QuesTec 시스템(최초의 투구 추적 시스템)도 발목을 잡았다. 주심들은 매덕스의 제구력을 전적으로 신뢰했고, 애매한 공이 들어오면 일단 손을 올리고 봤다. 하지만 기계가 등장한 이후 매덕스의 스트라이크에 대해 대단히 인색해졌다. 매덕스는 퀘스텍이 도입된 2003년, 평균자책점이 전해 2.62에서 3.96으로 치솟았고, 2004년 이후로는 4점대 밑으로 떨어지지 않았다.

1995년 매덕스는 처음으로 월드시리즈에 나서 우승 반지를 따냈다. 이때까지만 해도 그의 선택은 옳아 보였다.

1996년 다시 월드시리즈에 오른 매덕스의 앞에 양키스가 나타났다. 매덕스는 2차전에서 8이닝 무실점으로 승리하면서 팀의 2연승을 이끌었다. 하지만 애틀랜타는 3차전에서 충격적인 역전패를 당하고 결국 4연패로 준우승에 그쳤다. 매덕스도 6차전에서 7.2이닝 동안 3실점을 해 패전을 안았다.

1999년 애틀랜타는 월드시리즈에서 양키스와 재격돌했다. 매덕스는 1차전에서 7회까지 무실점 호투를 해 팀의 1대 0 리드를 이끌었다. 그러나 8회 초 안타, 볼넷, 실책으로 내준 무사 만루에서 데릭 지터에게 동점 적시타를 맞고 내려와 패전 투수가 됐다. 애틀랜타는 또 한 번 양키스에 4연패로 무릎을 꿇었다.

매덕스에게 퇴짜를 맞은 양키스는 1996년부터 2000년까지 5년 간 4차례 월드시리즈 우승을 차지했다. 그리고 그중 2차례는 애틀랜 타를 꺾은 것이었다. 만약 매덕스가 양키스를 선택했다면 그가 가진 우승 반지 수는 1개가 아니라 4개가 됐을지도 모른다.

기록을 넘어서

2002년 시즌이 끝난 후 그레그 매덕스는 톰 글래빈과 함께 FA 자 격을 얻었다. 글래빈과의 계약을 포기한 애틀랜타는 매덕스도 잡지 않을 생각으로 연봉 조정 신청을 했다. 하지만 매덕스는 예상과 달 리 이를 받아들였다. 지출 계획에 큰 차질이 생긴 애틀랜타는 부랴 부랴 투수 케빈 밀우드Kevin Millwood를 필라델피아로 트레이드했다.

2003년 매덕스는 16승(11패)을 거뒀지만 평균자책점은 1988년 이후 가장 나쁜 3.96에 그쳤다. 결국 매덕스는 애틀랜타 역대 6위 에 해당하는 194승을 거두고 애틀랜타에서 나왔다(3위 톰 글래빈, 244승, 4위 존 스몰츠 210승).

매덕스를 데려간 팀은 2003년 챔피언십시리즈에서 파울볼 사건* 이 일어나 '염소의 저주'를 풀지 못한 친정 팀 시카고 컵스였다(3년 간 2400만 달러). 하지만 매덕스와의 계약 기간 동안 컵스는 포스트 시즌에 진출하지 못했다. 매덕스는 애틀랜타에서 뛴 11년 동안 파업 으로 가을 야구가 취소된 1994년을 제외한 모든 시즌에서 포스트시 즌에 올랐었다. 반면 컵스에서 뛴 10년 동안은 1989년 한 차례 진출 하는 데 그쳤다.

매덕스는 2006년 중반 LA 다저스로 이적한 후 다시 샌디에이고로 옮겼다가 또 한 번 다저스로 돌아온 과정에서 2006년과 2008년 두 차례 다저스 유니폼을 입고 포스트시즌에 나섰다. 하지만 활약은 미미했고 반지는 얻지 못했다(포스트시즌 통산 35경기 11승 14패 3.27). 2008년 매덕스는 1987년 풀타임 첫 시즌 이후 처음으로 10승에 실패했다. 그리고 유니폼을 벗었다.

은퇴 후 매덕스는 2013년 WBC에서 미국 팀의 투수코치를 맡았고, 2014년 입회 자격이 주어진 첫해 투표에서 97.2퍼센트 득표율을 기록하며 톰 그래빈, 프랭크 토머스(모두 첫해)와 함께 명예의 전당에 입성했다. 이후 고향으로 내려가 네바다대에서 투수코치로 활동하고 있다.

사이 영의 15년 연속 15승과 19년 연속 10승은 통산 511승과 함께 난공불락으로 여겨졌다. 하지만 그레그 매덕스는 이를 17년 연속 15승과 20년 연속 10승으로 경신했다. 2005년의 13승과 2007년의 14승이 아니었다면 20년 연속 15승도 가능할 수 있었다. 이를 두고 한 칼럼니스트는 "칼 립켄 주니어의 연속 경기 출장에는 수많은 슬럼프와 부진했던 시즌들이 있었다. 하지만 매덕스는 그렇지 않았다. 이 때문에 나는 매덕스의 연속 기록이 더 가치 있다고 생각한다"고 했다.

매덕스는 기록 달성에 별 관심을 두지 않았다. 1995년 무볼넷 기록에 신경을 쓰다 투수인 조이 해밀턴Joey Hamilton에게 볼넷을 내줘 '51이닝 연속 무볼넷'이 중단된 후, 기록에 대한 집착을 완전히 버렸다. 2001년 매덕스는 '72.1이닝 연속 무볼넷'으로 내셔널리그 최

2008년 샌디에이고 파드리스 시절 42세의 그레그 매덕스. 사진 Dirk DBQ

고 기록인 크리스티 매튜슨의 68이닝 기록을 경신했다. 빌 피셔의 메이저리그 기록까지 남은 이닝은 12이닝이었다. 하지만 다음 등판에서 매덕스는 기록을 스스로 중단했다. 3회 1사 2루에서 스티브 핀리를 고의사구로 거른 것이다. 그에게는 기록보다 팀의 승리가 더 중요했다.

2002년 정규 시즌 마지막 경기에서 5회까지 55개 공을 던진 매덕스는 6회 마운드에 오르지 않았다. 디비전시리즈를 대비해 무리하지 않기 위해서였다. 아웃카운트 2개가 모자라 매덕스의 시즌 200이닝 연속 기록은 14년 연속을 끝으로 대단원의 막을 내렸다. 더도 말고

1990년대 몬스터들

1이닝만 더 던졌다면, 매덕스는 사이 영이 가진 '19년 연속 200이닝'과 타이를 이룰 수 있었다.

매덕스는 풀타임 두 번째 해인 1988년부터 2008년 은퇴할 때까지 21년간 연평균 230이닝을 던졌다. 같은 기간 그는 2위 투수인 톰 글래빈보다 35경기에 더 나서 458.2이닝을 더 던졌다. 그가 메이저리그에서 23년간 뛰면서 부상자 명단에 오른 것은 단 한 번뿐이었다.

* 2003년 파울볼 잡은 컵스 팬: *2003년 시카고 컵스와 플로리다 말린스가 맞붙은 내셔널리그 챔피언십시리즈. 5차전까지 3승을 거둔 컵스는 10월 14일 리그리필드에서 열린 6차전에서 마크 프라이어가 7이닝 무실점의 활약을 펼쳐 3대 0으로 앞서 있었다. 8회 초 1사 2루에서 프라이어는 루이스 카스티요에게 뜬공을 유도했고, 컵스의 좌익수 모이지스 알루Moises Alou가 공을 잡기 위해 왼쪽 외야석으로 쫓아갔다. 알루는 펜스에 뛰어올라 관중석으로 글러브를 뻗었고 동시에 팬들도 파울볼을 잡기 위해 손을 내밀었다. 공은 한 청년의 손을 맞고 관중석 안으로 튕겨지면서 파울이 됐다. 알루는 격한 반응을 보였지만, 심판은 공이 관중석 안으로 들어간 상태였다며 '관중 방해'를 선언하지 않았다.*

이후 마크 프라이어가 흔들리면서 폭투와 안타를 연속으로 헌납해 컵스는 8회 초에만 8점을 내줬다. 다 잡았던 6차전이 3대 8로 뒤집히고 7차전에서도 패하면서 청년은 순식간에 컵스 팬들 사이에서 패배의 주범으로 몰렸다. 나중에 모이지스 알루도 자신이 잡기 힘든 공이었다는 점을 인정했지만, 평범한 직장인이었던 청년은 계속 위협에 시달렸고 한동안 저주의 상징으로 남았다.

톰 글래빈, 바깥쪽 승부 능력

야구를 향한 나의 열정은 스피드건에 찍히지 않는다. _톰 글래빈

톰 글래빈 Thomas Michael "Tom" Glavine, 1966~

투수, 좌투좌타

활동 기간 1987~2008(22시즌)

2010년 1월 랜디 존슨이 은퇴를 선언했다. 한 달 뒤 톰 글래빈도 은퇴를 선언했다. 둘은 1990년대를 양분한 최고의 좌완들이었다.

1966년 보스턴 근교 콩코드에서 태어난 글래빈은 보스턴 레드삭스와 보스턴 브루인스(NHL 아이스하키), 보스턴 셀틱스(NBA 농구)와 뉴잉글랜드 패트리어츠(NFL 미식축구)의 팬으로 자랐다.

고교 시절 글래빈은 야구에서는 투수 겸 외야수로, 아이스하키에서는 센터로 두각을 나타냈다. 특히 졸업반 때는 아이스링크에서의 활약이 더 좋았는데, 23경기에 나서 47골 47어시스트를 기록하는 돌풍을 일으켰다. 글래빈은 1984년 애틀랜타 브레이브스로부터 2라운드 47순위, NHL LA 킹스로부터 4라운드 69순위 지명을 받았다.

이때까지만 해도 그는 아이스하키 쪽으로 마음이 기울어져 있었다.

하지만 애틀랜타가 절대로 놓치지 않겠다며 적극적으로 달려든 반면, LA 킹스는 '대학에 가도 좋다'는 식의 태도를 보이자 글래빈은 애틀랜타를 선택했다. 여기에 야구에서 좌투수가 갖는 이점, 아이스하키 센터로서는 왜소한 체구, 아이스하키의 거친 몸싸움에 대한 부모님의 반대도 야구를 선택한 요인이 됐다(글래빈의 아이스하키 실력은 이후 4개 실버슬러거를 따낸 타격 실력으로 전환됐다).

1990년대 애틀랜타 마운드

1987년 8월 스물한 살 나이에 메이저리그에 데뷔한 톰 글래빈은 풀타임 첫해인 이듬해 7승 17패 4.56을 기록하며 고전했다. 특히 첫 24경기에서 성적은 3승 13패 5.51에 그쳤다. 1990년까지 풀타임 첫 3년간의 성적은 31승 37패 4.19였다. 하지만 글래빈은 조금씩 피칭의 본질을 깨달아가고 있었다.

그러던 1991년 돌파구를 열어줄 사람이 나타났다. 리오 마조니 Leo Mazzone 투수코치였다. 마조니 코치와의 작업을 통해 글래빈은 자신만의 피칭을 완성해나갔다.

1985년부터 1990년까지 6년간 꼴찌(4회) 아니면 뒤에서 두 번째 (2회)에 있던 애틀랜타 브레이브스는 1991년 전년도 리그 최하위에서 1위로 점프하는 돌풍을 일으켰다. 글래빈은 첫 20승(11패 2.55)을 거두고 팀에 1957년의 워런 스판 이후 첫 사이영상을 가져왔다. 여기에 18승을 거둔 스물한 살의 스티브 에이버리, 포스트시즌에서 대활약을 한 존 스몰츠가 가세하면서 1990년대 애틀랜타 마운드의 근간이 완성됐다.

1992년 글래빈은 마지막 7경기에서 1승 5패 4.21에 그쳐 크게 부진했는데도 2년 연속 20승(8패 2.76)에 성공했다. 사이영상 투표에서 글래빈보다 더 많은 표를 받은 선수는 시카고 컵스의 에이스 그레그 매덕스(20승 11패 2.18)뿐이었다. 시즌 후 FA가 된 매덕스는 더 좋은 조건을 제시한 양키스 대신 전력이 더 강한 애틀랜타를 선택했다. 비틀즈는 존 레논을 얻었다.

질주, 두 번의 사이영상

1993년 톰 글래빈은 3년 연속 20승(22승 6패 3.20)에 성공했으며, 그레그 매덕스(20승 10패 2.36)와 샌프란시스코의 빌 스위프트(21승 8패 2.82)에 이어 사이영상 3위에 올랐다. 글래빈, 매덕스, 존 스몰츠, 스티브 에이버리로 이뤄진 애틀랜타 4인방은 팀의 104승 중 75승을 책임졌다.

1994년 선수노조의 파업이 일어났다. 시즌은 중단됐고 처음으로 월드시리즈가 취소됐다. 선수노조 대표로서 큰 중압감을 느낀 글래빈은 부진한 시즌을 보냈고(13승 9패 3.97), 이듬해 시즌이 재개되고도 한동안 가는 곳마다 야유를 받으며 마운드에 올라야 했다. 1995년 클리블랜드 인디언스와 격돌한 월드시리즈에서 글래빈은 2차전(6이닝 2실점)과 6차전(8이닝 무실점)을 승리로 이끌면서 팀에 1957년 이후 첫 우승을 안기고 MVP가 됐다.

이후 그레그 매덕스에 가려 2인자 생활을 이어오던 글래빈이 다시 한 번 돌파구를 연 때는 1998년이었다. 커터를 장착한 글래빈은 4번째 20승(6패 2.47)에 성공했다. 사이영상 투표에서 글래빈은 1위 표 11장을 얻어 13장을 얻은 트레버 호프먼에게 뒤졌지만, 총점에서 앞서 두 번째 사이영상을 수상했다.

순탄할 것 같았던 글래빈에게 1999년 큰 위기가 찾아왔다. 사무국이 투고타저를 해소하기 위해 스트라이크존을 위로 끌어올린 것이다. 제구력으로 승부하는 모든 투수가 위기에 봉착했지만, 특히 바깥쪽 낮은 모서리의 '꼭짓점'을 잃어버린 글래빈이 가장 큰 피해를 입었다. 그의 평균자책점은 1998년의 2.47에서 4.12로 치솟았다. 1990년 이후 첫 4점대 시즌이었다.

많은 사람이 그의 시대는 끝났다고 생각했다. 하지만 불과 1년 만에 글래빈은 새로운 스트라이크존에 완벽히 적응한 모습으로 돌아왔다. 2000년 글래빈은 마지막 20승을 거뒀으며(21승 9패 3.40) 사이영상 투표에서 랜디 존슨에 이어 2위에 올랐다.

2002년 그레그 매덕스보다 더 좋은 성적을 낸 글래빈은 매덕스를 제치고 샌프란시스코 자이언츠와의 디비전시리즈에서 1차전 선발을 맡았다. 하지만 글래빈은 선발 2경기에서 5이닝 6실점과 2.2이닝 7실점의 끔찍한 피칭을 했다. 결국 애틀랜타는 샌프란시스코 자이언츠에 2승 3패로 패했는데, 그 때문에 패한 시리즈라고 해도 과언이 아니었다.

그해 말 동시에 FA로 풀린 그레그 매덕스와 글래빈 중에서 글래빈을 잡을 생각이었던 애틀랜타는 이 부진을 빌미로 글래빈에게 1년간 900만 달러라는, 수모에 가까운 제안을 했다. 이후 '3년간 2700만 달러'까지 끌어올렸지만, 이미 자존심에 씻을 수 없는 상처를 입은 글래빈은 '옵션 포함 4년간 3850만 달러'를 내건 뉴욕 메츠를 선택했다.

애틀랜타에서 글래빈은 항상 그레그 매덕스보다 낮았던 연봉에

한 번도 불만을 드러내지 않았다. 그러면서 1000만 달러 연봉을 받아본 적도 없었다(글래빈이 벌어들인 1억 3000만 달러 중 5000만 달러는 메츠가 지급한 것이다). 최대 라이벌 팀으로 갔는데도, 그런 글래빈을 애틀랜타 팬들은 비난할 수 없었다.

메츠, 곤경

뉴욕 메츠에서 톰 글래빈은 큰 어려움을 겪었다. 첫해인 2003년(9승 14패 4.52)은 1988년 이후 최악의 시즌이었으며, 2004년에는 공항에서 택시를 타고 셰이스타디움으로 가던 중 교통사고가 나 어깨를 다치면서 좋았던 페이스를 잃어버렸다.

메츠 타자들과의 궁합도 좀처럼 맞지 않다. 글래빈이 잘 던지는 날 메츠 타자들은 침묵했고, 타자들이 잘 치는 날에는 그가 무너졌다. 애틀랜타에서의 마지막 12년간 연평균 17승(225이닝)을 올렸던 글래빈인데, 뉴욕 메츠에선 5년간 연평균 12승(201이닝)에 그치고 더 많은 승리를 따낼 수 있는 기회를 놓쳤다.

특히 메츠 유니폼을 입은 글래빈이 친정 팀을 상대로 한 9경기에서 1승 8패 8.81의 난타를 당하는 장면은 많은 애틀랜타 팬을 더욱 안타깝게 만들었다. 글래빈은 이후 애틀랜타전 5경기에서 평균자책점 0.94를 기록하며 반전에 성공했지만, 메츠 타선이 도와주지 않으면서 2승(1패)을 얻는 데 그쳤다.

글래빈은 메츠의 기대를 충족시켜지 못했다. 큰 기대를 하기에는 그는 너무 늦게 메츠에 왔다(37세). 그럼에도 메츠는 글래빈에게 정성을 다했는데, 프레드 월폰 구단주의 아들 제프 월폰Jeff Wilpon이 가장 좋아한 선수가 바로 그였기 때문이다. 메츠는 글래빈이 언제든

2007년 8월 6일 시카고 컵스와의 경기에서 300승을 거둔 톰 글래빈.

사진 MLB 유튜브 캡처

지 애틀랜타로 돌아갈 수 있도록 배려했다.

통산 290승을 기록하며 2006년 시즌을 끝낸 글래빈은 메츠와의 상호 옵션을 파기했다. 애틀랜타 유니폼을 입고 300승을 올리기 위해서였다. 하지만 애틀랜타에서는 아무런 제안도 오지 않았다. 할 수 없이 메츠와 다시 1년 계약을 맺은 글래빈은 결국 2007년 8월 6일 메츠 유니폼을 입고 300승을 달성했다. 역대 23번째이자 좌완으로서는 5번째 300승이었다.

2008년 마흔두 살의 글래빈은 드디어 애틀랜타 복귀의 꿈을 이뤘다. 하지만 13경기에 나서 2승 4패 5.54에 그쳤고, 부상을 입어 시즌을 일찍 마감했다. 2009년 글래빈은 애틀랜타와 다시 계약을 맺었지만, 복귀를 앞두고 방출을 당하는 또 한 번의 충격을 경험했다. 돈을 아끼기 위해 단행한 애틀랜타의 처사는 너무도 냉혹했다(애틀랜타는 글래빈이 로스터에 들면 100만 달러를 줘야 했다). 그렇게 그의 시대는 막을 내렸다.

글래빈은 팀에서는 그레그 매덕스, 좌완 투수로서는 랜디 존슨에게 가려 항상 2인자 생활을 했다. 하지만 그는 지난 40년간 로저 클레먼스(6회)에 이어 두 번째로 많은 20승(5회)을 달성한 투수다(랜디 존슨 3회, 그레그 매덕스 2회). 또 워런 스판(17회), 스티브 칼턴(16회), 에디 플랭크(15회)에 이어 200이닝 시즌을 역대 4번째로 많이 만들어낸 좌완 투수다(랜디 존슨과 14회 동률). 메이저리그 역사상 그(5회)보다 다승왕에 더 많이 오른 투수는 스판(8회), 피트 알렉산더(6회), 밥 펠러(6회) 셋뿐이다(사이 영과 월터 존슨 5회 동률).

Outside Master

빠른 공을 가진 많은 좌완이 '제2의 랜디 존슨'에 도전한다. 하지만 비슷한 투수조차 나오지 않고 있다. 느린 공을 가진 훨씬 더 많은 좌완이 '제2의 톰 글래빈'에 도전한다. 하지만 그런 투수 역시 나오지 않고 있다.

글래빈은 '바깥쪽 지배자'였다. 그가 던지는 몸 쪽 공은 바깥쪽을 위한 셋업 피치(투수가 자신의 아웃 피치, 즉 결정구를 던지기 직전 타자를 유인해놓는 공)일 뿐이었다. 최고의 무기인 서클 체인지업 역시 바깥쪽 모서리에 살짝 걸치도록 던졌다(전성기 때는 바깥쪽 공이 90퍼센트에 달했다). 바깥쪽만 던지고도 타자를 제압하는 모습은 랜디 존슨의 강속구만큼이나 감탄스러웠다. 한편 그의 바깥쪽 승부 능력은 우타자를 상대로 더욱 발휘됐다. 랜디 존슨의 통산 피안타율이 좌타자를 상대로 0.199, 우타자를 상대로 0.224였던 반면, 글래빈은 좌타

1990년대 몬스터들

자를 상대로 0.263, 우타자를 상대로 0.256을 기록해 우타자에게 더 강했다.

바깥쪽 낮은 코스가 장타 허용을 최소화할 수 있는 코스라는 것은 누구나 알고 있다. 하지만 어느 누구도 글래빈만큼 노골적으로 바깥쪽 피칭을 하지는 못한다. 이는 완벽한 제구력이 받쳐주지 않으면 불가능한 전략이다.

글래빈의 9이닝당 볼넷 수는 통산 3.1개로 그레그 매덕스(1.8개)보다는 랜디 존슨(3.3개)에 가깝다. 그럼에도 그가 최고의 제구력을 가진 투수로 평가받는 것은 다른 투수들은 엄두도 내지 못하는 '특수 작업'을 해냈기 때문이었다. 그가 주심을 자기편으로 만드는 과정은 다음과 같았다.

1. 경기가 시작되면 여러 곳에 공을 찔러봄으로써 주심의 '당일 스트라이크존'을 측정한다.
2. 측정이 완료되면 주심의 마음에 쏙 드는 공들을 계속해 던진다.
3. 주심의 신뢰를 얻었다고 생각하면, 포수는 스트라이크존에서 미세하게 벗어난 곳에 미트를 갖다 댄다. 그리고 글래빈은 계속해 정확히 꽂아 넣는다.
4. 이미 글래빈에게 넘어온 주심은 이에 당초 스트라이크가 아닌 공들까지 잡아주게 된다.

평소 글래빈의 제구력을 알고 있었던 주심들은 그의 이런 '공 로비'에 홀딱 넘어갈 수밖에 없었다. 글래빈이 볼넷이 많았던 것도 이 과정을 진행하면서 내준 공이 적지 않았기 때문이다(이에 그는 경기 초반이 가장 약했다).

이렇게 주심을 먼저 공략하고 경기를 시작했던 그를 무너뜨린 것은 퀘스텍 시스템이었다. 그렇다고 커트 실링처럼 기계를 부수려 하지는 않았지만, 퀘스텍 시스템이 등장하면서 가장 큰 피해를 입었다. 특히 퀘스텍 시스템이 설치된 메츠의 셰이스타디움으로 간 것은 그에게 더더욱 나빴다.

지금도 떠오르는 마운드 위에 선 그의 이미지는 입을 굳게 다문 차가운 모습이다. 실제로 리오 마조니 코치는 자신이 겪어본 가장 담대한 투수로 글래빈을 꼽았다. 많은 투수가 글래빈과 같은 피칭을 하지 못하는 것은 제구력도 제구력이지만 그만큼 강심장을 갖고 있지 못하기 때문이다.

무엇이든 확실한 것을 좋아했던 글래빈은 자신의 첫째 딸과 인생의 목표를 달성할 때마다 일정 지분을 상속하기로 하는 옵션 계약을 체결하기도 했다. 또 그라운드 밖에서의 글래빈은 단 한 번의 논란거리도 제공하지 않은 칼 립켄 주니어의 '투수 버전'이었다.

그의 말대로 스피드건은 그의 열정을 측정할 수 없었다. 하지만 그의 열정은 팬들의 가슴속에 진하게 아로새겨졌다.

랜디 존슨, 탈삼진이었던 투수

랜디 존슨이 초구를 던진 순간, 나는 하늘에 감사했다.

제프 배그웰(랜디 존슨이 휴스턴으로 이적한 후 첫 경기에서)

랜디 존슨 Randall David "Randy" Johnson, 1963~

투수, 좌투우타

활동 기간 1988~2009(22시즌)

메이저리그에서 투수들이 정점에 도달하는 나이는 29세다(역대 사이영상 수상자의 평균 나이는 29.8세다). 정점에 오른다는 것은 내리막길이 시작된다는 의미이기도 하다. 29세는 투수들의 하락세가 시작되는 나이다.

야구 선수라기에는 너무 큰 키와 너무 긴 팔, 깡마른 몸매를 가진 투수가 있었다. 스웨덴의 높이뛰기 선수인 파트리크 셰베리Patrik Sjöberg와 같은 외모의 그는 엉망이었던 제구력 탓에 28세 시즌까지 49승을 올리는 데 그쳤다. 하지만 남들이 내리막길을 걷기 시작하는 29세부터 맹렬한 질주를 벌였다. 그리고 45세에 불가능할 것 같았던 300승을 달성했다. 랜디 존슨 이야기다.

커도 너무 큰 키

아버지에게 큰 키와 뛰어난 운동신경을 물려받은 랜디 존슨은 이미 고등학교를 졸업할 무렵 키가 지금과 같은 208센티미터에 이르렀다. 미네소타 출신 경찰관이었던 아버지는 키가 198센티미터였고 야구와 스키점프를 즐기는 스포츠광이었다.

1982년 드래프트에서 애틀랜타 브레이브스는 존슨을 4라운드에서 지명했다. 그리고 당시 4라운드 계약금으로는 파격적인 5만 달러를 제시했다. 하지만 존슨은 아버지와 코치의 조언에 따라 프로가 아니라 대학(서던캘리포니아대)을 택했다. 그렇게 톰 그래빈과 랜디 존슨이라는, 1990년대 최고의 좌완 둘이 같은 팀에서 출발하는 역사적인 사건은 이뤄지지 않았다.

대학에서 존슨의 전공은 미술이었다. 그는 학교 밴드의 드럼 연주자였으며 록과 관련한 잡지를 만드는 일도 했다. 또 아마추어 사진작가이기도 했다. 하지만 그의 진짜 꿈은 메이저리그 마운드에 서는 것이었다.

당시 서던캘리포니아대 야구팀에는 1년 선배 마크 맥과이어가 있었다. 1학년 때 투수와 타자를 병행했던 맥과이어는 존슨이 들어온 뒤부터는 타자에 전념했다. 3학년 시즌이 시작되기 전 존슨은 드래프트에 나올 투수 중 4위라는 평가를 받았다. 하지만 부담감을 느낀 존슨은 시즌 내내 부진했고 그에 따라 평가도 급락했다.

B. J. 서호프(1순위 밀워키), 윌 클라크(2순위 샌프란시스코), 바비 위트(3순위 텍사스), 배리 라킨(4순위 신시내티) 등 LA 올림픽에서 뛴 멤버들이 쏟아져 나온 1985년 드래프트에서(올림픽 대표는 아니었지만 배리 본즈도 있었다), 존슨은 비정상적인 키를 제외하고는 그리 주

목받는 선수가 아니었다. 하지만 몬트리올 엑스포스(현 워싱턴 내셔널스)가 파격적으로 그를 전체 34순위에서 지명했다.

존슨은 최고의 강속구을 가진 반면 제구력은 최악이었다. 그의 회고에 따르면, 마이너리그 시절 한 경기 10개 삼진을 잡아내 구단 관계자들을 환호케 하다가도, 바로 다음 경기에서 10개 볼넷을 내줘 그들을 좌절하게 만들었다. 1987년 존슨은 더블A 팀에서 140이닝을 던지는 동안 무려 163개 삼진을 잡아냈다. 그리고 128개 볼넷을 허용했다.

서울올림픽이 개최되기 하루 전인 1988년 9월 16일, 존슨은 메이저리그 데뷔전에 나서 5이닝을 2실점으로 막고 승리를 따냈다. 이로써 6피트 10인치의 존슨은 1940년대에 나타났다 통산 7승을 기록하고 사라진 자니 지Johnny Gee의 역대 최장신 기록을 1인치 경신했다.

그렇다고 제구 문제가 나아진 것은 아니었다. 1989년 몬트리올 엑스포스는 존슨이 29.2이닝을 던지면서 26볼넷과 26삼진을 기록하자, 뉴욕 메츠가 놀란 라이언을 포기한 것보다, LA 다저스가 페드로 마르티네스를 포기한 것보다 훨씬 빨리 그에 대한 기대를 접었다. 당시 포스트시즌에 도전하던 몬트리올은 시즌 초반 존슨을 포함한 유망주 4명을 내주고 시애틀 매리너스에서 사이영상급 좌완인 마크 랭스턴Mark Langston을 데려왔다(그로부터 4년 후 몬트리올은 새로운 괴물 투수를 얻었다. 마르티네스였다).

1991년 존슨은 1977년의 놀란 라이언(204개) 이후 가장 많은 152개 볼넷을 내줬다. '키가 6피트 6인치(198센티미터) 이상인 투수는 정상적인 작동이 불가능하다'는 스카우트계 지침은 이번에도 맞아떨어지는 듯했다.

시애틀, 1992년

1992년 시즌 중반, 경기 전에 스트레칭을 하고 있던 놀란 라이언은 갑자기 큰 그림자가 지는 것을 느끼고 뒤를 돌아봤다. 랜디 존슨이었다. 당시 8연패에 빠져 있던 존슨은 평소 가장 존경했던 라이언을 보게 되자 눈을 딱 감고 찾아가 고민을 털어놨다. 라이언은 흔쾌히 돕기로 하고 개인 코치 톰 하우스Tom House와 함께 분석에 들어갔다.

놀란 라이언과 톰 하우스가 찾아낸 문제점은 공을 던지는 순간 내딛는 오른발의 뒤꿈치가 미세하게 3루 쪽으로 향한다는 것. 발을 홈 플레이트 쪽으로 내딛지 못한 존슨은 무게중심이 자꾸 3루 쪽으로 쏠렸고, 그때마다 암 앵글arm angle이 달라졌다. 제구 불안의 결정적인 요인을 찾아낸 것이다. 이후 라이언을 야구 인생 최고의 은인으로 여기게 된 존슨은 1993년 라이언이 은퇴 경기를 치르자 그에게 경의를 표하는 의미로, 그리고 이제부터는 자신이 대를 이어가겠다는 의미로, 라이언의 등번호인 34번을 달고 경기에 나서기도 했다.

그의 또 다른 문제는 불같은 성질이었다. 마이너리그 시절 존슨은 왼손 손목에 타구를 맞고 교체된 적이 있는데, 손목이 부러진 것으로 지레짐작하고 분을 삭이지 못해 오른손 주먹으로 벽을 쳤다. 하지만 검사 결과 손목은 단순 타박상이었다. 그 대신 존슨은 오른손에 깁스를 해야 했다. 마운드 위에서 존슨은 너무 쉽게 흥분하고 또 분노했다. 그리고 분노의 상당 부분은 동료들에게 향하기 일쑤였다.

이때 또 다른 은인이 나타났다. 스티브 칼턴이었다. 1972년 시즌 59승에 그친 팀에서 27승을 거두는 등 꼴찌 팀의 에이스 자리를 묵묵히 지켜 결국 월드시리즈 우승 반지까지 차지한 칼턴은 존슨에게 중요한 한마디를 했다. 동료들이 나를 위해 있는 것이 아니라 내가 동료들을 위해 있다는 것. 지금까지 반대로 생각하고 있던 존슨은 그 말을 듣고 많은 것을 느꼈다. 이후 동료들은 실책을 하고 나서도 더 이상 존슨의 따가운 시선을 받지 않게 됐다.

1992년 12월, 운명적인 사건이 그를 기다리고 있었다. 아버지가 돌아가신 것이다. 존슨은 개인 훈련을 하느라 아버지의 임종을 지키지 못한 것을 크게 자책해, 가족들에게 야구를 그만두겠다고 선언했다. 하지만 어머니로부터 아버지가 숨을 거두기 직전에 한 마지막 당부를 전해 듣고 생각을 바꾸었다(존슨은 그 내용을 언론에 공개하지 않았다). 존슨은 자신의 글러브에 아버지의 이름을 새기면서 최고의 투수가 되기 위해 모든 것을 바치기로 결심했다.

그렇게 스물아홉 살이라는 너무 늦은 나이에, 그는 다시 시작했다. 존슨은 놀란 라이언의 기술적 조언과 스티브 칼턴의 심리적 조언을 완벽히 수행했다. 이에 라이언 다음으로 많은 삼진을 잡아낸 투수, 칼턴보다 더 많은 삼진을 잡아낸 좌완 투수가 됐다. 그리고 아버지의 죽음 앞에서 눈물로 했던 약속을 지켜냈다.

사이영상, 9할 승률

1992년 첫 탈삼진왕(241개)에 오른 랜디 존슨은 1993년에는 308개를 잡아내 첫 300탈삼진을 달성했다. 1989년의 놀란 라이언 이후 처음이자, 좌완으로는 1972년의 스티브 칼턴 이후 처음이었다.

1995년 존슨은 30경기에 나서 18승 2패 2.48을 기록하면서 첫 번째 평균자책점 1위와 함께 첫 번째 사이영상을 따냈다. 또 놀란 라이언 이후 처음으로 탈삼진 4연패에 성공한 투수가 됐으며, 그레그 매덕스(19승 2패)와 함께 역대 최초의 '200이닝 이상 9할 승률' 시즌을 만들어냈다.

그해 8월 23일까지 54승 55패에 그치며 선두 캘리포니아 에인절스와의 게임 차가 11경기 반까지 벌어졌던 시애틀 매리너스는 마지막 36경기에서 25승 11패를 기록하면서 극적인 역전 우승에 성공했다. 특히 존슨의 마지막 16경기(10승 1패 2.03)에서 15승 1패를 기록한 것이 결정적이었다(나머지 경기는 10승 10패). 존슨은 정규 시즌 마지막 등판에서 8.1이닝 2실점으로 승리를 이끈 데 이어, 에인절스와 벌인 단판 플레이오프에서도 1실점 완투승(3안타 12삼진)을 따내, 팀에 창단 첫 지구 우승과 첫 포스트시즌 진출을 안겼다. 당시 존슨은 사흘밖에 쉬지 못하고 마운드에 오른 상태였다. 한편 에인절스의 선발은 시애틀이 존슨을 받아오면서 몬트리올에 내줬던 마크 랭스턴이었다.

뉴욕 양키스와의 디비전시리즈에서 시애틀은 1차전과 2차전 모두 패했다. 하지만 존슨이 3차전에서 7이닝 동안 10삼진 2실점으로 호투해 승리를 따내면서 분위기 반전에 성공했다. 시애틀의 4차전 승리로 성사된 최종 5차전, 4대 4로 맞선 9회 초 무사 1, 2루의 위기 상황에서, 이틀 전 117개 공을 던진 존슨이 올라왔다. 존슨은 웨이드 보그스, 버니 윌리엄스, 폴 오닐을 삼진과 내야 플라이 2개로 잡아내고 절체절명의 위기를 넘겼다. 연장 10회를 삼진 3개로 끝낸 존슨은 11회 초 1사 2루에서 적시타를 맞았다. 하지만 나머지 둘을 삼진으로 잡아내 더 이상 실점하지 않았다. 11회 말 에드가 마르티네스가 시리즈를 끝내는 '더 더블'을 날리면서, 시애틀은 2연패 후 3연승이라는 리버스 스윕에 성공했다. 존슨은 챔피언십시리즈에서도 3차전에서 8이닝 1자책, 6차전에서 7.1이닝 3자책을 기록하며 선전했다. 하지만 시애틀은 클리블랜드에 2승 4패로 패했다.

시즌이 끝난 후 양키스는 시애틀에 존슨을 줄 수 있겠느냐고 물었다. 시애틀은 두 명을 내주면 가능하다고 했다. 시애틀이 말한 두 명은 신인 투수 앤디 페티트Andy Pettitte와 마리아노 리베라였다.

1996년 부상을 입어 8경기 선발 등판에 그친 존슨은 1997년 20승 4패 2.28, 291삼진을 기록하면서 생애 첫 20승을 달성했다. 하지만 다승, 평균자책점, 탈삼진에서 모두 간발의 차로 로저 클레먼스(21승 7패 2.05, 292삼진)에게 1위를 내주고 사이영상 투표에서 2위에 그쳤다. 그해 디비전시리즈에서 두 번 등판했을 때도 5이닝 5실점과 8이닝 3실점의 2패를 당했다.

1998년 존슨은 재계약 협상에서 미온적인 태도를 보인 팀에 큰 불만을 드러냈고 이는 성적으로 이어졌다(9승 10패 4.33). 이에 시즌 중반 시애틀은 프레디 가르시아Freddy Garcia, 카를로스 기옌Carlos Guillen, 존 할라마John Halama를 받는 조건으로 존슨을 휴스턴 애스트로스로 넘겼다.

존슨은 휴스턴으로 이적한 뒤 11경기에 나서 10승 1패 1.28을 기록하면서 두 번째 300탈삼진을 달성했다. 하지만 그해 샌디에이고와 맞붙은 디비전시리즈에서는 케빈 브라운과의 두 차례 맞대결에서 각각 8이닝 2실점과 6이닝 1자책의 패전을 안았다.

5년 연속 300탈삼진, 사이영상 4연패

1998년 겨울 랜디 존슨이 FA 시장에 나오자 텍사스 레인저스, 애너하임 에인절스, LA 다저스, 애리조나 다이아몬드백스가 영입 경쟁을 벌였다. 네 팀의 제안에는 차이가 거의 없었다. 그렇다면 팀의 전력을 봐야 하는 상황. 그런데 존슨은 놀랍게도 네 팀 중 유일하게 5할 승률을 올리지 못했으며 창단 2년차에 불과한 애리조나를 택했다. 집에서 가까운 팀에서 뛰기를 원하는 아내의 바람을 들어준 것으로, 당시 존슨은 피닉스에서 차로 25분 거리에 막 새집을 지어놓은 상황이었다.

애리조나 다이아몬드백스에서 존슨은 '역사적인 4년'을 열었다. 1999년(17승 9패 2.48) 역대 5위에 해당하는 364개 삼진을 잡아냈으며, 23번의 10탈삼진 경기를 만들어내 놀란 라이언과 타이를 이뤘다. 또 1987년의 라이언 이후 처음으로 평균자책점과 탈삼진 타이틀을 동시에 따낸 내셔널리그 투수가 됐다. 그해 사이영상 투표에서도 1위에 오르면서 존슨은 페드로 마르티네스와 함께 양 리그 사이영상을 차지한 역대 2호, 3호 투수가 됐다.

2000년(19승 7패 2.64) 존슨은 마지막 경기에서 부진한(3.1이닝 8자책) 바람에 평균자책점이 2.38에서 2.64로 올라 평균자책점과 탈삼진 동반 2연패에 실패했다(1위 케빈 브라운 2.58). 하지만 사이영상을 2연패했고 좌타자에게는 3년째 홈런을 맞지 않았다.

2001년 스프링캠프에서 던진 공에 본의 아니게 비둘기가 맞아 죽는 사건이 있었는데, 그해 존슨은 역대 3위에 해당하는 372삼진을 만들어냈다(21승 6패 2.49). 또 4년 연속 300탈삼진을 기록한 최초의 투수가 됐으며, 로저 클레먼스(2회)와 케리 우드에 이어 역대 4번째로 '1경기 20탈삼진'을 달성했다. 9이닝당 삼진 13.4개는 역대 최고 기록이었다. 사이영상 3연패는 당연했다.

그해 애리조나 다이아몬드백스는 43승을 합작한 존슨과 커트 실

2008년 애리조나 다이아몬드백스 시절 투구하는 44세의 랜디 존슨. **사진 Dirk DBQ**

링(22승 6패 2.98) 원투 펀치의 대활약에 힘입어 포스트시즌에 진출했다. 디비전시리즈 2차전에 나선 존슨은 8이닝 동안 9삼진 3실점으로 호투했는데도 패전투수가 돼 포스트시즌 7연패 늪에 빠졌다.

하지만 존슨은 그해 챔피언십시리즈에서 1차전은 11삼진 완봉승, 5차전은 7이닝 2실점의 승리를 기록했고, 월드시리즈에서도 2차전 11삼진 완봉승과 6차전 7이닝 2실점의 승리를 따냈다. 그리고 6차전 등판 바로 다음 날인 7차전에 구원투수로 나서 1.1이닝 무실점의 승리를 따냄으로써, 1968년 미키 롤리치 이후 처음으로 단일 월드시리즈에서 3승을 따낸 투수가 됐다.

결국 2002년 존슨은 24승 5패 2.32, 334삼진을 기록하고 1972년의 스티브 칼턴에 이어 처음으로 트리플 크라운을 달성한 좌완 투수가 됐다. 사이영상 4연패는 그레그 매덕스에 이은 역대 두 번째였다. 또 존슨은 5년 연속으로 300탈삼진을 달성한 최초의 투수가 됐으며, 통산 6번째 300탈삼진을 달성해 놀란 라이언과 타이를 이뤘다. 그해 배리 본즈는 존슨과의 38번째 대결 만에 처음으로 홈런을 때려냈다.

하지만 존슨도 사람이었다. 1998년부터 2002년까지 5년간 포스트시즌을 포함해 연평균 269이닝을 던진 존슨은 2003년 부상으로 쓰러졌다. 2004년에는 9번째 탈삼진 타이틀과 함께 리그에서 가장 위력적인 시즌을 보냈지만(평균자책점 2.60, 290삼진), 팀의 전력이 최악이었던 탓에 16승 14패에 그쳤다. 승패 기록이 좋은 로저 클레먼스에게 사이영상도 빼앗겼다. 만약 당시 기자들이, 13승 12패에 그친 펠릭스 에르난데스에게 사이영상을 준 2010년 때와 같은 생각을 했다면, 존슨은 2004년에 6번째 사이영상을 따내고 역대 최다 수상 순위에서 클레먼스와 함께 공동 1위가 됐을 것이다.

그 대신 존슨은 사이 영이 1904년에 세운 37세 37일의 최고령 퍼펙트게임 기록을 갈아 치우는 것으로 아쉬움을 달래야 했다(40세 251일). 2004년 5월 19일 브레이브스와의 원정 경기에서 한 명의 타자도 1루에 보내지 않는 완벽한 투구로 2대 0 승리를 이끌었다. 그의 마지막 117구째 공은 157킬로미터짜리 강속구였다.

2004년 시즌 후 애리조나는 존슨을 트레이드 시장에 내놓았는데, 존슨은 양키스가 아니면 트레이드를 받아들이지 않겠다고 했다. 하지만 양키스로 옮긴 후 2005년과 2006년 2년간 존슨이 보여준 모습은 실망스러웠다(연평균 17승 10패 4.37).

2007년 다시 애리조나로 돌아온 존슨은 부상을 입어 10경기에 출장한 뒤 시즌을 날렸지만, 2008년엔 11승 10패 3.91을 기록하며 선전했다. 시즌 후 존슨은 연봉 금액을 깎아서라도 팀에 남으려 했다. 하지만 애리조나는 존슨이 받아들이겠다고 한 200만 달러 제안조차 하지 않았다. 결국 2009년 존슨은 샌프란시스코 자이언츠 유니폼을 입고 300승을 달성했다.

극적인 300승

28세 시즌까지 로저 클레먼스가 따낸 승수는 134승, 그레그 매덕스는 131승, 톰 글래빈은 108승이었다. 반면 랜디 존슨은 49승을 기록해 클레먼스보다 85승, 매덕스보다 82승, 글래빈보다 59승이 적었다. 1900년 이후 데뷔한 16명의 300승 투수들이 28세 시즌까지 기록한 평균 승수는 114승인데, 존슨은 이들보다 무려 65승이 적었다.

300승 달성이 존슨(45세 265일)보다도 늦었던 투수가 딱 한 명 있다. 광부인 아버지에게 배운 너클볼을 완성하는 데 10년이 걸렸고

28세가 되어서야 풀타임 메이저리거가 된 필 니크로(46세 188일)다. 니크로가 28세 시즌까지 거둔 승수는 17승이었다.

군 복무 때문에 데뷔가 늦었던 워런 스판(28세 시즌까지 65승), 마이너리그 팀에서 붙잡고 놔주지 않아 25세에 데뷔한 레프티 그로브(67승), 27세에 스핏볼을 완성한 게일로드 페리(60승)도 출발이 늦었다. 하지만 모두 존슨보다는 빨랐다. 존슨은 필 니크로 다음으로 출발이 늦었으며, 유일하게 5인 로테이션 시대에 그 일을 해냈다.

메이저리그 역사상 최고의 좌완 투수는 최고의 타고투저 시대를 보낸 레프티 그로브라 할 수 있다. 그로브의 통산 평균자책점은 3.06으로 24명의 300승 투수 중 13위에 불과하다. 하지만 조정평균자책점으로 따지면 월터 존슨(147)을 넘어서는 역대 1위다(148).

랜디 존슨의 조정평균자책점은 146으로 레프티 그로브에 미치지 못한다. 하지만 200승 이상을 달성한 26명의 좌완 중 존슨보다 조정평균자책점이 좋은 투수는 그로브뿐이다(3위 화이티 포드 133). 그로브는 데뷔하자마자 탈삼진 7연패에 성공했지만 32세 시즌부터는 한 번도 추가하지 못했다. 반면 31세 시즌까지 탈삼진 타이틀을 4번 따낸 존슨은 32세 시즌 이후에도 5번 더 추가했다.

역사상 가장 화려했던 좌완은 샌디 코팩스다. 코팩스는 1963년부터 1966년까지 보낸 '황금의 4년' 덕분에 통산 165승을 올리고도 명예의 전당에 올랐다. 그 4년간 코팩스는 조정평균자책점 172를 기록했다. 그런데 존슨은 1995년부터 2002년까지 8년간 조정평균자책점 178을 기록했다. 사이영상을 4연패한 1999년부터 2002년까지 4년간은 188이다. 코팩스가 뛴 다저스타디움이 투수의 천국이었던 반면, 존슨은 좁디좁은 시애틀의 킹돔과 애리조나 고지대의 뱅크원

볼파크(현 체이스필드)에서 뛰었다.

존슨은 레프티 그로브 못지않게 위력적이었다. 그리고 샌디 코팩스만큼이나 화려했다.

9이닝당 10.6개 삼진

2009년 랜디 존슨은 300승을 달성하기는 했지만 8승 6패 4.88의 실망스런 성적을 내고 시즌을 마감했다. 역대 두 번째 5000탈삼진까지 남은 기록은 125개. 한 시즌만 풀타임으로 뛰면 충분히 달성할 수 있는 기록이었다. 하지만 그는 깨끗이 유니폼을 벗었다.

존슨은 메이저리그 역사상 아웃카운트에서 차지하는 탈삼진의 비율이 가장 높은 선수다. 케리 우드(10.35)와 페드로 마르티네스(10.04) 역시 9이닝당 10개 이상 탈삼진을 잡아냈지만, 존슨(10.6)은 우드보다 2815이닝, 마르티네스보다 1308이닝을 더 던지고도 이 기록을 유지했다.

존슨은 3000이닝 이상을 던진 투수 중 두 번째로 안타를 적게 맞은 투수다. 존슨의 통산 피안타율은 0.221로 0.204를 기록한 놀란 라이언 다음이다. 라이언과 3위 톰 시버(0.226)는 투수들의 시대 일부를 보낸 투수들이며, 4위 밥 깁슨(0.228)은 최고의 수혜자 중 한 명이다(페드로 마르티네스 2827.1이닝 0.214).

또 존슨은 역사상 좌타자를 가장 완벽히 처리한 투수다. 놀란 라이언의 통산 좌타자 상대 피안타율은 0.203인데 비해 존슨은 0.199다. 이는 빌리 와그너(0.200)조차 갖고 있지 못한 기록이다.

지렛대는 길면 길수록 더 큰 힘을 발휘한다. 하지만 강도가 약하면 차라리 길지 않느니만 못하다. 투수에게도 큰 키와 긴 팔은 유리하다(팔이 길면 손가락도 길기 마련이다). 하지만 너무 큰 키와 너무 긴 팔은 오히려 불리한 조건이 된다. 정상 범위를 벗어난 길이의 팔과 다리가 제대로 된 근력을 갖고 있을 가능성은 희박하기 때문이다. 존슨에 앞서 등장한 장신 투수들은 하나같이 그와 같은 문제를 보이고 사라졌다.

존슨은 하늘이 내려준 신체를 갖고 태어난, 운이 좋은 투수는 아니었다. 고교 시절 농구 선수로도 뛰어났지만 무릎이 약해 오래 뛸 수 없었다. 하체를 이용한 피칭 역시 할 수 없었다. 이에 존슨은 팔을 뒤로 제치는 테이크 백 동작을 남들보다 크게 하는 것으로 공에 힘을 실었다. 그리고 지렛대 효과를 극대화하기 위해 사이드암 모션을 선택했다.

하지만 이는 상체에 막대한 무리를 가져오는 동작이다. 실제로 시애틀은 존슨과 똑같은 키의 라이언 앤더슨Ryan Anderson을 뽑아 그의 메커니즘을 주입했다. 하지만 앤더슨은 메이저리그에도 올라오지 못하고 쓰러졌다. 오직 존슨이 가능할 수 있었던 것은, 피나는 노력으로 이를 버텨낼 수 있는 상체를 만들어냈기 때문이다. 너무 큰 키(208센티미터)와 너무 긴 팔(96.52센티미터)이, 지금까지 없었고 앞으로도 없을 최고의 불꽃을 만들어낼 수 있었던 것은 순전히 그의 땀 덕분이었다.

존슨이 공포 시대를 열자 스카우트들도 그만큼 큰 키를 가진 투수들에 대한 선입견을 풀었다. 이에 마크 헨드릭슨Mark Hendrickson(206센티미터)과 크리스 영Chris Young(208센티미터)이라는 농구 선수 출신 투수들이 등장했다. 존 로치Jon Rauch(211센티미터)는 존슨을 제치고 역대 최장신 투수가 됐다. 하지만 '빅 유닛Big Unit'으로 불린 존슨만큼 위력적인 장신 투수는 나오지 않고 있다.

2009년 랜디 존슨의 300승 달성은 2003년의 로저 클레멘스와 2004년의 그레그 매덕스, 2007년의 톰 글래빈에 이어 역대 24번째였다. 하지만 존슨 이후 300승 투수가 언제 나올 수 있을지는 알 수 없다. 현역 투수 중 유일하게 도전할 수 있었던 저스틴 벌랜더마저 가능성이 사라지면서(2020년까지 226승을 거둔 벌랜더는 2022년 토미 존 수술에서 돌아오면 39세가 된다) 존슨이 마지막 300승 투수가 될 가능성이 대단히 높아졌다. 투수 분업화는 선발투수가 승리를 따낼 가능성을 갈수록 낮추고 있다.

존슨은 팬들에게는 만화 속에서 튀어나온 듯했으며, 타자에게는 악마가 빚어낸 것만 같았다. 그와 같은 투수를 다시 볼 수 있으리라고 생각하는 사람은 많지 않다.

2015년 명예의 전당 입회 자격이 생긴 첫해에 그는 무려 97.3퍼센트 득표율을 기록하며 입회했다. 그리고 은퇴 후 야구와 전혀 관계없는 곳에서 사진기를 다시 꺼내 들었다. NFL과 NASCAR(북미자동차경주대회) 등의 스포츠 경기장뿐 아니라 록 밴드의 공연장도 찾아다니며 사진기자로서 제2의 인생을 살고 있다.

존 스몰츠, 강심장 3선발

존 스몰츠는 한번 목표를 세우면 무슨 일이 있어도 해냈다.
그 어떤 것도 막을 수 없었다. _리오 마조니

존 스몰츠 John Andrew Smoltz, 1967~

투수, 우투우타

활동 기간 1988~1999, 2001~2009(21시즌)

기자 투표를 통해 명예의 전당에 오른 투수는 45명이다. 그중 입회 자격이 생긴 첫해에 입회에 성공한 사람은 17명에 불과하다(월터 존슨, 크리스티 매튜슨, 밥 펠러, 샌디 코팩스, 워런 스판, 밥 깁슨, 짐 파머, 톰 시버, 스티브 칼턴, 놀란 라이언, 톰 글래빈, 그레그 매덕스, 랜디 존슨, 페드로 마르티네스, 존 스몰츠, 마리아노 리베라, 로이 할러데이).

이들 가운데 데니스 에커슬리(197승 390세이브)는 선발과 불펜에서의 공로를 모두 인정받은 특이한 선수다. 메이저리그 역사에는 에커슬리에 견줄 만한 투수가 딱 한 명 있다. 통산 213승 154세이브를 기록한 존 스몰츠다. 스몰츠는 2002년 서른다섯 살에 선발에서 마무리로 변신해 3년간 눈부신 활약을 펼쳤다. 그리고 서른여덟 살에 다시 돌아와 뛰어난 선발투수로서 3년을 보냈다.

선발에서 마무리로 변신하거나, 마무리에서 선발로 변신하는 투수는 가끔씩 등장한다. 하지만 선발에서 마무리로 갔다가 다시 선발로 돌아와 성공한 투수는 스몰츠가 유일하다.

부상은 끊임없이 스몰츠의 선수 생명을 위협했다. 하지만 뜨거운 심장과 단단한 의지를 가진 그는 결코 쓰러지지 않았다.

새가슴에서 '빅게임 피처'로

1967년 디트로이트에서 태어난 존 스몰츠는 고교 졸업과 함께 미시간주립대 진학을 준비하고 있었다. 하지만 1985년 디트로이트 타이거스가 22라운드에서 지명하자 주저 없이 고향 팀을 선택했다.

1987년 디트로이트는 동부 지구 우승을 놓고 토론토, 양키스와 치열한 경쟁을 하고 있었다(당시는 동·서부 두 개 지구). 이에 8월 웨이버 트레이드를 통해 애틀랜타에서 서른여섯 살의 백전노장 투수 도일 알렉산더를 데려왔다. 당시 애틀랜타의 단장은 바비 콕스였다(콕스는 1990년 시즌 중반 존 슈어홀츠에게 단장 자리를 넘기고 자신은 감독이 됐다). 디트로이트가 제시한 선수들 중에서 콕스가 고른 선수는 더블A에서 고전하고 있던 스무 살의 스몰츠였다.

디트로이트에 온 도일 알렉산더는 선발 11경기에서 9승 무패 1.53의 대활약을 펼쳐 지구 우승의 일등 공신이 됐다. 하지만 미네소타 트윈스와의 리그 챔피언십시리즈에서는 1차전과 5차전 선발로 나서 2패 10.00으로 크게 부진하면서, 1승 4패 탈락의 원흉이 됐다. 이후 두 시즌 동안 20승 29패 4.38에 그친 알렉산더는 결국 1989년 시즌 후 유니폼을 벗었다. 디트로이트는 알렉산더의 첫 두 달을 스몰츠의 20년과 바꾼 셈이었다.

1988년 스몰츠는 애틀랜타의 트리플A 팀 리치몬드로 보내졌다. 그곳에는 리오 마조니 투수코치가 있었다. 마조니는 스몰츠를 불과 20경기 만에 메이저리그로 올려 보냈다(마조니가 메이저리그 투수코치가 된 것은 1991년이다). 풀타임 첫해였던 1989년, 스몰츠는 12승 11패 2.94를 기록하며 톰 글래빈(14승 8패 3.68)과 함께 만년 꼴찌 애틀랜타의 새로운 희망이 됐다.

1990년 톰 글래빈(10승 12패 4.28)보다 더 좋은 성적을 올린 스몰츠(14승 11패 3.85)는 1991년 개막전 선발투수가 됐다. 하지만 중압감을 이겨내지 못했다. 첫 18경기에서 2승 11패 5.16에 그치면서 1선발은 고사하고 선발 자리를 내놓아야 지경에 몰렸다. 그의 가장 큰 문제는 잘 던지다가도 위기에 몰리거나 중요한 순간이 되면 급격히 흔들린다는 것. 흔히 말하는 '새가슴 투수'였다.

애틀랜타는 스몰츠에게 스포츠심리학자를 붙여줬다. 그리고 놀라운 일이 일어났다. 스몰츠가 완전히 다른 사람이 돼 나타난 것이다. 울렁증을 고친 것은 물론 정신적으로 그 누구보다도 강력한 투수가 됐다(리오 마조니 투수코치는 훗날 애틀랜타 3인방 중 가장 강한 정신력을 가진 투수로 스몰츠를 꼽았다). 이른바 '신의 한 수'였다.

1991년 마지막 10경기에서 스몰츠는 6연승(팀 9승 1패)을 기록하고 최종전에서 2실점 완투승을 거두면서 팀의 1경기 차 우승을 이끌었다(18경기 2승 11패 5.16 후 18경기 12승 2패 2.63). 하지만 이는 '가을 신화'의 예고편에 불과했다.

포스트시즌에서 스몰츠는 달라진 자신의 모습을 만천하에 드러냈다. 리그 챔피언십시리즈 3차전에서 6.1이닝 3실점의 승리에 이어

7차전에서는 피츠버그 강타선을 완봉승으로 잠재웠다. 브레이브스가 월드시리즈에 오른 것은 밀워키 시절이던 1958년 이후 처음이자, 1966년 애틀랜타로 이전한 이후 처음이었다.

그해 월드시리즈 4차전과 7차전에서 선발로 나선 스몰츠는 7이닝 2실점과 7.1이닝 무실점을 기록하며 호투했지만 모두 승패 없이 물러났다. 상대 팀인 미네소타 트윈스의 잭 모리스가 각각 6이닝 1실점과 10이닝 완봉승을 기록하며 더 호투한 까닭이다. 하지만 이는 '우승 청부업자' 모리스의 마지막 포스트시즌 대활약이자, 스몰츠의 첫 번째 포스트시즌 역투였다. 1984년 월드시리즈에서 디트로이트가 우승할 당시 주역이었던 모리스는 스몰츠에게 우상이었다.

슬라이더와 스플리터

데뷔할 무렵 존 스몰츠의 세컨드 피치는 커브였다. 하지만 1990년부터 던지기 시작한 슬라이더가 1991년에는 주 무기가 됐다. 좌완 최고의 슬라이더가 랜디 존슨이었다면 우완 최고는 스몰츠였다(특히 카메라 각도로 인해 스몰츠의 슬라이더는 존슨의 것보다 더욱 다이내믹하게 느껴졌다).

1992년 스몰츠는 첫 15승(12패 2.85)과 함께 애틀랜타 투수로는 1977년의 필 니크로 이후 처음으로 탈삼진 1위(215개)에 올랐다. 포스트시즌에선 5경기에 나서 3승 2.67을 기록했다. 하지만 애틀랜타는 월드시리즈에서 구단 역사상 최초로 진출한 토론토 블루제이스에 2승 4패로 패했다.

1993년에도 15승(11패 3.62)을 기록한 스몰츠는 챔피언십시리즈 4차전에서 6.1이닝 동안 비자책 2실점으로 호투했다. 하지만 스몰츠는 패전을 안았고, 애틀랜타는 필라델피아 필리스에 패했다.

이즈음 슬라이더는 스몰츠의 팔꿈치를 조금씩 갉아먹고 있었다. 1994년엔 시즌 내내 팔꿈치 통증을 안고 뛴 탓에 21경기에서 6승 10패 4.14에 그쳤다. 그리고 선수노조의 파업으로 시즌이 중단되자 곧바로 뼛조각 제거 수술을 받았다. 팔꿈치 부상과의 지루한 싸움이 시작된 순간이었다.

1995년 스몰츠는 29경기에 나서 12승 7패 3.18을 기록하면서 화려하게 돌아왔다. 게다가 새로운 무기를 하나 더 들고 나타났으니, 바로 스플리터였다. 새로 장착한 스플리터의 위력은 슬라이더를 능가할 정도였다. 스플리터를 추가함으로써 스몰츠는 유일한 약점이던 좌타자 문제를 해결했다.

슬라이더와 스플리터가 만나서 내는 시너지 효과는 실로 엄청났다. 1996년 스몰츠는 만장일치에 버금가는 사이영상을 따냈다(24승 8패 2.94). 그에게 오지 않은 1위 표 두 장은 플로리다 지역 기자들이 케빈 브라운(당시 플로리다 말린스)에게 준 것이었다.

이로써 애틀랜타 3인방은 1991년부터 1996년까지 사이영상 6연패(톰 글래빈, 그레그 매덕스, 매덕스, 매덕스, 매덕스, 스몰츠)를 달성했다(1992년 매덕스는 컵스 소속으로 수상했다). 1996년 그해 스몰츠는 276삼진을 거둬 1900년 이후 팀 최고 기록도 세웠다(종전 1977년 필 니크로 262개).

애틀랜타 브레이브스가 월드시리즈 우승을 차지한 1995년 포스트시즌에서 특별한 활약을 하지 못했던 스몰츠는(3경기 6.60), 1996년 포스트시즌에서는 디비전시리즈와 챔피언십시리즈 3경기에서 3승 1.13을 기록한 후 월드시리즈 1차전에서도 6이닝 1실점의 승리를 따냈다(앤디 페티트 2.1이닝 7실점 패전). 5차전에서 페티트를 다시 만난 스몰츠는 8이닝을 비자책 1실점으로 막아냈다. 하지만 팀 타선은 2년차 신인 페티트를 상대로 1점도 뽑지 못했다. 결국 애틀랜타는 2연승 후 4연패를 당해 양키스에 무릎을 꿇었다.

그런데 슬라이더에 더해 스플리터까지 던진 것은 너무나 위험한 선택이었다. 게다가 스몰츠는 1996년과 1997년 2년간 포스트시즌을 포함해 무려 562.2이닝(연평균 281.1이닝)을 던졌는데, 같은 기간 그보다 많은 이닝을 소화한 투수는 아무도 없었다(2위 팻 헨트겐Pat Hentgen 529.2이닝, 3위 로저 클레먼스 506.2이닝). 1997년 시즌이 끝난 후 스몰츠는 두 번째 팔꿈치 수술을 받았다.

마무리가 되다

1998년 존 스몰츠는 팔꿈치 수술에서 돌아와 시즌을 늦게 시작하고도 17승 3패 2.90을 기록했다. 후반기에만 12승 1패 2.29를 질주한 그는 리그 승률 1위를 차지했고 사이영상 투표에서도 4위에 올랐다. 더 놀라운 점은 30퍼센트 이상 체인지업을 던지는 대변신을 시도하면서 거둔 성적이라는 것. 스몰츠는 스플리터를 아예 던지지 않았고 슬라이더도 꼭 필요한 순간에만 던졌다.

1999년 스몰츠는 5연승을 거두며 시즌을 시작했다. 하지만 팔꿈치가 또 고장 났다. 스플리터를 버리고 슬라이더를 억제했는데도 찾아온 부상이라 너무도 당혹스러웠다. 두 번째 부상자 명단에서 돌아온 8월 초, 스몰츠는 느닷없이 팔을 내려 사이드암으로 공을 던졌다. 한 달 뒤에는 너클볼을 던져 모두를 충격에 빠뜨렸다. 눈물겨운 재기 노력이었다. 하지만 시즌 후 세 번째 팔꿈치 수술이자 토미 존 수술을 받게 되면서 이 모든 노력은 수포로 돌아갔다.

2000년 시즌을 완전히 날린 스몰츠는 2001년 복귀해서도 첫 5번의 선발 등판에서 2승 2패 5.76를 기록하며 부진했다. 이에 바비 콕스 감독은 불펜으로 가는 게 어떻겠느냐고 물었다. 스몰츠는 이를 순순히 받아들였다. 13년 만에 선발에서 탈락했다.

불펜으로 이동한 후 첫 12경기에서 평균자책점 0.73을 기록했고, 8월 18일 샌프란시스코전에서 2이닝 4삼진의 퍼펙트로 생애 첫 세이브를 따냈다. 당시 그의 나이는 34세 94일이었는데 이는 32세 204일에 마무리로 데뷔한 데니스 에커슬리보다 2년 늦은 것이었다.

그해 겨울 FA 자격을 얻은 스몰츠에게 무수히 많은 팀들이 달려들었다. 특히 월드시리즈에서 맞붙었던 양키스와 애리조나가 가장 적극적이었다. 양키스는 로저 클레먼스, 마이크 무시나, 앤디 페티트, 존 스몰츠로 이어지는 선발진 탄생을 위해 4년간 5200만 달러를 베팅했다. 랜디 존슨과 커트 실링이라는 원투 펀치를 '3연타'로 늘리기를 희망한 애리조나도 그에 준하는 조건을 제시했다. 스몰츠는 선발로 돌아가고 싶었다. 하지만 애틀랜타는 마무리를 원했다. 스몰츠의 선택은 선발을 포기하고 애틀랜타에 남는 것이었다(3년간 3000만 달러).

2002년 풀타임 마무리가 된 스몰츠는 데뷔전이나 다를 바 없는 경기에서 0.2이닝 8실점으로 무너졌다. 하지만 한 번뿐이었다. 남들보다 몸을 빨리 푸는 능력과 누구보다 단단한 심장은 마무리 자리에서 더욱 빛났다. 스몰츠는 당시 최고 기록인 57세이브를 세운 1990년의 바비 시그펜Bobby Thigpen보다 4경기 빠르게 50세이브 고지에 올라 신기록에 도전했다. 하지만 시그펜이 50세이브 이후 17경기에서 8번의 세이브 기회를 얻었던 반면, 스몰츠는 18경기에서 6번 기회를 얻는 데 그쳤다.

스몰츠는 그해 결국 55세이브에서 멈추며 신기록 달성에 실패했다(2008년 프랜시스코 로드리게스Francisco Rodriguez가 62세이브로 바비 시그펜의 기록을 경신했다). 하지만 랜디 마이어스와 트레버 호프먼이 갖고 있던 53세이브 내셔널리그 최고 기록은 경신했다. 또 데니스 에커슬리에 이어 20승과 50세이브를 모두 달성한 역대 두 번째 투수가 됐다.

풀타임 마무리를 맡은 3년간, 스몰츠는 144세이브(13블론) 2.47을 기록하며 애틀랜타의 뒷문을 완벽히 지켜냈다. 같은 기간 그보다 더 많은 세이브를 따낸 투수는 에릭 가녜(152세이브 6블론) 한 명뿐이었다(3위 마리아노 리베라 121세이브 14블론). 가녜는 훗날 금지 약물 사용자임이 밝혀졌다.

다시 선발, 200승과 150세이브 달성

마무리 3년은 애틀랜타뿐 아니라 존 스몰츠에게도 큰 도움이 됐다. 공을 적게 던지게 되자 팔꿈치가 좋아지기 시작했다. 2005년 애틀랜타는 밀워키에서 대니 콜브Danny Kolb를 데려오면서 스몰츠를 다시 선발진에 넣었다. 3년 만에 돌아온 선발 마운드, 그러나 톰 글래빈과 그레그 매덕스는 떠나고 없었다.

많은 사람이 서른여덟 살 나이에 선발로 복귀하는 스몰츠를 걱정했다. 선발로도 슬라이더와 스플리터를 마음껏 던질 수 있을지는 불투명했다. 1991년과 1997년에 이은 통산 세 번째 개막전 등판이자 3년 10개월 만의 선발 등판에서, 스몰츠는 1.2이닝 7실점(6자책)을 기록하며 난타를 당했다. 하지만 페드로 마르티네스와의 맞대결이었던 바로 다음 경기에서 자신이 갖고 있는 15삼진 팀 최고 기록과 타이를 이루면서 '왕의 귀환'을 알렸다.

스몰츠는 2005년 14승 7패 3.06, 2006년 16승 9패 3.49, 2007년 14승 8패 3.11을 기록하며, 팀 허드슨이 기대만큼 능력을 발휘하지 못한 선발진에서 고군분투를 했다. 스몰츠가 떠난 후 엉망이 된 애틀랜타 불펜은 특히 그가 선발로 나오는 경기에서 많은 사고를 쳤는데, 이 때문에 그는 2005년과 2006년 각각 6승씩을 잃었다. 2006~2007년 스몰츠는 39~40세 나이에 사이영상 투표에 이름을 올렸다.

그중에서도 2007년은 많은 이야기를 만들어낸 해였다. 5월 9일 스몰츠는 1992년 이후 처음 가진 그레그 매덕스와의 맞대결에서 승리를 거둔 데 이어, 5월 24일에는 톰 글래빈을 상대로 통산 200승에 성공했다. 1996년 100승을 달성한 이후 무려 11년이 걸린 200승이었다. 6월 27일 스몰츠는 매덕스, 글래빈과 함께 같은 날 승리투수가 되기도 했다. 8월 19일 스몰츠는 애리조나의 마크 레이놀즈Mark Reynolds를 상대로 통산 2913번째 삼진을 잡아냄으로써 필 니크로를 추월하고 팀 역대 1위가 됐다.

2005년 휴스턴과의 디비전시리즈 2차전에서 어깨 통증에도 불구하고 나선 스몰츠는 7이닝 동안 1실점으로 호투해, 5이닝 5실점에 그친 로저 클레먼스를 꺾었다. 이는 그의 15번째이자 마지막 포스트시즌 승리가 됐다. 애틀랜타는 시리즈 4차전에서 18회 연장 승부까지 가는 5시간 50분간 혈투 끝에 패했다.

2007년 4월 애틀랜타 브레이브스 시절 40세의 존 스몰츠.
사진 US Air Force/Don Peek

애틀랜타를 떠나다

존 스몰츠는 2008년에도 첫 4경기에서 3승 1패 0.78을 기록하며 좋은 출발을 했다. 네 번째 경기에서는 역대 16번째로 3000탈삼진을 달성했는데, 팀을 옮기지 않고 이를 달성한 것은 월터 존슨, 밥 깁슨에 이어 역대 세 번째였다. 그러나 스몰츠는 다섯 번째 등판에서 어깨에 이상을 느껴 부상자 명단에 올랐다. 그리고 6월 3일 마무리로 복귀했지만 블론세이브를 범했다. 이틀 후 다시 부상자 명단에 올랐고, 결국 시즌을 마감하는 어깨 수술을 받았다.

애틀랜타는 끝까지 2009년의 800만 달러 옵션을 행사하지 않았다. 결국 스몰츠는 보스턴과 550만 달러(인센티브 포함 최대 1000만 달러) 계약을 맺고, 1987년 디트로이트에서 건너온 지 21년 만에 애틀랜타를 떠났다.

무수한 팔꿈치 부상을 겪으면서도 유지했던 구속은, 그러나 처음 받은 어깨 수술 이후로는 돌아오지 않았다. 보스턴은 선발로 나선 8경기(2승 5패 8.33) 만에 그를 방출했다.

2009년 시즌 도중 스몰츠는 세인트루이스 카디널스 유니폼을 입고 다시 내셔널리그로 돌아왔다. 8월 23일에는 7타자 연속 삼진이라는 세인트루이스 역대 최고 기록을 세웠으며(선발 7경기 1승 3패 4.26), 그해 디비전시리즈 3차전에서는 6회 마운드에 올라 2이닝 1실점을 기록했다. 이것이 마지막 등판이 됐다.

스몰츠는 2010년에도 선수로 뛰기를 원했다. 하지만 그에게 온 오퍼는 TBS 방송국에서 온 애틀랜타 전담 해설가 자리가 전부였다. 2015년 스몰츠가 명예의 전당에 입성하기도 전에, 애틀랜타는 2012년 4월 그의 등번호 29번을 영구 결번으로 지정했다. 이후 스몰츠는 폭스 스포츠와 MLB 네트워크 등에서 야구 분석가로 활동하며 방송 일에 뛰어들었다.

고교 시절 농구 스타였던 존 스몰츠는 뛰어난 운동능력을 갖고 있었다. 바비 콕스 감독은 1997년 실버슬러거를 따내기도 한 그를 대주자로 즐겨 썼다. 스몰츠는 정규 시즌 통산 3개 도루와 함께 포스트시즌에서도 3개 도루에 성공했는데, 역사상 포스트시즌에서 도루를 2개 이상 기록한 투수는 그가 유일하다.

스몰츠가 특히 즐기는 운동은 골프였다. 스몰츠는 자신의 롱런 비결로 매일 아침 골프를 치느라 늦게 자지 않고 일찍 일어난 점을 꼽기도 했다. 프로 수준에 근접한 '스크래치 골퍼'(핸디캡 0)로 알려진 스몰츠는 2009년 US 오픈 골프 본선에 도전했다 실패하기도 했으며, 안니카 소렌스탐Annika Sörenstam과 대결을 벌여 승리하기도 했다 (한편 스몰츠는 자신과 친한 타이거 우즈Tiger Woods와 투타 대결을 갖기도 했는데, 우즈는 3타수 1안타를 기록했다). 2020년에는 LPGA 투어에서 아마추어 부문 2연패를 달성하기도 했다.

애틀랜타 팬들이 스몰츠를 진정으로 사랑한 것은 그가 마운드 위에서 보여준 모습 때문만은 아니었다. 마운드 위에서 이글거리는 눈빛을 보여준 그는 마운드를 내려오면 누구보다도 따뜻했다. 스몰츠는 매년 지역 유명 인사와의 자선 골프 대회를 주최해 '애틀랜타 어린이 건강재단'에 100만 달러가 넘는 돈을 기부했으며, 삼진을 잡을 때마다 100달러씩 기부하는 'Strike Out Hunger' 프로그램에 참여해 지역 푸드뱅크 사업에 적극 나섰다. 스몰츠는 2005년 로베르토클레멘테상을 수상하면서 "사이영상을 받았을 때보다 더 영광스럽다"고 밝혔다.

사이영상을 따낸 1996년을 제외하면, 스몰츠는 애틀랜타 3인방 중에서 '넘버 3'인 경우가 많았다. 애틀랜타가 드래프트 2라운드에서 직접 뽑은 톰 글래빈이나 최고 대우로 영입한 그레그 매덕스와 달리, 스몰츠는 22라운드 지명자였고 그것도 트레이드를 통해 들어왔다. 하지만 애틀랜타에서 가장 오래 활약한 이는 스몰츠였다. 스몰츠는 탈삼진(3011)과 세이브(154)에서 애틀랜타 기록을 세웠으며, 단일 시즌 세이브(55) 기록과 함께 애틀랜타로 연고지를 옮긴 후의 최다승(24) 기록도 갖고 있다.

부상과 혈투를 벌인 탓에 스몰츠는 3인방 중에서 가장 꾸준하지 못했다. 그리고 가장 적은 승수를 올렸다(그레그 매덕스 355승, 톰 글래빈 305승, 스몰츠 213승). 명예의 전당 득표율도 1년 일찍 들어간 매덕스와 글래빈이 각각 97.2퍼센트와 91.9퍼센트, 2015년 함께 들어간 랜디 존슨과 페드로 마르티네스가 각각 97.3퍼센트와 91.1퍼센트였던 데 비해, 스몰츠는 가장 낮은 82.9퍼센트였다. 그러나 중요한 순간 가장 빛났던 투수는 스몰츠였다.

마이크 무시나, 무관의 제왕

영상을 보고 분석할 필요가 없다.
어차피 그는 다른 투수가 될 것이다. _데릭 지터

마이크 무시나 Michael Cole "Mike" Mussina, 1968~

투수, 우투좌타

활동 기간 1991~2008(18시즌)

마이크 무시나는 조연이었다. 동시대를 지낸 페드로 마르티네스
와 랜디 존슨, 그레그 매덕스 등에 가려졌다. 무시나는 분명 시대를
지배한 에이스는 아니었다.

무시나를 대표하는 단어는 '불운'이다. 뛰어난 성적에 비해 상복
이 너무 없었다. 사이영상과 월드시리즈 우승 반지, 통산 300승과
3000탈삼진, 퍼펙트게임과 노히터를 모두 문턱에서 놓쳤다. 그 때문
에 사람들에게 특별히 각인되지 못했다.

그의 가치는 시간이 지나면서 더 높이 평가됐다. 그냥 지나쳤던
부분들이 하나둘씩 드러났다. 무시나는 자세히, 오래 보아야 진가를
알 수 있는 투수였다.

스탠퍼드대 수재

마이크 무시나는 1968년 펜실베이니아주 몬투어즈빌에서 태어났다. 몬투어즈빌은 작고 평화로운 마을이었다. 무시나는 마을의 조용한 분위기를 무척 좋아했다. 시즌이 끝나면 몬투어즈빌로 돌아와 휴식을 취할 정도였다.

무시나의 아버지는 변호사였다. 외모가 아버지를 쏙 빼닮은 무시나는 명석한 두뇌를 갖고 있었다. 하나를 가르치면 열을 깨달았다.

몬투어즈빌 바로 옆에 위치한 도시 윌리엄스포트는 리틀야구의 성지다. 무시나도 여덟 살 때부터 리틀리그 팀에 합류했다. 그때 생긴 별명이 바로 '무스Moose'다. 리틀리그에서 두각을 드러낸 그의 뒤에는 항상 아버지가 있었다. 아버지는 야구뿐 아니라 야구에서 배울 수 있는 삶의 교훈도 가르쳤다.

고교 시절 무시나는 야구와 농구, 미식축구를 병행했다. 세 가지 종목 모두 소질이 있었다. 놀라운 사실은 무시나가 학업 성적도 대단히 우수했다는 점이다. 외모마저 반듯했던 그는 현실에서 마주하고 싶지 않은 '엄마 친구 아들'이었다.

청소년 올림픽 미국 대표팀 투수였던 무시나는 LA 다저스와 시카고 컵스 등의 관심을 받았다. 다저스는 메이저리그 직행을 약속했다. 하지만 무시나의 동의를 얻지 못했다. 무시나는 집안이 경제적으로 여유가 있어서 당장 돈이 급하지 않았다. 또 아버지는 반드시 대학 졸업장은 있어야 한다고 생각했다. 컵스의 제안에 아버지가 내건 조건은 당시 최고액인 계약금 25만 달러였다.

무시나는 야구를 할 수 있는 대학에 진학했다. 명문 스탠퍼드대였다. 무시나는 스탠퍼드대 야구팀에서 에이스로 활약하며 대학 리그 우승도 이끌었다. 2학년 때 어깨 부상을 당했지만, 이듬해 다시 건강한 모습으로 돌아왔다. 성공적으로 대학 생활을 마친 무시나는 이전보다 귀한 몸이 됐다. 대학 입학 전인 1987년 드래프트에서 11라운드로 무시나를 뽑았던 볼티모어는 다시 1990년 드래프트에서 1라운드 전체 20순위로 지명했다.

무시나의 계약금은 22만 5000달러였다. 그런데 학교를 졸업하면서 2만 5000달러를 추가로 챙겼다. 도합 25만 달러는 아버지가 처음에 컵스에 요구한 금액이었다.

스탠퍼드에서 경제학을 전공한 무시나는 3년 반 만에 졸업장을 따냈다. 고교 졸업 후 바로 프로에 진출하는 것보다 대학을 나오고 나서 계약하는 것이 더 낫다는 내용의 논문도 발표했다. 계약 조항에 따라 더블A에서부터 시작한 무시나는 1991년 메이저리그 데뷔를 치렀다. 그의 높은 학력은 볼티모어에서도 화제였는데, 자니 오츠 Johnny Oates 감독은 "내가 모르는 것을 물어볼까 봐 두려웠다"고 고백했다.

아메리칸리그 동부에서 살아남다

마이크 무시나는 데뷔전 때부터 운이 따르지 않았다. 1991년 8월 5일 시카고 화이트삭스를 상대로 7.2이닝 1실점의 빼어난 피칭을 펼쳤지만, 타선의 득점 지원을 받지 못하고 패전을 떠안았다. 그 경기에서 화이트삭스의 선발 찰리 허프가 9이닝 완봉승을 달성했다. 프랭크 토머스는 무시나에게 홈런을 포함한 장타 3개를 뺏어냈다.

무시나는 데뷔전 패배를 마음에 담아두지 않았다. 1991년 12경기(4승 5패 2.87)에 선발로 나서 적응을 마친 뒤 1992년부터 본격적으로 질주했다. 그해 무시나는 18승 5패 2.54(241이닝 130삼진)를 기록하며 사이영상 투표 4위에 올랐다.

1993년에도 첫 11경기는 7승 2패 2.89로 시작했다. 그러나 6월 7일 시애틀의 포수 빌 하셀먼Bill Haselman을 저격해 벤치 클리어링을 일으켰다. 20분이나 이어진 이 벤치 클리어링 때문에 8명이 퇴장당하고 3명이 부상을 입었다. 무시나도 여파가 심각했다. 이후 13경기에 나서는 동안 평균자책점 6.37을 기록했다. 어깨와 허리에 통증을 느껴 결장하면서 6주간 공백도 생겼다(14승 6패 4.46, 167.2이닝 117삼진).

무시나는 1994년 단축 시즌에서 성적을 회복했다(16승 5패 3.06, 176.1이닝 99삼진). 1995년엔 처음이자 마지막으로 다승왕에 올랐다(19승 9패 3.29, 221.2이닝 158삼진). 그해 볼티모어는 9월 7일 홈경기에서 칼 립켄 주니어가 루 게릭의 연속 출장 기록을 뛰어넘었다(2131경기). 그 경기에서 무시나는 7.2이닝 동안 2실점으로 막아 승리를 챙겼다. 참고로, 립켄은 2년 전 무시나의 몸 맞는 공에서 촉발된 벤치 클리어링에 휩싸여 무릎을 다치는 바람에 연속 출장 기록이 1790경기에서 끊어질 뻔했다.

1996년 2년 연속 19승을 올린 무시나는 암흑기를 보내는 볼티모어의 희망이었다. 1995년부터 2000년까지 6년 연속으로 두 자리 승수와 200이닝을 돌파하며 95승을 거뒀는데, 같은 기간 리그에서 무시나보다 많은 승수를 기록한 투수는 앤디 페티트(100승)밖에 없었다.

1997년 시즌 이후 FA로 풀릴 예정인 무시나는 그해 5월 팀이 제안한 3년 2100만 달러의 연장 계약을 받아들였다. 무시나가 많이 양

보한 계약이었다. 하지만 볼티모어는 2000년이 돼서도 그를 홀대했다(5년 6000만 제안). 서운한 마음이 컸던 무시나는 볼티모어를 떠나기로 결심했다.

무시나는 투수에게 악명 높은 아메리칸리그 동부 지구에서 생존한 투수였다. 가까이서 목격한 같은 지구의 양키스와 보스턴이 무시나 영입전에 달려들었다. 더 적극적인 팀은 양키스였다. 양키스는 조 토레 감독과 팀의 전설 요기 베라를 앞세워 무시나를 데려오기 위해 총공세를 펼쳤다. 무시나는 6년 8850만 달러에 계약하면서 양키스에 입단했다.

2001년 양키스로 온 무시나는 명불허전이었다(17승 11패 3.15, 228.2이닝 214삼진). 30대 중반에 접어들면서 기량은 떨어졌지만 필요한 경기에 내보낼 수 있는 투수였다. 2004년 무시나는 역대 100번째 통산 200승 투수가 됐다. 2007년에는 양키스에서 100승째를 거머쥐었다. 각기 다른 두 팀에서 100승을 넘어선 투수는 무시나가 9번째였다(볼티모어 147승, 양키스 123승).

2006년 시즌 이후 2년 2300만 달러의 연장 계약에 합의한 무시나는 2007년 최악의 성적을 남겼다(11승 10패 5.15, 152이닝 91삼진). 친정 팀인 볼티모어를 만난 첫 등판 때부터 부진했다(4이닝 6실점). 선발진에서 제외되는 수모도 겪었는데 다시 돌아온 선발 3경기에선 호투를 이어갔다(3승 1.37). 그러나 시즌 마지막 등판에서 난타를 당하고 무릎을 꿇었다(5이닝 11피안타 6실점). 그를 무너뜨린 팀은 다름 아닌 볼티모어였다.

2008년 무시나는 그토록 염원하던 20승 고지를 밟았다(20승 9패 3.37, 200.1이닝 150삼진). 시즌 마지막 등판인 보스턴 원정에서 6이닝 동안 무실점 피칭을 펼쳐 20승을 만들어냈다. 구위는 이전 같지 않았지만 전에 없던 관록이 생겼다.

무시나는 이길 줄 아는 투수였다. 풀타임 첫 시즌인 1992년부터 2008년까지 17년간 올린 266승은 같은 기간 그레그 매덕스의 280승 다음으로 많았다. 승률 0.643는 200승 투수 중 세 번째로 높았다(페드로 마르티네스 0.684, 랜디 존슨 0.672). 2008년 시즌 후 양키스로부터 원하는 계약을 받지 못하자 무시나는 다른 팀을 찾지 않고 미련 없이 유니폼을 벗었다. 20승을 거두고 바로 이듬해 은퇴하는 경우는 무시나가 5번째로, 1967년 샌디 코팩스도 같은 선택을 했었다.

The Almost, 아까운 대기록 무산

마이크 무시나는 통산 300승에 30승을 남겨두고 은퇴했다(270승 153패 3.68). 3000탈삼진엔 187개가 부족했다(3562.2이닝 2813삼진). 300승과 3000탈삼진은 과거 투수에게 고려되는 명예의 전당 입성 기준이었다. 스스로 내린 결정이지만, 무시나는 이 기준을 충족하지 못했다. 이에 무시나가 명예의 전당에 적합한지를 두고 논쟁이 일어났다.

무시나는 사이영상 투표 5위 이내에 여섯 차례 이름을 올렸다. 1992년과 1994년은 4위, 1995년과 1996년, 2001년은 5위였다. 가장 아까웠던 시즌은 1999년이었다. 시즌 막판 스퍼트에 힘입어 사이영상 투표 2위에 올랐다. 그런데 1999년은 투수 트리플 크라운을 달성한 페드로 마르티네스의 해였다(23승 4패 2.07, 213.1이닝 313삼진). '외계인' 마르티네스에 비하면 무시나는 지극히 인간적이었다.

무시나가 유일하게 인연을 맺은 상은 골드글러브다. 수비가 견고했던 그는 골드글러브 7회 수상자다. 메이저리그 역사상 그보다 골드글러브를 많이 수상한 투수는 그레그 매덕스(18회)와 짐 캇(16회), 밥 깁슨(9회), 바비 샨츠Bobby Shantz(8회)뿐이다.

하지만 투수에게 있어 골드글러브는 다소 영향력이 떨어진다. 골드글러브가 많다고 해서 위대한 투수로 평가되지 않는다. 그레그 매덕스와 밥 깁슨이 골드글러브 덕분에 명예의 전당 투수가 된 것이 아니다(짐 캇과 바비 샨츠는 명예의 전당에 오르지 못했다). 골드글러브는 영예로운 상이지만, 투수에게는 부차적인 상이기도 하다.

무시나는 또 대기록 달성 앞에서 아깝게 좌절했다. 1997년 5월 31일 클리블랜드전에 등판했는데 짐 토미와 매니 라미레스 등이 포진한 그해 클리블랜드 타선은 리그 최강이었다. 무시나는 이 무시무시한 타선을 8회까지 퍼펙트게임으로 잠재웠다. 9회 첫 타자도 땅볼로 처리했는데, 다음 타자 샌디 알로마 주니어에게 통한의 첫 안타를 허용했다. 후속 두 타자를 연속 삼진으로 잡아낸 무시나는 1피안타 완봉승에 만족해야 했다.

아쉬움은 거기서 끝나지 않았다. 1998년 8월 5일 디트로이트전에선 첫 23타자를 연속 범타로 잡은 후 2루타를 내줬다. 2000년 8월 2일 미네소타전에서도 7회에 맞은 단타 하나 때문에 노히터가 무산됐다(1피안타 완봉승).

가장 깊은 탄식을 불러온 경기는 2001년 9월 3일 보스턴전이었다. 그해 양키스로 온 무시나는 라이벌전에서 퍼펙트게임에 도전했다. 8회까지 그 누구도 출루시키지 않았다. 9회 첫 두 타자를 땅볼과 삼진으로 제압한 무시나는 보스턴의 대타 칼 에버렛Carl Everett과 상대했다. 유리한 볼카운트(1볼 2스트라이크)를 점한 무시나는 4구째 바깥쪽 하이 패스트볼을 던졌다. 에버렛이 부드럽게 밀어 친 타구는 좌익수 앞에 떨어졌다. 후속 타자 트롯 닉슨Trot Nixon을 땅볼로 돌려세운 무시나는 또 한 번 1피안타 완봉승에 머물렀다. 경기 후 안타를 내준 공에 대해서는 "은퇴할 때까지 생각날 것 같다"고 말했다.

무시나는 월드시리즈 우승 반지도 획득하지 못했다. 9차례 진출한 포스트시즌에서 우승을 이뤄내는 데 실패했다. 무시나가 오기 전 3년 연속 월드시리즈 우승을 독차지한 양키스는 무시나가 은퇴한 직후 우승을 탈환했다. 무시나로선 양키스가 참 야속했다.

마이웨이

마이크 무시나는 자기 주관이 명확했다. 주변 분위기에 휩쓸리지 않았다. 투수와 타자가 힘으로 맞붙은 시대에도 구위에 집착하지 않았다.

무시나는 다양한 레퍼토리를 자랑했다. 대표적인 무기는 너클커브였지만 던질 수 있는 구종이 무척 많았다(무시나는 변화구를 늦게 배웠다). 프로에서 스플리터와 커터를 장착한 그는 팔색조 투수였다. 스트라이크존을 상하좌우로 활용하며 변화무쌍한 공을 던졌다. 최근 메이저리그를 주도하고 있는 피치 디자인Pitch Design 이론을 훨씬 일찍 실행했다.

무시나는 이성적이면서 감정적이었다. 동료들과 마음을 터놓고 어울리지 않았다. 그가 주로 식사를 함께 한 동료는 자신의 공을 받아준 불펜 포수였다. 그를 가리키는 별명 중 하나인 'Mr. Almost'도 양키스의 불펜 포수 마이크 보젤로Mike Borzello가 지어줬다.

2000년 8월 미네소타 트윈스를 상대로 1피안타 10대 0 승리를 거둔
볼티모어 오리올스의 마이크 무시나. 사진 MLB.COM 동영상 캡처

무시나는 미디어에 불친절했다. 때로는 결례를 범하기도 했다. 질문에 제대로 답하지 않거나 상대방을 쳐다보지도 않은 채 시큰둥하게 대답했다. 볼티모어 전담 해설위원인 짐 파머는 무시나의 실력은 인정하면서도 성격은 "이기적"이라고 비판했다.

양키스 전담 캐스터인 마이클 케이Michael Kay도 무시나에 대한 불쾌감을 숨기지 않았다. 케이는 "3분 정도 시간을 내달라고 부탁했는데, 그는 나를 마치 100만 달러를 달라고 한 사람처럼 대했다"고 전했다. 화가 난 케이는 무시나가 퍼펙트게임을 달성하더라도 인터뷰를 하지 않겠다고 선언했다. 실제로 둘은 이후 대화를 나누지 않았다.

또 무시나는 사람들과 철저히 거리를 뒀다. 자신의 영역에 타인이 침범하는 것을 극도로 싫어했다. 하지만 그가 다른 사람에게 피해를 준 적은 없었다. 적어도 그는 금지 약물이 성행한 스테로이드 시대에서 정정당당한 선수였다.

무시나는 6번째 도전인 2019년 득표율 75퍼센트의 벽을 넘어(득표율 76.7퍼센트) 명예의 전당에 입성했다. 선수 시절 정상에 오르지 못했기에 더욱 감격스러운 결과였다. 무시나는 "아마도 이 순간을 위해 모든 영광의 순간을 아껴뒀나 보다"라고 말했다.

선발투수는 처음 공보다 마지막 공을 잘 던져야 한다. 무시나가 던진 마지막 공은 마침내 그를 웃게 만들었다. 비운의 투수가 거둔 유종의 미였다.

페드로 마르티네스, 마운드 위의 외계인

야구는 내 자존심이자 내 이름이었다.
그리고 내 가족의 명예였다. _페드로 마르티네스

페드로 마르티네스 Pedro Jaime Martinez, 1971~

투수, 우투우타

활동 기간 1992~2009(18시즌)

야구에서 공격은 타자가 하는 것이다. 하지만 타자를 공격하는 투수가 있다. 페드로 마르티네스는 최고의 구위와 하늘을 찌르는 자신감으로, 스테로이드 시대를 정면 돌파한 우리 시대의 월터 존슨이었다.

마르티네스의 통산 조정평균자책점(154)은 1000이닝 이상을 던진 역대 552명 선발투수(선발 경기 80퍼센트 이상) 중 클레이튼 커쇼(155) 다음이다. 하지만 커쇼는 마르티네스보다 370이닝 이상 적게 던졌다(2021년 기준).

1900년 이후 200승에 성공한 투수는 95명인데, 통산 승률이 마르티네스(0.687)보다 높은 투수는 16년간 리그를 11번 제패한 팀(뉴욕 양키스)에서 뛴 화이티 포드(0.690)뿐이다.

마르티네스의 통산 피안타율(0.214)은 놀란 라이언(0.204)에 미치지 못한다. 하지만 마르티네스는 라이언과 달리 볼넷에도 인색했다. 그의 통산 WHIP 1.054는 역대 117명의 200승 투수 중 최고 기록으로, 2위 크리스티 매튜슨(1.058), 3위 월터 존슨(1.061), 4위 모르데카이 브라운(1.066)은 데드볼 시대 투수들이다. 또 마르티네스(10.04)는 랜디 존슨(10.61)과 함께 9이닝당 탈삼진 수가 10개를 넘는 두 명뿐인 3000이닝 투수다.

전성기 시절 페드로 마르티네스의 구위는 그야말로 충격적이었다. 사이드암에 가까운 스리쿼터로 뿌리는 95마일 강속구는 얼음 위를 미끄러지듯 비행했다. 패스트볼과 똑같은 투구 폼으로 던져 구분이 불가능한, 그리고 비정상적으로 긴 중지 때문에 비정상적인 역회전이 걸리는 서클 체인지업도 당대 최고였다. 커브의 낙차나 하드 슬라이더의 꺾임 역시 무시무시했으며, 슬라이더만큼이나 휘어지는 컷패스트볼까지 던졌다.

랜디 존슨의 구위는 최고였다. 그레그 매덕스의 제구도 최고였다. 하지만 마르티네스는 구위와 제구 모두 최고였다. 마르티네스는 2007년 역대 열다섯 번째이자 히스패닉 선수 최초로 3000탈삼진을 넘어섰는데(3154), 볼넷을 1000개 이상 내주기 전에 달성한 것은 퍼기 젠킨스, 매덕스, 커트 실링에 이어 네 번째였다. 마르티네스의 볼넷 대비 삼진 비율 4.15는 1900년 이후의 3000이닝 투수 중 커트 실링(4.38)에 이어 2위다. 3000이닝에 도달하기 전에 3000탈삼진을 달성한 것도 놀란 라이언과 존슨에 이어 세 번째였다.

1990년대 몬스터들

그러나 신은 딱 하나, 구위를 담을 그릇을 그에게 내려주지 않았다.

다저스에서 몬트리올로

페드로 마르티네스는 1971년 도미니카공화국에서 6남매 중 다섯째로 태어났다. '신발은 없어도 글러브는 있다'는 말처럼 야구로 숨을 쉬며 야구와 함께 자랐다. 1988년 열일곱 살의 마르티네스는 형 라몬, 막내 헤수스와 함께 LA 다저스에 입단했다. 명석한 두뇌를 자랑한 마르티네스는 도미니카공화국에 있을 때부터 영어 공부를 열심히 했다. 미국으로 건너갈 무렵에는 아무 불편 없이 영어를 구사할 수 있었다.

1992년 싱글A와 더블A, 트리플A를 휩쓸며 스포팅뉴스 선정 올해의 마이너리거에 올랐고, 그해 시즌이 끝나갈 즈음 메이저리그에 데뷔했다. 세 살 많은 형 라몬Ramon Martinez은 이미 오렐 허샤이저를 제치고 다저스의 에이스가 돼 있었다. 라몬은 1990년 20승, 1991년 17승을 올리며 각광을 받았다. 그러나 1992년 어깨 부상을 당해 서른 살이 되기 전에 정상의 자리에서 내려왔다.

풀타임 첫 시즌이던 1993년, 마르티네스는 때로는 선발로 나선 형 라몬을 구원하기도 하며 불펜 투수로서 10승 5패 2세이브 2.25의 좋은 성적을 올렸다. 하지만 다저스는 시즌 후 그를 몬트리올의 2루수 딜라이노 디실즈Delino DeShields와 바꿨다. 프레드 클레어Fred Claire 단장과 토미 라소다 감독, 프랭크 조브Frank Jobe 주치의는 작은 체구(178센티미터, 77킬로그램)와 위험한 투구 폼, 강속구라는 부상 삼박자를 갖춘 마르티네스가 오래 버티지 못할 거라고 생각했다. 하지만 이는 완벽한 오판이었다.

몬트리올 엑스포스(현 워싱턴 내셔널스)로 이적하고 두 번째 선발 등판이던 1994년 4월 13일, 신시내티전에서 마르티네스는 첫 22명 타자를 완벽히 처리했다. 남은 아웃카운트는 5개. 하지만 23번째 타자인 레지 샌더스Reggie Sanders를 맞히는 바람에 퍼펙트게임을 날렸다. 볼카운트 2볼 0스트라이크에서 나온 몸 맞는 공이었다(놀랍게도 샌더스는 마르티네스가 고의로 맞혔다고 생각해 마운드로 돌진했다). 8회를 무사히 넘기며 노히트노런까지 남은 아웃카운트는 3개. 그러나 9회 첫 타자에게 안타를 맞고 마운드에서 내려왔다.

1995년 6월 3일 샌디에이고와의 경기에서 마르티네스는 9회까지 27명을 완벽히 막는 퍼펙트게임을 달성했다. 그러나 몬트리올 역시 득점에 실패해 경기는 연장전으로 돌입했다. 10회 초 몬트리올이 한 점을 얻으면서 역사적인 10이닝 퍼펙트가 만들어지는 듯했다. 하지만 마르티네스는 10회 말 첫 타자이자 경기 28번째 타자인 빕 로버츠Bip Roberts에게 2루타를 맞았다. 펠리페 알루 감독은 투구 수가 96개에 이른 마르티네스를 마운드에서 내렸다. 마르티네스는 9이닝 1피안타 무실점의 승리에 만족해야 했다. 몬트리올의 신뢰를 받으며 마르티네스는 성장을 거듭했다.

몬트리올에서 보스턴으로

페드로 마르티네스가 몬트리올에서 만난 귀인은 바비 쿠에야르 Bobby Cuellar 투수코치였다. 쿠에야르 코치는 마르티네스의 서클 체인지업을 완성시켰다. 나중에 쿠에야르는 2002년에도 미네소타의 트리플A 팀에서 한 좌완 투수에게 체인지업을 가르쳤다. 훗날 사이영상을 두 차례 수상하는 요한 산타나였다.

1997년 서클 체인지업의 비중을 크게 늘린 마르티네스는 31경기에 선발로 나서 13번 완투하고(4완봉) 241.1이닝을 던지는 동안 305개 삼진을 잡아냈다. 17승 8패 1.90. 마르티네스가 패한 8경기에서 몬트리올이 올린 점수는 총 10점이었다. 1점대 평균자책점에다가 300탈삼진까지 기록한 것은 1972년의 스티브 칼턴 이후 최초였다. 우완 투수로는 1912년의 월터 존슨 이후 85년 만이었다.

그해 마르티네스는 사이영상 투표에서 1위 표 25장을 얻어 3장에 그친 그레그 매덕스를 제쳤다. 이로써 1991년부터 6년 동안 톰 글래빈, 매덕스, 매덕스, 매덕스, 매덕스, 존 스몰츠로 이어진 애틀랜타 3인방의 사이영상 퍼레이드는 막을 내렸다. 하지만 마르티네스를 데리고 있을 수 없었던 몬트리올은 그를 트레이드 시장에 내놓았다.

양키스를 비롯해 보스턴, 볼티모어, 토론토, 클리블랜드, 메츠, 샌디에이고 등 여러 팀이 마르티네스를 데려가겠다고 나섰다. 다저스의 프레드 클레어 단장마저 몬트리올의 짐 비티Jim Beattie 단장에게 전화를 걸었다. 몬트리올은 클리블랜드에 신인 투수 재럿 라이트Jaret Wright만 내주면 마르티네스를 넘기겠다고 했다. 하지만 클리블랜드는 거절했다. 마르티네스와의 재계약에 자신이 없었던 샌디에이고는 그 대신 플로리다에서 케빈 브라운을 데려왔다. 마르티네스 쟁탈전은 양키스와 메츠, 보스턴 간의 3파전으로 좁혀졌다.

메츠는 3명을 고르라면서 6명 이름이 적힌 명단을 몬트리올에 제시했다. 명단에는 마이너리거 시절 '제너레이션 K'로 불리며 각광을 받은 폴 윌슨Paul Wilson과 제이슨 이스링하우젠Jason Isringhausen이 들어 있었다. 하지만 몬트리올은 메이저리그에서 실패를 맛본

이들에게 관심이 없었다. 양키스의 제안엔 핵심 선수로 1997년 더블A 및 트리플A 135경기에서 타율 0.315 30홈런 92타점을 기록하고 메이저리그에 입성할 준비를 마친 3루수 유망주 마이크 로웰 Mike Lowell이 있었다. 하지만 투수를 받고 싶어 한 몬트리올은 칼 파바노 Carl Pavano와 토니 아마스 주니어 Tony Armas Jr.를 제시한 보스턴을 선택했다. 특히 파바노는 1997년 트리플A 23경기에서 11승 6패 3.12를 기록해 메이저리그에서 활약이 크게 기대되는 상황이었다.

보스턴 레드삭스는 트레이드를 성사한 지 한 달 만에 마르티네스와 6년 7500만 달러 계약을 맺었다. 그해 그레그 매덕스가 애틀랜타에 남으면서 맺은 5년간 5750만 달러 계약을 뛰어넘는 투수 역대 최고 대우였다. 1년 전 로저 클레먼스를 내보내면서 팬들의 집중 포화를 맞았던 보스턴 단장 댄 듀케트 Dan Duquette는 마르티네스를 영입함으로써 다시 최고의 단장이 됐다.

9이닝당 13.2삼진, 사이영상 3회

1998년 페드로 마르티네스는 19승 7패 2.89를 기록했다. 그리고 당시 트리플 크라운을 달성하면서 1위 표를 싹쓸이한 로저 클레먼스(20승 6패 2.65)에 이어 사이영상 2위에 올랐다. 펜웨이파크에는 '클레먼스가 누구냐'(Rocket Who?)라는 피켓이 등장했다.

1999년 6년 만에 형 라몬과 다시 한솥밥을 먹게 된 마르티네스는 23승 4패 2.07, 313탈삼진의 눈부신 활약을 펼쳐 트리플 크라운을 차지했다. 9이닝당 13.2개 삼진이라는 신기록을 세웠으며, 213.1이닝을 던지는 동안 솔로 홈런 9개만 내주는 괴력을 선보였다.

이때 만장일치로 두 번째 사이영상을 따낸 마르티네스는 같은 해

내셔널리그 사이영상을 차지한 랜디 존슨과 함께 게일로드 페리 이후 양 리그 모두에서 사이영상을 수상한 역대 2호, 3호 투수가 됐다(이후 로저 클레먼스와 로이 할러데이, 맥스 셔저가 뒤를 이었다).

그뿐 아니라 그해 마르티네스는 1992년의 데니스 에커슬리 이후 리그 MVP에 오르는 첫 번째 투수가 될 것으로 예상됐다. 그러나 더 많은 1위 표를 얻고도 총점에서 이반 로드리게스에게 밀려 많은 논쟁을 불러일으켰다(로드리게스 252점, 마르티네스 239점).

2000년 마르티네스는 11개 부문에서 리그 1위에 올랐다(18승 6패 1.74). 2년 연속 만장일치로 사이영상을 수상했음은 물론이다. 또 피안타율 0.167을 기록해 루이스 티안트가 1968년에 세운 라이브볼 시대 최고 기록(0.168)을 경신했다. 1968년 아메리칸리그의 평균 타율이 역대 최저인 0.230이었고 칼 야스트렘스키가 역대 최저인 0.301로 타격왕을 차지한 반면, 2000년 아메리칸리그의 평균 타율은 0.276였고 노마 가르시아파라는 0.372로 타격왕에 올랐다(공교롭게도 티안트와 마르티네스, 야스트렘스키와 가르시아파라는 모두 보스턴 출신 선수들이다).

스테로이드가 불러온 장타 폭발로 인해 타고투저가 절정에 달했던 그해, 마르티네스가 기록한 평균자책점 1.74는(2위 로저 클레먼스 3.70, 리그 평균 4.91) 조정평균자책점으로 따지면 291에 달했다. 즉 평균자책점에서 마르티네스는 그해 같은 리그의 평균적인 투수보다 세 배 더 뛰어난 투수였다. 이는 1914년 더치 레너드가 20세기 최고 평균자책점 기록 0.96을 만들어내면서 달한 279를 넘는 조정평균자책점 역대 최고 기록이다.

또 마르티네스는 선발투수로는 최초로 피안타(128)의 두 배가 넘는 삼진(284)을 잡아냈다. 그해 그에게서 고의사구를 얻어낸 타자는 한 명도 없었다.

1997년부터 2003년까지 7년간 마르티네스는 5번 평균자책점 타이틀을 따내고 213이라는 충격적인 조정평균자책점을 기록했다. 그는 지구를 정복하러 온 외계인이었다.

보스턴, 저주와의 싸움

절정의 시간을 보내는 동안 페드로 마르티네스의 어깨는 망가지고 있었다. 1999년 마르티네스는 전반기에만 15승(3패 2.10)을 따냈다. 마르티네스는 휴식하라는 주위의 권유를 뿌리치고 펜웨이파크에서 열린 올스타전에서 아메리칸리그 선발투수로 나섰다. 그리고 경기 시작과 함께 배리 라킨, 래리 워커, 새미 소사, 마크 맥과이어, 제프 배그웰을 삼진으로 잡아내, 칼 허벨이 1934년 올스타전에서 연출한 5연속 탈삼진을 재연했다.

하지만 결국 일이 터졌다. 마르티네스는 후반기 첫 등판에서 부상을 당하며 선발로 총 29경기에 나선 것으로 시즌을 마감했다. 이듬해인 2000년, 그는 부상자 명단에 오르지도 않았는데 29경기 선발에 그쳤다. 지미 윌리엄스Jimy Williams 감독과 조 케리건Joe Kerrigan 투수코치의 철저한 보호 때문이었다. 그해 마르티네스는 한 번도 휴식일이 적은 등판을 하지 않았고, 절반이 넘는 15경기에서 5일 이상 푹 쉬고 등판했다. 그럼에도 2001년엔 부상을 입어 시즌의 절반을 날렸다.

마르티네스는 보스턴에 내려진 저주를 깨기 위해 누구보다도 노력했다. 이에 양키스를 상대로 전의를 불태우는 대신 데릭 지터와

친하게 지내는 노마 가르시아파라를 비난하기도 했다. 마르티네스는 밤비노의 저주에 대해 묻는 질문에 "밤비노가 누구냐? 데려오면 내가 머리통을 날려주겠다"고 말해 파문을 일으키기도 했다. 물론 밤비노가 누구인지는 아주 잘 알고 한 말이었다.

1999년 포스트시즌에서 마르티네스는 몸 상태가 정상이 아니었는데도 17이닝 무실점을 기록했다. 클리블랜드와의 디비전시리즈 최종 5차전에서는 8대 8이던 4회 말에 올라와 6이닝 무실점의 구원승(12대 8)을 따냈으며, 양키스와의 챔피언십시리즈 3차전에서도 로저 클레먼스와 선발 맞대결을 벌여 7이닝 무실점의 승리를 만들어냈다. 하지만 보스턴이 챔피언십시리즈에서 챙긴 승리는 그 1승이 전부였다. 그해 포스트시즌에서 마르티네스를 제외한 나머지 보스턴 투수들의 평균자책점은 6.10이었다.

2003년 보스턴은 챔피언십시리즈에서 다시 양키스와 격돌했다. 양키스타디움에서 열린 7차전, 마르티네스는 야구 인생에서 가장 중요한 경기에 나섰다. 3차전 로저 클레먼스와의 대결에서 7이닝 4실점의 패전(클레먼스 6이닝 2실점 승리)을 안은 마르티네스는 7차전에서 7회까지 2실점으로 버티고 팀의 5대 2 리드를 이끌었다(클레먼스 3이닝 4실점 강판). 8회가 되자 마르티네스는 흔들리기 시작했다. 첫 타자 닉 존슨Nick Johnson을 유격수 땅볼로 잡아냈지만 데릭 지터에게 2루타, 버니 윌리엄스에게 중전 적시타를 맞아 3점째를 허용했다. 보스턴의 그래디 리틀Grady Little 감독이 마운드를 방문할 때 모두가 투수 교체를 예상했다. 마르티네스는 투구 수가 120개에 이른 상황이었다.

하지만 그래디 리틀 감독은 혼자 내려왔다. 더 던지겠다는 마르티네스를 믿었다. 그러나 마르티네스는 마쓰이 히데키와 호르헤 포사다에게 연속 2루타를 맞고 결국 동점을 내줬다. 보스턴은 연장 11회 말 팀 웨이크필드가 애런 분에게 끝내기 홈런을 맞아 월드시리즈 진출의 문턱에서 또 한 번 주저앉았다. 경기가 끝난 후 마르티네스는 "더 던지겠다고 한 것도, 경기를 망친 것도 나다"라며 모든 책임을 자신에게 돌렸다. 그래도 리틀 감독의 해임은 막지 못했다.

우승, 그리고 이적

2004년 챔피언십시리즈. 보스턴은 2년 연속으로 만난 양키스를 상대로 3연패 후 4연승이라는 기적을 연출했다. 이후 월드시리즈에 진출해 세인트루이스 카디널스와 맞붙었다.

챔피언십시리즈에서 특별한 활약을 하지 못한 페드로 마르티네스는 월드시리즈 3차전에서 7이닝 무실점의 승리를 따냈다. 보스턴에서의 마지막 등판이었다. 그 승리에 힘입어 보스턴은 4연승으로 시리즈 전체를 휩쓸었다. 1918년 이후 86년 만의 월드시리즈 우승이었으며, 밤비노의 저주를 끝내는 순간이었다.

보스턴은 구속이 크게 떨어지고 평균자책점이 2.22에서 3.90으로 오른 마르티네스를 잡지 않았다. 2004년 말 보스턴과 양키스의 외면 속에, FA가 된 그를 데려간 팀은 뉴욕 메츠였다.

메츠는 "마르티네스의 어깨는 회복 불가능한 수준"이라고 한 전 단장 스티브 필립스Steve Phillips의 말을 무시하고 마르티네스와 4년 5400만 달러 계약을 맺었다. 처음에 필립스의 말은 완전히 틀린 것으로 보였다. 입단 첫해 마르티네스가 떨어진 구속으로도 15승 8패 2.82(평균자책점 4위)의 준수한 활약을 펼쳤기 때문이다. 하지만 이

1999년 9월 10일 보스턴 레드삭스의 선발로 나온 페드로는
뉴욕 양키스와의 경기에서 9이닝 1피안타 1실점 17K를 기록하며
완투승을 기록했다. **사진 MLB 유튜브 캡처**

듬해인 2006년부터 부상에 시달리면서 결국 나머지 3년 동안 17승 15패 4.74에 그쳤다.

2009년 마르티네스는 7월에야 필라델피아 필리스와 계약할 수 있었다. 8월에 합류한 마르티네스는 챔피언십시리즈 2차전에서 다저스를 상대로 7이닝 무실점의 깜짝 호투를 선보였다. 그러나 양키스와의 월드시리즈 2차전에서는 마크 테세이라와 마쓰이 히데키에게 홈런을 맞으며 6이닝 3실점을 기록해 패전을 안았다. 찰리 매뉴얼 감독이 믿고 맡긴 6차전에서도 4이닝 4실점으로 무너졌다. 결국 필라델피아는 2승 4패로 월드시리즈에서 물러났다.

2010년 마르티네스는 계약이 원활하지 않자 가족과 시간을 보낸 후 다음 해에 다시 도전하겠다고 했다. 하지만 2011년에도, 2012년에도 복귀는 없었다. 통산 219승 2871이닝.

명예의 전당에 오른 다른 투수들에 비해 누적 기록이 적었는데도 페드로 마르티네스는 2015년 첫 투표에서 91.1퍼센트의 높은 득표율을 기록하며 헌액 기준인 75퍼센트를 가볍게 통과했다. 입회할 때 그는 보스턴의 모자를 선택했다.

마르티네스는 스테로이드로 무장한 골리앗들과 싸워 승리한 다윗이었다. 사람들은 거침없는 공격을 펼쳐 거인들을 궁지에 몰아넣는 그를 보면서 투수에게서 얻을 수 있는 극한의 희열을 느꼈다. 은퇴 후 ESPN과의 인터뷰에서, 그는 선수 시절 가장 상대하기 어려웠던 타자로 배리 본즈, 에드가 마르티네스, 데릭 지터, 케니 로프턴, 스즈키 이치로 이렇게 다섯을 꼽았다.

우리 시대의 에이스들

한국인 메이저리거의 역사는 박찬호에서 출발한다. 1994년 박찬호가 데뷔하면서 우리에게 메이저리그는 한층 가까워졌다. 우리는 박찬호를 통해 메이저리그에 빠져들었다.

1995년, 또 한 명의 아시아 선수가 데뷔에 성공했다. 박찬호와 같은 LA 다저스 유니폼을 입은 노모 히데오였다. '토네이도 열풍'을 몰고 온 노모는 그해 신인왕을 수상하는 파란을 일으켰다.

박찬호와 노모는 동료이자 경쟁자였다. 한국과 일본을 대표하는 두 선수의 활약은 우리를 즐겁게 했다.

두 선수처럼 자주 비교된 투수가 트레버 호프먼과 마리아노 리베라였다. 호프먼과 리베라는 역대 최고의 마무리를 두고 경쟁했다. 역사를 장식한 두 마무리 투수가 나오면서 불펜 분업화가 가속화됐다. 그러면서 선발투수가 완투하는 모습을 보기 힘들어졌다. 로이 할러데이는 옛 향수를 간직한 마지막 에이스였다.

트레버 호프먼, 팜볼 체인지업과 최초의 600세이브

그는 최고의 마무리였다. 그리고 우리의 리더였다.
_케빈 타워스Kevin Towers(전 샌디에이고 단장)

트레버 호프먼 Trevor William Hoffman, 1967~

투수, 우투우타

활동 기간 1993~2010(18시즌)

14번의 30세이브 시즌과 9번의 40세이브 시즌. 8년 연속 30세이브와 역대 세이브 2위.

트레버 호프먼은 2007년 메이저리그 최초로 500세이브를 달성한 데 이어, 2010년에는 처음으로 600세이브 고지에 올랐다. 그의 600세이브가 더욱 빛나는 것은 그 자리에 서기까지 극복한 역경들 때문이다.

호프먼은 1967년 애너하임에서 해병대를 제대한 한 직업 가수의 삼형제 중 막내로 태어났다. 장기 공연에서 돌아온 자신을 보고 "엄마, 저 아저씨 누구예요?"라고 물은 큰아들의 반응에 충격을 받은 아버지는 그길로 가수를 그만두고 우체국에 취직했다. 그리고 밤에는 부업으로 캘리포니아 에인절스 구장에 나가 좌석 안내를 했다. 국가를 부르기로 한 사람이 오지 않아 그 대신 노래를 부른 후로, 아버지는 '노래하는 좌석 안내원'(Singing Usher)으로 불리며 에인절스 구장의 명물이 됐다.

호프먼에게는 아홉 살 터울의 둘째 형 글렌Glenn Hoffman(전 샌디에이고 3루코치)이 있다. 지역 최고의 고교 유격수였던 글렌은 1976년 2라운드 지명을 받고 보스턴 레드삭스에 입단했다. 호프먼은 여름방학이 되면 보스턴의 트리플A 팀이 있는 포터킷으로 가 형과 함께 지냈다. 호프먼에게 형은 우상이자 부러움의 대상이었다. 하지만 그에게는 형과 같은 재능이 없었다. 그가 할 수 있는 것은 오직 노력뿐이었다.

고교 졸업 당시 호프먼의 체격은 168센티미터 59킬로그램에 불과했다. 여기에 더 치명적인 약점이 있었다. 호프먼은 신장 하나가 없었다. 태어난 지 6주 만에 왼쪽 신장이 기능을 멈추는 바람에 여섯 살 때 이를 제거하는 수술을 받았다. 하지만 부모님은 '미식축구를 하지 말 것'과 '물을 많이 마실 것' 두 가지를 빼고는 호프먼에게 모든 것을 허락했다.

프로는 물론 대학으로부터도 아무런 장학금 제안을 받지 못한 호프먼은 애리조나주에 위치한 사이프러스 칼리지에 진학해 야구를 계속했다. 그런데 그해 여름 키가 갑자기 8센티미터나 자랐다. 자신감을 얻은 호프먼은 애리조나대 야구팀에 노크를 했다. 하지만 입단은 거부됐다. 공에 다른 쪽 신장을 맞게 되면 죽을지도 모른다는 것이 이유였다. 호프먼은 코치를 찾아가 이렇게 말했다. "코치님, 내 한

쪽 신장은 오른쪽에 있어요. 그리고 나는 우타석에 들어선다고요."
호프먼의 고집을 꺾지 못한 코치는 입단을 다시 허락했다.

대학 3학년이던 1989년, 유격수인 호프먼은 타율 0.371를 기록하며 좋은 활약을 했다. 하지만 그해 드래프트에서는 신시내티 레즈로부터 11라운드 지명을 받는 데 그쳤다. 1루수로 타율이 호프먼보다 0.035나 낮았던 팀 동료 J. T. 스노J. T. Snow가 양키스의 5라운드 지명을 받은 것과 대조적이었다. 역시 신장이 문제였다. 신시내티는 '싫으면 말라'는 식으로 호프먼에게 단돈 3000달러의 입단 보너스를 제시했다. 호프먼은 이를 받아들였다. 그리고 이를 악물었다.

투수 전향, 샌디에이고

1990년 트레버 호프먼이 싱글A 팀에서 타율 0.212에 그치자, 짐 렛Jim Lett 감독은 총알 같은 1루 송구를 뿌리는 그에게 투수 전향을 제안했다. 리틀리그 이후 한 번도 투수를 해보지 않았던 호프먼은 과감히 이를 받아들였다.

1991년 호프먼은 싱글A 및 더블A 41경기에서 평균자책점 1.89를 기록하며 9이닝당 10개가 넘는 삼진을 잡아냈다. 1946년 스물다섯 살 나이에 외야수에서 투수로 전향해 결국 명예의 전당에 오른 밥 레몬 이후 최고의 투수 전향 사례가 탄생하는 순간이었다.

1992년 트리플A에서 고전하고 있던 호프먼은 원정 경기를 위해 방문한 버펄로의 어느 바에서 한 여성을 보고 첫눈에 반했다. 호프먼은 다가가 이야기를 나눴지만 '부동산 회사에서 일하는 트레이시'라는 것밖에 알아내지 못했다. 이후 에이전트에게 부탁해 회사를 알아냈다. 호프먼은 점심시간에 맞춰 회사를 찾아갔다. 그녀는 호프먼의 노력에 깊은 인상을 받았다.

6개월 후인 1993년 1월 31일, 캘리포니아주 패서디나의 로즈볼에서는 댈러스 카우보이스와 버펄로 빌스 간의 슈퍼볼 경기가 열리고 있었다. 빌스의 치어리더이기도 했던 트레이시는 통로에서 한 낯익은 사내가 걸어오는 모습을 봤다. 호프먼이었다. 호프먼이 번쩍 치켜든 피켓에는 큰 글씨로 다음과 같은 글이 적혀져 있었다. 'WILL YOU MARRY ME?'

호프먼이 필드로 나오려 하자 경비원이 제지했다. 호프먼의 사정을 들은 경비원은 "그렇다면 반지는 어디 있소?"라고 물었다. 호프먼이 꺼내든 볼품없는 반지를 본 경비원은 "가서 잘 해보슈"라며 길을 열어줬다. 호프먼은 무릎을 꿇었고, 트레이시는 눈물을 흘렸다.

프로포즈를 하기 두 달 전, 호프먼은 플로리다 말린스와 콜로라도 로키스의 창단으로 시행된 확장 드래프트에서 신시내티 레즈의 보호선수가 되지 못했다. 호프먼은 플로리다의 선택을 받았다. 1993년 4월 7일 호프먼은 감격적인 메이저리그 데뷔전에서 에릭 데이비스 Eric Davis를 삼진으로 잡아냈다(호프먼은 말린스의 창단 경기 로스터에 든 선수들 중 가장 긴 선수 생활을 하게 된다).

호프먼의 활약은 나쁘지 않았다. 하지만 플로리다에는 그보다 두 살 어리면서 더 위력적인 공을 던지는 롭 넨이 있었다. 그해 6월 25일 플로리다가 전년도 타격왕 개리 셰필드를 받아오면서 샌디에이고로 보낸 유망주 3명의 명단에는 호프먼의 이름도 끼어 있었다.

운명적인 부상

1994년 주전 마무리 진 해리스 Gene Harris가 부진에 빠지고 제1 셋업맨 제러미 에르난데스Jeremy Hernandez마저 부상을 당하자, 샌디에이고의 짐 리글먼Jim Riggleman 감독은 미천한 경력의 2년차 투수 트레버 호프먼에게 마무리를 맡겼다. 이는 시카고 컵스에서 투수 케리 우드를 망친 원흉으로 꼽히는 리글먼 감독의 최고 업적이었다. 호프먼은 기대 이상으로 잘해냈다.

대학 또는 프로에 와서 투수로 전향한 선수들의 공통점은 얼마 지나지 않아 부상을 당한다는 것이다. 이들의 어깨는 오랜 시간을 들여 만든 투수들보다 더 쉽게 고장 난다. 호프먼도 자신에게 문제가 생겼음을 눈치 챘다. 선수노조의 파업으로 1994년 시즌이 일찍 끝나자, 호프먼은 지체 없이 어깨 수술을 받았다. 그리고 1995년 4월 말 개막에 맞춰 돌아왔다. 하지만 최고의 무기였던 95마일 강속구는 사라지고 없었다.

예전으로 돌아갈 수 없음을 직감한 호프먼은 살아남으려면 달라져야 한다고 생각했다. 이에 지금까지 전혀 던지지 않았던 공을 던지기 시작했다. 1년 전 떠돌이 마이너리거인 도니 엘리엇Donnie Elliott에게서 배운 팜볼(손바닥에 공을 붙이고 엄지와 새끼손가락으로 공을 누르면서 앞으로 밀어내듯이 던지는 투구) 그립의 체인지업이었다.

1995년 호프먼의 평균자책점은 전년도 2.57에서 3.88로 올랐다. 패스트볼 구속이 90마일 초반대로 떨어진 데다, 손에 익지 않은 체인지업을 계속해서 던진 탓이었다. 그러나 계속 맞으면서도 체인지업을 포기하지 않았다. 강속구를 던질 수 없는 마무리로 살아남을 수 있는 유일한 방법이었다. 마리아노 리베라의 커터와 함께 메이저리그를 지배한 마구는 그렇게 탄생했다.

1996년 호프먼은 처음으로 40세이브에 성공했다. 그리고 그해

존 스몰츠, 케빈 브라운, 앤디 베네스Andy Benes, 노모 히데오에 이어
사이영상 투표 5위에 올랐다.

서클 체인지업이 대세인 메이저리그에서 타자들은 오직 호프먼
이 완성한 팜볼 체인지업에 대해 15년이 넘도록 감을 잡지 못했다.
이른바 '낙하산 체인지업'으로 불린 그의 체인지업은 홈플레이트 바
로 앞에서 탁 하고 낙하산이 펴진다.

지옥의 종소리

1998년 7월 27일 트레버 호프먼은 샌디에이고 퀄컴스타디움의
음향 담당자를 찾아갔다. 그리고 영화 '메이저리그'에서 주인공 투수
리키 본(찰리 쉰)이 등장할 때 나오는 'Wild Thing' 같은 등장 음악
이 없느냐고 물었다. 이에 담당자는 록 밴드 AC/DC의 'Hells Bells'
를 추천했다. 그날 호프먼은 41연속 세이브 성공이라는 메이저리그
타이기록을 세웠다.

이튿날 휴스턴전에서 호프먼은 음악 없이 등장했다. 그리고 9회
초 모이지스 알루에게 동점 솔로 홈런을 맞았다. 그해 처음이자 마
지막으로 기록한 블론세이브였다. 이후 호프먼이 홈에서 음악 없이
등장한 적은 없다.

1998년 호프먼은 53세이브를 기록하며 랜디 마이어스가 1993년
에 세운 내셔널리그 기록과 타이를 이뤘다(2002년 존 스몰츠, 2003년
에릭 가녜가 55세이브로 경신했다). 그리고 단 1블론으로 시즌을 마감
해, 사상 최초로 '40세이브 이상 1블론' 시즌을 만들어냈다(2003년
가녜가 최초의 0블론 시즌을 달성했다). 그해 호프먼은 사이영상 투표
에서 가장 많은 13장의 1위 표를 얻었다. 하지만 총점에서는 1위 표

　　　　　　　　　　　　　　　　우리 시대의 에이스들

가 11장인 톰 글래빈에게 밀렸다. 사이영상 투표 역사상 더 많은 1위 표를 얻고도 수상에 실패한 최초의 사례였다.

2002년 호프먼은 '8년 연속 30세이브'라는 신기록을 세웠다. 하지만 2003년 어깨가 다시 고장 났다.

이듬해 돌아온 호프먼에 대해 많은 사람이 의심을 품었다. 첫 번째 수술에서 돌아왔을 당시 호프먼은 스물일곱 살이었지만 이번에는 서른여섯 살이었다. 하지만 2004년 호프먼은 41세이브를 기록하며 화려하게 부활했다. 두 번째 복귀 이후 2009년까지 6년간 평균 세이브 수는 39.8개로, 앞선 8년 동안 기록한 40.9개와 큰 차이가 없었다.

그렇다면 호프먼은 어떻게 해서 이런 꾸준함을 유지할 수 있었을까. 나중에 182센티미터 98킬로그램의 거구가 됐지만, 호프먼은 어린 시절 언제나 또래보다 덩치가 작았다. 이에 시즌 중이든 아니든 단 하루도 빼놓지 않고 체력 훈련을 했다. 호프먼은 자신과 공동 훈련을 하고 싶어하는 젊은 투수들의 요청을 거절한 적이 없다. 하지만 그의 훈련량을 견뎌낸 투수 또한 없었다.

규칙적인 생활 습관도 지독했다. 데뷔하고 첫 10년간 매일 똑같은 티셔츠를 입고 오후 훈련을 했다. 너덜너덜해져 더 이상 입을 수 없게 되자 수소문 끝에 똑같은 티셔츠를 구했다. 편집증적일 만큼 똑같은 훈련 조건을 고집하는 이유에 대해, 호프먼은 "운동을 거르려는 생각이 아예 들지 않게 하기 위해서"라고 답했다.

경기가 있는 날도 마찬가지다. 호프먼은 불펜에서 정확히 5회까지 경기를 관전한 후 클럽하우스로 들어가 정성껏 스파이크에 광을 냈다. 뜨거운 물로 샤워한 다음 스트레칭을 하고, 불펜으로 돌아와 정확히 5분 동안 정해진 개수의 공을 던졌다. 경기 초반에 점수 차가 크게 나더라도 호프먼은 늘 같은 준비를 했다.

숫자보다 중요한 것

트레버 호프먼은 세이브를 거둘 때마다 공을 가져와 집 벽에 걸어뒀다. 통산 첫 세이브를 따낼 때부터 시작된 것으로, 집 벽에 300여 개 공을 걸어놓고 나머지 공들도 잘 보관했다. 공에 날짜와 세이브 수, 상대 팀, 스코어를 적고, 특별한 일이 있으면 간단한 메모도 해두었다. 호프먼에게는 일기였던 셈이다.

2005년 호프먼은 425세이브에 성공해 존 프랑코를 제치고 역대 2위로 올라선 뒤 기념구에 특별한 이름 하나를 적어 넣었다. 샌디에이고에서 10년째 자신의 공을 받아주고 있던 불펜 포수 마크 메릴라 Mark Merila였다. 마이너리거 때 뇌종양 수술을 받고 현역에서 은퇴한 뒤 샌디에이고에서 불펜포수를 맡아온 메릴라는 당시 뇌종양이 재발해 병마와 싸우면서도 홈경기 때마다 불펜에 나와 호프먼의 워밍업을 도왔다(메릴라는 결국 2010년 세상을 떠났다).

주변 사람들의 공통적인 증언은, 경기 중에는 말도 걸지 못할 정도로 무서운 그가 경기가 끝나면 한없이 다정한 사람으로 변신한다는 것이었다. 일찌감치 부인과 함께 신장 재단을 세운 호프먼은 세이브를 거둘 때마다 200달러씩 재단에 기부했으며, 매주 토요일 홈경기마다 신장병을 앓는 어린이들을 초청했다. 또 아버지의 제안에 따라 상이군인과 가족들에게 매년 1000장의 무료 티켓을 보냈다.

역대 최고의 1이닝 마무리는 마리아노 리베라다. 호프먼은 리베라보다 더 꾸준했을지 몰라도, 그와 같은 강력함은 보여주지 못했다

2008년 샌디에이고 파드리스 시절 40세의 트레버 호프먼.
그의 팜볼 그립이 잘 보인다. 사진 Dirk DBQ

(조정평균자책점 호프먼 141, 리베라 205). 리베라가 포스트시즌 마운
드에 94번이나 오른 반면(통산 42세이브 4블론 0.70) 호프먼은 12경
기밖에 나서지 못했다. 이를 단지 '팀 복'이라고 하기에는, 호프먼은
포스트시즌과 2007년 단판 승부 플레이오프, 그리고 올스타전 등에
서 너무 많은 실패를 보였다(포스트시즌 통산 4세이브 2블론 3.46).

2010년 영원할 것 같았던 호프먼의 세이브 행진에 제동이 걸
렸다. 1994년부터 2009년까지 16년간 평균 2.62로 한 번도 3점대
를 벗어나지 않던 평균자책점이 2010년 10세이브 5블론에 그치며
5.89로 치솟았다. 결국 호프먼은 그해 시즌 후 유니폼을 벗었다. 불
과 1년 전까지만 해도 700개에 도달할 것 같던 세이브 수도 601에
서 최종적으로 멈췄다.

이후 마리아노 리베라가 652개 세이브를 거두면서 호프먼은 2위
가 됐다. 하지만 남들보다 하나 부족한 신장으로 만들어낸 아름다운
2위였다.

박찬호, 메이저리그를 개척하다

어려움과 고통, 힘겨움은
모두 자신의 기준이 만든 착각일 뿐이다. _박찬호

박찬호, 1973~

투수, 우투우타

활동 기간 1994~2010(17시즌)

2010년 12월, 박찬호는 일본 프로야구 오릭스 버펄로스에 입단함으로써 17년간의 메이저리그 생활을 마감했다. 그는 대한민국 제1호 메이저리거이자 최고의 메이저리거였으며, 대한민국 야구팬들이 한마음으로 사랑한 선수였다.

다저스 입단

1973년 충남 공주에서 태어난 박찬호는 초등학교 4학년 때 육상부에서 야구부로 옮기며 야구를 처음 시작했다. 공주고 시절 박찬호는 싱싱한 어깨를 자랑했지만 '92학번 3인방'으로 불린 조성민, 임선동, 손경수 등에 가려져 있었다.

공주고 3학년 때인 1991년 굿윌 게임에 참가한 것이 그의 운명을 바꿨다. 다저스타디움에서 열린 한미일 고교 대항전에서 인상적인 모습을 보이면서 메이저리그 스카우트 사이에서 이름을 알리게 됐다. 메이저리그라는 큰 꿈을 꾸기 시작한 것도 이때부터였다. 박찬호는 입단 제의를 받은 빙그레 이글스에 가는 대신 한양대에 진학했다.

한양대 2학년이던 1993년, 박찬호는 버펄로에서 열린 유니버시아드 대회에 참가했다. 90마일 중반대의 강속구를 뿌린 그에게 메이저리그 팀들의 입단 제안이 쏟아졌다. 가장 적극적이던 애틀랜타 브레이브스는 심지어 공주까지 스카우트를 보내 20만 달러를 미리 줄 테니 군대를 먼저 다녀오라는 제안을 하기도 했다. 하지만 박찬호는 애틀랜타와 뉴욕 양키스를 뿌리치고 LA 다저스를 선택했다. 그리고 1994년 1월 13일, LA 코리아타운에 있는 한 한국 호텔에서 공식 입단식을 치렀다.

다저스가 제시한 조건은 파격적이었다. 박찬호가 받은 입단 보너스 120만 달러는 1993년 드래프트에서 전체 1순위로 지명된 알렉스 로드리게스가 받은 100만 달러보다 많은 금액이다(2순위 다저스 대런 드라이포트Darren Dreifort 130만 달러). 1995년 일본 최고 투수인 노모 히데오를 데려오는 데 사용한 입단 보너스가 200만 달러에 불과했던 다저스는 당시 많은 돈을 쓰는 팀이 아니었다.

1994년 다저스는 1993년 전체 2순위 지명자인 대런 드라이포트와 박찬호를 함께 개막전 로스터에 올렸다. 이에 박찬호와 드라이포트는 마이너리그를 거치지 않고 메이저리그에 직행한 역대 17번째, 18번째 선수가 됐다. 박찬호는 4월 8일 다저스타디움에서 열린 애틀랜타전에서 0대 4로 뒤진 9회 초 마운드에 올라와 볼넷(프레드 맥그리프Fred McGriff), 볼넷(데이비드 저스티스), 2루타(테리 펜들턴), 삼진(하비 로페스), 1루 땅볼(마크 렘키Mark Lemke), 삼진(켄트 머커Kent Mercker)으로 1이닝 2실점 2삼진을 기록하고 역사적인 데뷔전을 치렀다. 1965년 무라카미 마사노리村上雅則 이후 동양인 투수의 첫 번째 메이저리그 등판이었다(그날 경기에서 다저스는 애틀랜타의 좌완 머커에게 노히트노런을 당했다).

놀란 라이언을 연상시키는 하이킥 모션과 95마일 강속구는 다저스 팬들의 머릿속에 'Chan Ho Park'이라는 이름을 새겨 넣기에 충분했다. 팬들에게 박찬호를 소개하는 것이 목적이었던 다저스는 18일 만에 마이너리그행을 지시했다.

메이저리그와는 너무도 다른 마이너리그 생활은 그에게 또 한 번 충격을 가져다줬다. 박찬호는 인종차별과 싸우는 한편으로 영어를 배우기 위해 최선을 다했다. 그리고 숙소에서 경기장까지 뛰어다니며 강력한 하체를 만들었다. 1994년 더블A 20경기에서 5승 7패 3.55, 1995년 트리플A 22경기에서 6승 7패 4.91을 기록한 후 그해 9월 로스터가 확장될 때 메이저리그에 올라왔다.

박찬호는 1995년 10월 1일 샌디에이고를 상대로 나선 데뷔 첫 선발 등판에서 3이닝 1실점을 기록하며 선전했다. 또 5타자 연속 삼진을 잡아내는 강력한 인상을 남겼다.

1996년 박찬호는 불펜 투수로서 개막전 로스터에 들었다. 그리고 4월 6일 시카고 리글리필드 원정에서 선발 라몬 마르티네스가 부상을 당해 1이닝 만에 교체되자, 두 번째 투수로 나서 4이닝 7삼진 무실점의 메이저리그 첫 승을 따냈다. 그해 박찬호는 불펜과 선발을 오가며 48경기(선발 10경기) 5승 5패 3.64의 준수한 성적을 올렸다. 이 무렵 그는 체력 소모가 큰 하이킥 모션을 버리고 주 변화구 역시 슬라이더에서 버트 후튼 투수코치한테 배운 커브로 바꾸었다. 그리고 이듬해 스프링캠프에서 노장 너클볼러인 톰 캔디오티Tom Candiotti를 제치고 5선발 자리를 따냈다. 질주의 시작이었다.

눈부신 5년

1997년 박찬호는 14승 8패 3.38을 기록하고 노모 히데오(14승 12패 4.25)와 함께 팀 내 최다승을 올렸다. 그해 다저스는 한국 출신 박찬호와 일본 출신 노모, 도미니카공화국 출신 라몬 마르티네스와 페드로 아스타시오Pedro Astacio, 멕시코 출신 이스마엘 발데스Ismael Valdez가 '다국적 선발진'을 이뤄 화제를 모았다. 1998년 박찬호는 15승 투수가 됐으며(9패 3.71) 처음으로 200이닝을 던졌다. 그리고 방콕아시안게임에 국가대표로 나서 금메달을 따내고 병역을 면제받았다.

하지만 아시안게임 출전과 육군훈련소 입소로 인한 휴식 부족은 이듬해의 부진으로 이어졌다. 1999년 박찬호는 13승(11패)을 따내기는 했지만 평균자책점은 5.23으로 치솟았고, 세인트루이스의 페르난도 타티스Fernando Tatís에게 한 이닝 두 개 만루 홈런을 맞았다. 한 투수가 한 이닝 한 타자에게 두 개 만루 홈런을 허용한 것은 메이저리그 역사상 처음 있는 일이었다(1890년 빌 필립스Bill Phillips는 한 이닝 두 타자에게 만루 홈런을 허용했다). 한 타자가 한 이닝에 두 개 만루 홈런을 때려낸 섯도 최초였다.

2000년 박찬호는 개인 최다이자 팀 내 최다승인 18승(10패 3.27)을 기록하고 화려하게 부활했다(케빈 브라운 13승). 마지막 세 경기에서 8이닝 무실점, 8이닝 무실점, 그리고 완봉승을 거둬 25이닝 연속 무실점을 기록하는 등 시즌이 끝나는 것이 아쉬울 정도였다(마지막 9경기 7승 2패 1.60). 그해 내셔널리그에서 박찬호(217개)보다 더 많은 삼진을 잡아낸 투수는 단 한 명, 347개를 기록한 랜디 존슨뿐이었다.

1990년 라몬 마르티네스가 20승을 올린 이후 2011년 클레이튼 커쇼가 20승에 성공하기 전까지, 다저스 투수의 최다승 기록은 1999년 케빈 브라운, 2000년 박찬호가 기록한 18승이었다. 18승은 대만 출신 왕젠밍王建民(뉴욕 양키스)이 2006년 19승을 달성하기 전까지 아시아 투수의 시즌 최고 기록이기도 했다.

2001년은 박찬호에게 최고의 시즌이 되는 듯했다. 한국인 선수 최초로 올스타전에 출전해, 시즌 후 은퇴하겠다고 선언한 칼 립켄 주니어에게 배팅볼 같은 공을 던져줘 홈런을 맞았으며(립켄은 경기가 끝난 후 박찬호에게 고맙다는 인사를 했다), 9월 첫 경기까지 2.95를 기록해 첫 2점대 평균자책점을 기대하게 했다. 하지만 이후 6경기에서 7.14에 그치고 시즌을 마감했다. 구원 등판을 자청했다가 아웃카운트 없이 4점을 내주고 내려오기도 했으며, 마지막 등판에서는 당시 모든 투수가 피하던 배리 본즈와 정면승부를 하다 71호, 72호 홈런을 맞았다(15승 11패 3.50).

2000년과 2001년 2년간 박찬호는 70경기(선발 69경기)에 나서 33승 21패 3.38, 탈삼진 435개를 기록했다. 49번 퀄리티스타트를 기록해 71퍼센트의 성공률을 보였으며 피안타율(0.215)에서는 2년 연속 리그 3위에 올랐다.

1997년부터 2001년까지 5년간 박찬호는 케빈 브라운(75승) 및 마이크 무시나(74승)와 마찬가지로 75승을 올렸다(전체 13위). 또 앤디 페티트와 페드로 마르티네스보다 많은 1067이닝을 소화했으며(전체 11위), 랜디 존슨, 마르티네스, 커트 실링, 로저 클레먼스, 브라운, 무시나에 이어 7번째로 많은 삼진(966)을 잡아냈다. 더 중요한 것은 그 5년간이 스테로이드 시대의 최절정이었다는 점이다.

박찬호가 61승을 기록한 1998년부터 2001년까지 4년 동안 노모 히데오는 39승을 올리는 데 그쳤다. 2001년 시즌이 끝난 후 노모의 통산 성적은 82승, 박찬호는 80승이었다. 추월은 시간문제로 보였다.

텍사스 이적

공을 던질 때 하체를 많이 이용하는 투구 폼을 가진 박찬호는 덕분에 메이저리그에서 뛴 17년 동안 한 번도 팔꿈치와 어깨를 다치지 않았다. 하지만 이는 허리와 햄스트링에 엄청난 부담을 가져왔다.

2001년 박찬호는 좋은 성적을 내고 있었지만 사실 전담 포수인 채드 크루터Chad Kreuter의 노련한 볼 배합 덕택에 버티고 있는 것이었다. 허리에 문제가 생기면서 패스트볼 구위가 떨어지고 패스트볼로 잡아내는 삼진 수도 줄고 있었다. 심지어 박찬호는 경기 도중 허리 통증을 참지 못해 더그아웃에서 물통을 뒤집어 놓고 앉기도 했다.

2001년 시즌 초반 LA 다저스는 박찬호에게 5년 계약을 제시했다. 하지만 박찬호는 이를 거부하고 에이전트를 스콧 보라스로 교체했다. 보라스의 적극적인 세일즈에 힘입어 박찬호는 텍사스와 5년 6500만 달러라는 초대형 계약을 맺었다. 박찬호의 입단식에는 알렉스 로드리게스와 라파엘 팔메이로가 선수 대표로 참석했다. 박찬호는 타선은 강력했지만 마운드가 문제였던 텍사스가 택한 에이스였다.

하지만 플라이 볼 투수로서 다저스타디움에서 큰 이득을 본 박찬호에게 맞으면 넘어가는 텍사스의 알링턴볼파크는 지옥이나 다를 바 없었다(통산 평균자책점 다저스타디움 2.97, 알링턴볼파크 5.74). 다저스 시절의 박찬호는 여름 무더위가 시작되면 힘을 내기 시작했다. 하지만 메이저리그에서 가장 무더운 구장에서 뛰기에는 몸 상태가 정상이 아니었다.

박찬호는 오렐 허샤이저 투수코치의 도움을 받으며 땅볼 투수가 되기 위해 온 힘을 쏟았다. 하지만 매번 고비를 넘지 못했고, 결국 22승 33패 5.79의 초라한 성적을 거두고 3년 반 만에 텍사스를 나와야 했다. 이후 한동안 메이저리그에서 5년 계약을 맺은 투수가 나오지 않았을 정도로 그가 준 실망감은 컸다.

세 번째 팀은 샌디에이고였다(2005년 시즌 중반 필 네빈의 상대로 트레이드됐다). 차가웠던 벅 쇼월터 감독과 달리 샌디에이고의 브루스 보치Bruce Bochy 감독은 따뜻했다. 2006년 박찬호는 제1회 WBC에서 대한민국 대표팀의 4강 진출에 결정적인 역할을 했다. 그리고 5월 시작과 함께 선발 로테이션에 진입해, 7월까지 7승을 올리며 10승에 대한 기대감을 높였다. 하지만 8월 장출혈 부상을 입어 통산 7번째 10승에 대한 꿈을 날렸다. 예상보다 큰 수술에 박찬호는 동료들뿐 아니라 투수 제이크 피비의 아내로부터도 수혈을 받았다.

통산 124승, 개척자

2007년 박찬호는 뉴욕 메츠에 입단했다. 더 좋은 조건과 안정적인 자리가 보장된 팀들이 있었지만 가장 전력이 좋은 메츠를 택했다. 트리플A에서 시즌을 시작한 박찬호는 4월 30일 시즌 첫 등판에 나섰다. 하지만 4이닝 7실점을 기록하며 부진했고, 이후 메츠는 더 이상 기회를 주지 않았다. 박찬호는 메츠를 나와 휴스턴의 트리플A 팀에 입단했다. 그러나 메이저리그에 올라오지 못하고 그해 시즌을 마감했다.

시즌이 끝나자 다저스에서 오퍼가 왔다. 박찬호는 기다리면 더 좋은 팀이 나타날 수 있었는데도 주저하지 않고 계약했다. 2008년 7년 만에 친정 팀으로 돌아온 박찬호는 불펜 투수로서 준수한 활약을 펼쳐 팀의 포스트시즌 진출에 기여했다.

2009년 박찬호는 전해 리그 챔피언십시리즈에서 다저스를 꺾은 필라델피아로 이적했다. 선발로서는 크게 부진했지만, 불펜 투수로 전환해서는 활약이 대단했다. 처음으로 월드시리즈 무대도 밟았다. 2010년 박찬호는 다시 전해 월드시리즈에서 필라델피아를 꺾은 양키스로 이적했다. 하지만 2009년과 달리 부상이 발목을 잡았다. 결국 박찬호는 시즌 중간에 8번째 팀인 피츠버그로 이적해 그곳에서 통산 124승을 거두고 노모 히데오를 넘어섰다. 그리고 일본 야구라는 새로운 도전에 나섰다. 그 후 오릭스를 거쳐 한국으로 돌아온 박찬호는 2012년 한화 이글스에서 시즌을 마치고 은퇴했다.

노모 히데오가 메이저리그에서 거둔 123승은 일본 투수들이 2010년까지 거둔 승리(525승)의 23퍼센트에 해당한다. 그리고 박찬호가 거둔 124승은 같은 기간 한국 투수들이 거둔 승리(245승)의

51퍼센트에 해당된다(2019년 시즌 종료 후 일본 투수 929승, 한국 투수 315승). 2010년을 기준으로 메이저리그에서 뛴 외국인 투수 중 자국 투수들이 거둔 승리의 합계에서 차지하는 비중이 박찬호보다 더 높은 투수는 히스패닉 투수 최다승 기록(245승)을 갖고 있으며 니카라과의 영웅인 '더 프레지던트' 데니스 마르티네스(61퍼센트), 그리고 네덜란드 태생 투수의 91퍼센트에 해당하는 287승을 올린 버트 블라일레븐뿐이다. 하지만 블라일레븐은 어렸을 때 미국에 건너왔고 미국에서 성장했다.

가장 힘든 일 중 하나는 처음으로 길을 내는 것이다. 박찬호는 처음으로 길을 냈고, 많은 선수가 그 길을 따라 메이저리그에 도전할 수 있었다. 한국 팬들이 메이저리그라는 신세계를 접한 것도 그를 통해서였다. 언젠가는 그보다 더 뛰어난 한국인 투수가 메이저리그에 나타날지도 모른다. 하지만 그 누구도 박찬호에 대한 아련함은 지울 수 없을 것이다. 그는 대한민국 메이저리그 팬들의 '첫사랑'이었기 때문이다.

2008년 LA 다저스 시절 35세의 박찬호. **사진 Barbara moore**

마리아노 리베라, 신화가 된 마무리 그리고 커터

리베라가 있었기에 우리는 언제나 침착할 수 있었다. _조 토레

마리아노 리베라 Mariano Rivera, 1969~

투수, 우투우타

활동 기간 1995~2013(19시즌)

현덕은 공명과 함께 한강까지 와서 군사들에게 물었다.

"장군께서는 어떻게 싸우시더냐?"

군사가 대답했다.

"장군은 신이십니다. 황장군을 구해낼 때 모습을 이야기하오리다. 한번 창을 들고 적진을 헤치시는데 마치 배꽃이 펄펄 낙화가 되어 춤을 추는 듯하고 하얀 눈이 퍼뜩퍼뜩 공중에서 나는 듯하옵니다. 십만 대병을 앞에 놓고 필마단기로 딱 버티고 서 계신 용맹스런 모습은 혼신渾身이 도시담都是膽이더이다."

현덕은 기쁨을 이길 수가 없었다. 좌우편 험준한 산천을 돌아보며, 혼연히 공명을 향하여 말하였다.

우리 시대의 에이스들

"자룡의 일신은 과연 도시담이지."

_〈월탄 박종화 삼국지〉에서

두 번이나 적의 포위망을 뚫고 유비의 아들과 황충을 구해낸 상산 조자룡은 실로 일신도시담一身都是膽이었다. 메이저리그에도 '온몸이 담 덩어리'인 선수가 있다. 상대의 검을 진흙 자르듯 했다는 조자룡의 청홍검처럼, 커터로 상대의 방망이를 박살내며 15년 넘게 메이저리그 최고의 마무리로 군림한 마리아노 리베라다.

과거의 마무리들은 대부분 혹사를 겪으며 일찍 산화했다. 현재의 마무리들은 철저히 보호받고 있다. 그럼에도 롱런하는 선수는 많지 않다. 이닝 부담은 줄었지만, 그로 인해 더욱 커진 실패에 대한 중압감이 이들의 생명을 갉아먹기 때문이다. 적지 않은 마무리들이 육체적 부상 못지않게 정신적 부상을 입고 사라진다.

2001년 애리조나와 맞붙은 월드시리즈 최종전에서 루이스 곤잘레스Luis Gonzalez에게 맞은 끝내기 안타. 2004년 보스턴과의 리그 챔피언십시리즈에서 나온 두 경기 연속 세이브 실패와 그로 인한 메이저리그 최초의 '7경기 시리즈에서 3연승 후 4연패.' 리베라에게도 큰 충격이 될 만한 사건들이 있었다. 하지만 그 어느 것도 그의 심장에 생채기 하나 내지 못했다.

늦은 출발, 다저스의 마무리

파나마에서 가난한 어부의 아들로 태어난 마리아노 리베라는 어렸을 때부터 고기잡이배를 탔다. 열아홉 살 때는 정어리잡이 배를 탔다가 난파돼 나뭇조각을 잡고 떠 있다 구조된 일도 있었다. 농장일을 하며 근력을 키운 블라디미르 게레로처럼, 리베라는 그물질을 하며 팔을 강인하게 만들었다.

야구를 늦게 시작한 그의 포지션은 유격수였다. 어느 날 리베라는 자원해서 마운드에 올랐고, 그 모습을 양키스의 스카우트가 목격했다. 리베라는 1990년 스무 살 늦은 나이에 단돈 2000달러를 받고 양키스와 계약했다(중남미 유망주는 대부분 열여섯 살 생일이 지나면 곧바로 입단한다). 양키스가 이듬해 드래프트에서 1순위로 지명한 브라이언 테일러Brien Taylor에게 준 돈은 155만 달러였다.

1992년 리베라는 팔꿈치 수술을 받게 됐는데 그 후 강속구를 잃었다. 양키스는 플로리다와 콜로라도를 위한 확장 드래프트에서 리베라를 보호선수로 지명하지 않았지만 어느 팀도 리베라를 데려가지 않았다(반면 신시내티가 보호하지 않은 트레버 호프먼은 플로리다가 데려갔다).

1995년 양키스는 디트로이트 타이거스에서 데이비드 웰스를 데려오기 위한 카드로 리베라를 내놓았다. 트레이드 성사를 앞둔 어느 날, 진 마이클 단장은 트리플A 콜럼버스에서 올라온 보고서에서 눈에 띄는 한 줄을 발견했다. 팔꿈치가 정상으로 돌아온 리베라가 갑자기 강속구를 펑펑 꽂아 넣기 시작했다는 것. 양키스는 디트로이트로 보내기로 한 명단에서 리베라의 이름을 뺐고 트레이드는 결렬됐다.

1995년 5월, 스물다섯 살 나이에 데뷔한 리베라는 5번째 등판에서 8이닝 11탈삼진 무실점의 선발승을 따냈다. 하지만 양키스는 리베라가 불펜으로 가면 더 좋은 활약을 할 수 있다고 생각했다. 예상은 적중했다. 1996년 리베라는 셋업맨이었는데도 사이영상 투표

우리 시대의 에이스들

3위에 오르는 대활약을 펼쳤다. 양키스는 그해 월드시리즈 MVP를 차지한 존 웨틀랜드와의 재계약을 포기하고 리베라에게 마무리를 맡기는 두 번째 결단을 내렸다.

1997년 스물일곱 살에 마무리가 된 리베라는 출발이 좋지 못했다. 개막전에서 마크 맥과이어에게 초대형 홈런을 맞는 등 첫 6번의 세이브 등판에서 3번 실패했다. 텍사스 레인저스로 간 존 웨틀랜드가 세이브 행진을 이어가자 뉴욕 언론이 들고 일어섰다. 리베라가 세 번째로 경기를 망친 날, 조 토레 감독은 낙담해 있는 리베라를 자신의 방으로 불렀다. 그리고 그와 양키스를 살리는 한마디를 했다.

"네가 내 팀에 있는 한, 내 마무리는 너뿐이다."

6월 어느 날 리베라는 포심 패스트볼이 갑자기 말을 듣지 않았다. 똑바로 던지려 해도 공은 계속 왼쪽으로 휘었다. 커터성 무브먼트가 불쑥 생긴 것이다. 새로운 포심은 강력했지만 제구를 잡을 방법이 없었다. 리베라는 멜 스토틀마이어Mel Stottlemyre 투수코치와 함께 커터성 무브먼트를 없애기 위해 노력했지만 소용없었다. 이에 정체불명 공의 제구를 잡아보기로 했다. 그리고 마침내 커터와 포심을 분리하는 데 성공했다.

리베라는 처음에는 롭 넨이나 빌리 와그너처럼 포심과 슬라이더 조합을 가진 마무리로 출발했다. 하지만 커터를 얻자 슬라이더를 포기하고 포심과 커터 조합을 택했다. 그리고 투심 패스트볼을 추가해 공포의 '패스트볼 3종 세트'를 만들었다. 이로써 메이저리그 역사상 전무후무한, 오로지 패스트볼만 던지는 마무리가 탄생했다.

한때 선수 생활을 그만두고 종교에 귀의하려 했을 정도로 독실한 가톨릭 신자인 리베라는 신이 자신에게 커터를 내려준 것이라 믿었다. 신은 리베라를 구했고, 리베라는 양키스를 구했다.

리베라표 커터

마리아노 리베라가 유행시킨 후 커터는 메이저리그에서 필수 구종이 됐다. 이제는 마이너리그에서 배우고 올라오기도 한다. 로이 할러데이가 더 안정적인 투수가 된 데는 커터가 결정적이었으며, 앤디 페티트와 제이미 모이어의 롱런 비결 역시 커터였다. 그리고 나중에는 켄리 잰슨Kenley Jansen(LA 다저스)이라는 또 한 명의 강력한 커터 마무리가 등장했다. 그러나 리베라와 같은 커터를 던지는 투수는 나타나지 않고 있다.

커터는 포심과 슬라이더 중간 형태의 공이다. 슬라이더와 같은 방향으로 휘지만 슬라이더보다 덜 휘며, 슬라이더보다 빠르지만 포심보다 느리다. 2018년 메이저리그 투수들이 던진 커터의 평균 구속은 88.7마일이었다. 그러나 전성기 때 리베라가 던진 커터는 평균 구속이 93마일, 최고 구속이 95마일에 달했다.

화면상으로 커터를 구분해내기는 쉽지 않다. 하지만 슬라이더 못지않게 휘는 리베라의 커터는 식별이 쉽다. 커터는 일반적으로 홈 플레이트 앞에서 우타자의 바깥쪽이자 좌타자의 몸쪽으로 2.5에서 5센티미터가량 휜다. 하지만 그의 커터는 그 움직임이 12~15센티미터에 달한다(슬라이더 30~45센티미터).

"무슨 슬라이더가 이렇게 빠르나 싶어 전광판을 봤더니 96마일이 찍혀 있지 뭐예요. 더 까무러쳤던 것은 그 공이 커터였다는 것을 알고 난 후였습니다." 마이크 스탠리Mike Stanley의 말처럼, 리베라의 커터는 95마일짜리 슬라이더였다. 그의 커터가 칼 허벨의 스크루볼,

샌디 코팩스의 커브, 브루스 수터의 스플리터와 같은 대접을 받는 것은 어찌 보면 당연했다.

리베라는 어떻게 해서 남보다 강력한 커터를 던질 수 있었을까. 이른바 손가락 장난을 통해 패스트볼에 다양한 무브먼트를 주는 것은 손가락 힘이 뛰어나지 않고는 해내기 어렵다. 리베라는 최고의 투심을 선보인 그레그 매덕스와 함께 손가락 힘이 강하기로 유명했다.

은퇴할 무렵의 리베라는 전만큼 빠른 커터를 던지지 못했다. 그럼에도 38세 시즌인 2008년에는 피안타율 등 위력을 나타내는 거의 모든 지표에서 개인 최고 기록을 작성했다. 그리고 2009년에는 역시 개인 최고 기록에 해당하는 '36연속 세이브' 성공을 만들어냈다.

경력 후반에 접어들어 일어난 놀라운 일은 포심 구속이 95마일에서 4마일이 떨어지는 동안 커터의 구속은 93마일에서 2마일밖에 떨어지지 않은 것이다. 포심과 커터가 91마일 지점에서 뭉친 것. 커터는 타자가 포심인 줄 알고 치기를 바라는 공이다. 따라서 포심과 구속 차이가 적으면 적을수록 좋다. 대부분 커터는 그 투수의 포심보다 2마일 이상의 구속 차이를 보인다. 그러나 같은 구속으로 들어오는 두 가지 공 덕택에, 그는 43세 시즌까지 뛰어난 활약을 할 수 있었다.

좌타자의 악몽

우투수의 커터는 서클 체인지업만큼이나 좌타자에게 유용하다. 대부분 좌타자는 몸 쪽 낮은 코스를 선호한다. 이에 우투수는 체인지업을 바깥쪽으로 흘려보내거나, 커브나 슬라이더를 몸 쪽으로 낮게 떨어뜨려 헛스윙을 유도한다. 하지만 커터를 던지면 몸 쪽 높은 코스까지 공략이 가능해진다.

1년에 방망이 44개를 박살내기도 했던 마리아노 리베라는 역대 최고의 배트 브레이커였다. 리베라가 부러뜨린 방망이는 대부분 좌타자들의 것이었다. 치퍼 존스는 1999년 애틀랜타와 양키스가 격돌한 월드시리즈에서 동료 라이언 클레스코Ryan Klesko가 한 타석에서 방망이 세 개를 날려먹는 모습을 보고 리베라의 커터에 '원형 톱날 칼'(buzzsaw)이라는 별명을 붙였다(그해 월드시리즈 MVP는 리베라가 차지했다). 2013년 리베라가 은퇴 투어에 나섰을 때, 미네소타 트윈스 구단은 부러진 방망이로 흔들의자를 만들어 그에게 선물했다.

2006년까지만 해도 리베라는 패스트볼과 커터 비율을 5대 5로 유지했다. 하지만 커터 비중은 2007년 73퍼센트, 2008년 82퍼센트로 오르더니, 2009년에는 93퍼센트에 이르렀다. 특히 좌타자를 상대할 때는 아예 커터만 던졌는데, 스티브 칼턴이 슬라이더를 완성한 후 좌타자를 상대로 슬라이더만 던진 것과 같았다.

커터만 던지고도 좌타자를 상대하는 일이 가능할 수 있었던 것은 그의 커터가 다양하게 변했기 때문이다. 리베라는 거의 처음으로 좌타자의 바깥쪽으로 백도어 커터를 던진 투수였다(랜디 존슨이 양키스에 간 후 이를 따라 했지만 실패했다). 리베라의 통산 좌타자 피안타율은 0.209로 우타자 피안타율인 0.215보다 낮다. 이는 대단히 이례적인 것으로, 보통의 우투수는 좌타자 피안타율이 우타자를 상대할 때보다 1푼 정도 높다. 오직 놀란 라이언만이 우투수로서 리베라보다 낮은 좌타자 피안타율(0.203)을 기록했다. 이 때문에 스위치히터가 리베라를 상대하기 위해 우타석에 들어서는 장면이 연출되기도 했다.

리베라는 포스트시즌에서의 2개를 포함해 19년 동안 총 73개 홈런을 맞았다. 이 가운데 좌타자에게 맞은 것은 28개에 불과하다. 좌타자가 리베라의 공을 밀어 쳐 만들어낸 홈런은 딱 한 번 있었는데, 커터를 던지기 전인 1995년에 일어난 일이었다(월리 조이너Wally Joyner).

제구와 효율

커터만큼이나 중요한 성공 비결은 뛰어난 제구력이다. 제구력이 절정에 올랐던 2008년, 마리아노 리베라는 70.2이닝 동안 77개 삼진을 잡아내면서 단 6개 볼넷을 내주기도 했다(지역방송이 볼넷 허용을 속보로 전하기도 했던 1990년 데니스 에커슬리의 기록은 73.1이닝 4볼넷이다). 통산 볼넷 대비 삼진 비율 4.10은 역대 1000이닝 이상 던지고 은퇴한 투수 중 커트 실링(4.38)과 페드로 마르티네스(4.15)에 이어 3위에 해당한다.

리베라가 2009년 9월 23일 켄드리스 모랄레스Kendrys Morales에게 내준 볼넷은 1점 차 상황에서는 2005년 이후 처음으로 내준 9회 선두 타자 볼넷이었다. 인사이드 에지에 따르면, 2009년 리베라가 던진 공 중 좌우 말고 가운데 세 칸으로 들어간 비율은 11.2퍼센트에 불과했다. 카운트를 잡으러 들어가는 공조차 스크라이크존에 걸쳐 던지면서 19년간 뛰는 동안 볼카운트 2볼 0스트라이크에서 한 개의 홈런도 맞지 않았다.

그의 뛰어난 제구력은 조금의 흔들림도 없는 투구 폼에 바탕을 두고 있다. 밥 먹고 하는 일이 공을 던지는 일인 투수들이지만, 똑같은 딜리버리를 유지하기는 쉽지 않다. 하지만 리베라의 딜리버리에는 미세한 변화조차 일어나지 않는다. 투수 알 라이터AI Leiter는 리베라를 '피칭 로봇'이라고 부르기도 했다. 또 그의 투구는 단 하나의 일시 정지 화면에서도 문제를 찾아낼 수 없을 정도로 유연하고 안정적이었다. 이것이 롱런 비결이었다.

슬라이더가 주 무기였던 1996년, 리베라는 107.2이닝 동안 130개를 잡아내 9이닝당 10.87삼진을 기록했다. 그럼에도 최고의 탈삼진 구종인 슬라이더를 포기했다. 효율을 위해서였다. 리베라는 팀과 동료들을 위해 '10구 이내 삼자범퇴'를 목표 삼아 마운드에 올랐다. 삼진은 필요 없었다. 실제로 리베라는 타석당 평균 투구 수가 4개를 넘어본 적이 없었다. 스포츠일러스트레이티드에 따르면, 오직 14퍼센트의 타자만이 리베라가 4구째를 던지게 하는 데 성공했다.

가을의 지배자

마리아노 리베라가 기록한 조정평균자책점 205는 역대 1000이닝 투수 중 1위에 해당된다(니그로리그 출신 투수들을 제외하면, 2위 제이컵 디그롬 157, 3위 클레이튼 커쇼 155, 4위 페드로 마르티네스 154). 이는 마무리 투수 중에서도 독보적인 것으로, 트레버 호프먼은 141이며 데니스 에커슬리는 선발 시즌을 제외하더라도 136이다.

리베라의 통산 WHIP(1.0003)와 평균자책점(2.21)은 라이브볼 시대를 보낸 그 누구보다도 좋다. 리베라를 더욱 특별하게 만드는 것은 바로 포스트시즌이다. 많은 에이스가 심리적 중압감과 체력적 부담을 이겨내지 못하고 무너지는 포스트시즌에서, 리베라는 그야말로 펄펄 날아다녔다(포스트시즌 통산 평균자책점 0.70, WHIP 0.759).

그는 메이저리그 역사상 월드시리즈에서 우승을 확정 짓는 아웃카운트를 세 번이나 잡아낸 유일한 투수다. 포스트시즌에서 거둔 통산 42세이브는 공동 2위 브래드 리지Brad Lidge와 켄리 잰슨(18세이브)보다 24개가 많다(2020년 기준). 월드시리즈에서 따낸 11세이브도 2위 롤리 핑거스(6세이브)의 두 배에 가깝다.

2009년에 기록한 3개를 포함해 리베라가 1998년 이후 포스트시즌에서 거둔 41세이브에는 아웃카운트를 4개 이상 잡아낸 세이브가 29개나 들어 있다. 같은 기간 리베라를 제외한 나머지 마무리들이 포스트시즌에서 따낸 '1이닝 초과 세이브' 수는 34개였다. 2009년에도 흔들리는 필 휴즈Phil Hughes를 대신해 8회까지 책임진 리베라가 없었다면, 양키스는 챔피언십시리즈를 통과하지 못했을 것이다.

리베라가 포스트시즌에서 범한 블론세이브는 5개다. 마무리를 맡은 첫해였던 1997년 디비전시리즈 4차전에서 샌디 알로마 주니어에게 동점 홈런을 맞아 첫 블론을 범한 이후 23세이브 연속 성공이라는 대기록을 세웠다(리베라가 포스트시즌에서 맞은 홈런은 두 개다. 나머지 하나는 세이브가 아닌 상황에서 허용한 것이다. 즉 리베라는 포스트시즌에서 끝내기 홈런을 맞아본 적이 없다).

리베라의 기록이 멈춘 것은 2001년 애리조나 다이아몬드백스와의 월드시리즈 7차전이다. 축구 선수 출신으로 가장 뛰어난 번트 수비 능력을 자랑하던 리베라는 번트 타구를 잡아 악송구를 범했고, 결국 빗맞은 안타가 끝내기로 이어졌다.

나머지 3개가 나온 것은 2004년이었다. 미네소타와의 디비전시리즈 2차전에서 통산 3호 블론세이브를 범한 리베라는 시리즈가 끝난 직후 사촌 형과 그의 아들이 자신의 집 수영장을 청소하려다 감전사를 당했다는 비보를 듣고 급히 파나마로 날아가 장례식에 참가했다. 그리고 당초 결장할 것으로 보였던 보스턴과의 챔피언십시리즈 직전 극적으로 합류했다. 하지만 1차전과 2차전에서 세이브에 성공한 뒤 피로를 이겨내지 못하고 4차전과 5차전에서 2경기 연속으로 블론세이브를 범했다. 그가 고향을 다녀오는 일이 없었더라면, 보스턴의 리버스 스윕은 탄생하지 못했을지도 모른다. 4차전에서 빌 뮬러Bill Mueller의 동점 적시타, 5차전에서 제이슨 배리테크의 동점 희생플라이에 의해 블론을 범한 이후, 리베라는 다시 10연속 세이브 성공을 만들어내고 은퇴했다.

심장으로 던지다

2009년 9월 19일 마리아노 리베라는 스즈키 이치로에게 끝내기 홈런을 맞았다. 2007년 4월 이후 2년 5개월 만에 허용한 끝내기 홈런이었다. 하지만 리베라는 아무 일도 없었다는 듯 아이스크림을 먹으며 웃는 얼굴로 구장을 떠났다.

이는 뻔뻔해서가 아니라 팀을 위해서였다. 망각은 마무리에게 반드시 필요한 능력 중 하나다. 실패를 마음에 담아두면 언제 갑자기 실패의 공포에 휩싸이게 될지 모른다. 실패를 깨끗이 잊을 수 있다는 것은 바로 정신력이 만드는 능력이다. 데릭 지터는 자신이 경험한 사람들 중 가장 강한 정신력을 가진 사람으로 리베라를 꼽았다.

담력이 약한 투수는 몸 쪽으로 던질 수 없다. 바깥쪽 공은 벗어나면 볼이지만 몸 쪽 공은 타자를 맞힌다. 이에 가운데로 몰리는 실투의 위험성이 대단히 높다. 또 메이저리그 심판들은 몸 쪽 공에 대단히 인색하다. 하지만 리베라는 전혀 아랑곳없이 우타자에게도 몸 쪽

2007년 6월 샌프란시스코 자이언츠전에서 등판에 앞서 불펜에서 몸을 풀고 있는 마리아노 리베라. 사진 Dennis Yang

포심을 던졌다.

2012년 5월 3일, 리베라는 데뷔 후 가장 큰 부상을 당했다. 리베라는 평소 동료들이 경기 전 연습 배팅을 하면 외야에 나가 타구를 잡으며 스트레스를 풀곤 했는데, 이날도 외야로 날아온 공을 잡으려다 미끄러져 무릎 전방 십자 인대가 끊어지는 큰 부상을 당한 것이다. 많은 사람이 9경기에 나서 5세이브에 그친 리베라가 이대로 은퇴할 것으로 생각했다. 하지만 리베라는 꼭 돌아오겠다고 약속했고, 이듬해 정말로 돌아왔다.

43세 시즌인 2013년, 리베라는 44세이브를 기록함으로써 마지막까지 완벽한 모습을 보이고 은퇴했다. 그해 시티필드에서 열린 올스타전은 오직 그의 마지막을 지켜보기 위한 무대였다. 마지막 홈경기에서 앤디 페티트와 데릭 지터가 자신을 교체하러 올라오자 페티트의 품에 안겨 엉엉 우는 것으로 19년 동안의 마음고생을 끝냈다.

평상복을 입은 리베라의 모습은 연봉만 1억 7000만 달러를 벌어들인 갑부라고 하기에는 너무도 소박했다. 짧은 머리와 끝까지 채운 단추, 치켜 입은 바지는 패션 테러리스트라고 해도 무리가 없을 정도였다. 하지만 이는 그만큼 그가 야구에 몰입한 생활을 했다는 증거였다. 야구는 그의 또 다른 종교였다.

모든 팀이 뉴욕 양키스를 꺾고 싶어 한다. 하지만 아주 오랫동안, 양키스의 심장부로 통하는 최종 관문에는 커터를 비켜 들고 유유히 서 있는 '끝판왕' 리베라가 있었다.

노모 히데오, 토네이도 열풍

소시민은 도전자를 비웃는다. _노모 히데오

노모 히데오 野茂英雄, 1968~

투수, 우투우타

활동 기간 1995~2005, 2008(12시즌)

통산 124승과 123승. 메이저리그에서는 그다지 특별해 보이지 않는 이 기록들은 아시아의 두 위대한 개척자, 박찬호와 노모 히데오가 만들어낸 위대한 업적이다.

통산 123승은 메이저리그 역대 413위에 해당하는 기록으로, 바르톨로 콜론Bartolo Colon이 세운 247승 히스패닉 최다승 기록의 절반에 불과하다. 통산 100승을 달성한 도미니카공화국 선수가 13명, 베네수엘라 선수가 7명, 쿠바 선수가 6명, 멕시코 선수가 5명, 푸에르토리코 선수가 4명인 반면, 아시아 선수는 박찬호와 노모 둘뿐이다.

메이저리그에서 아시아 선수들은 철저한 마이너리티다. 2021년 메이저리그의 개막전 로스터에서 아시아 선수들이 차지한 비중은

1.4퍼센트로(일본 8명, 한국 4명, 대만 1명) 히스패닉 선수들(26.9퍼센트)의 19분의 1에 불과했다.

1964년 무라카미 마사노리는 아시아 선수 최초로 메이저리그에 진출해, 샌프란시스코 자이언츠에서 2년간 뛰고 돌아갔다(통산 5승 1패 3.43). 하지만 사실상 일본인 메이저리거 1호 선수는 노모다. 노모 이후 메이저리그에 데뷔한 일본인 투수는 무려 48명. 하지만 그들 중 최다승은 구로다 히로키黑田博樹와 다르빗슈 유Yu Darvish(샌디에이고)가 거둔 79승으로 두 번째 100승 투수는 아직 나오지 않고 있다(2021년 기준).

일본 야구를 평정하다

노모 히데오는 1968년 오사카에서 태어났다. 어린 노모가 유일하게 잘하고 유일하게 좋아한 것은 야구, 그중에서도 피칭이었다. 공부는 물론 심지어 타격에도 관심을 두지 않던 노모는 피나는 노력을 거쳐 자신만의 투구 폼을 만들어냈다.

하지만 어깨를 2루 쪽으로 최대한 비틀었다 던지는 그의 투구 폼은 코치들을 경악하게 만들고도 남았다. 메이저리그에서도 케빈 브라운, 제러드 위버Jered Weaver, 팀 린스컴, 펠릭스 에르난데스 등이 노모처럼 어깨를 비틀었다 던졌다. 하지만 노모만큼 극단적으로 어깨를 비트는 투수는 없었으며, 앞으로도 없을 것이다.

노모는 야구 명문 고등학교에 진학하지 못했다. 그의 학교는 고시엔 본선에 나가지 못했고, 노모는 프로행에 실패했다. 이에 노모는 사회인 야구 팀인 신일본제철에 입단했다. 자신의 투구 폼에는 절대로 손대지 못한다는 조건과 함께.

영화 '의천도룡기'에서 장무기가 절벽에서 굴러 떨어졌다가 구양신공을 배운 것처럼, 노모는 프로 입단에 실패하고 간 신일본제철에서 결정적인 '비공'을 손에 넣었다. 감독이 대수롭지 않게 알려준 포크볼 그립이었다. 이때부터 노모는 포크볼만 파고 또 팠다. 그리고 포크볼이 완성되자 사회인 야구가 도저히 감당할 수 없는 수준의 투수가 됐다. 노모는 1988년 서울올림픽을 통해 자신의 존재감을 일본 전역에 확실히 알렸다.

1990년 드래프트에서 일본 프로야구 12팀 중 무려 8팀이 노모를 1순위로 지명했다. 추첨을 통해 우선교섭권의 행운을 얻은 팀은 긴테쓰 버팔로스였다. 노모 쟁탈전에서 패한 요코하마가 선택한 선수는 '대마신' 사사키 가즈히로佐々木主浩, 야쿠르트 스왈로스가 선택한 선수는 '컴퓨터 포수' 후루타 아쓰야古田敦也였다.

이렇게 노모는 일본 프로야구 최초로 1억 엔대 계약금(1억 2000만 엔)을 받고 긴테쓰에 입단했다. 또다시 자신의 투구 폼에는 절대로 손대지 못한다는 조건과 함께.

1990년 일본 프로야구에는 노모 열풍이 불었다. 네 번째 경기에서 시즌 첫 승과 함께 17탈삼진의 일본 야구 타이기록을 세운 노모는 그해 29경기에 선발로 나서 21번 완투했다. 완투에 실패한 7경기 중 한 경기는 10회 2사에서 교체된 것으로, 경기당 8.38이닝을 던졌다. 노모는 다승(18승 8패), 평균자책점(2.91), 탈삼진(235이닝 287삼진), 승률(0.692) 4관왕이 됐다. 그리고 일본 프로야구 역사상 처음이자 마지막으로 신인왕과 사와무라상, MVP를 휩쓸었다.

1991년에도 노모는 29경기에 선발로 나서 22번 완투했다. 그리고 다시 다승과 탈삼진에서 1위에 올랐다(31경기 17승 11패 1세이브

3.05, 242.1이닝 287삼진). 1993년까지 노모는 다승과 탈삼진 1위를 4연패했는데, 데뷔 첫해부터 4년 연속 다승왕에 오른 투수는 일본 역사상 노모가 처음이었다.

메이저리그를 꿈꾸다

1990년 미일 올스타전에서 노모 히데오는 내셔널리그 MVP인 배리 본즈를 두 차례 상대해, 볼넷을 내주고 만루에서 적시타를 맞는 완패를 당했다. 이는 노모에게 또 다른 목표를 만들어줬다(훗날 노모는 메이저리그 진출 첫해에 샌프란시스코를 상대로 2번 완봉승을 거두면서, 본즈를 8타수 무안타 4삼진으로 완벽히 제압한다).

1993년 미일 올스타전에서 노모에게 또 다른 자극을 준 선수가 등장했다. 벌써 사이영상을 세 번이나 따내고 있던 보스턴의 로저 클레먼스였다. 노모는 클레먼스의 공을 보면서 이들과 경쟁하고 싶다는 강한 열망을 가졌다. "미국에 와라. 너라면 가능하다." 클레먼스가 해준 이 말도 그의 뜨거운 가슴에 불을 붙였다.

데뷔하고 첫 4년간 너무 많은 공을 던진 노모는, 1994년 마침내 어깨에 무리가 왔다. 여기에 1993년에 부임한 스즈키 게이시鈴木啓示 감독은 구단과 노모 간의 약속을 무시하고 그의 투구 폼에 간섭하기 시작했다. 현역 시절 300승을 달성한 스즈키 감독은 노모가 8월에 부상을 당하자 "이제 그는 끝났다"고 발언했다.

그해 시즌이 끝나갈 무렵이던 10월 1일 경기에서, 노모는 4회 머리에 타구를 맞고 교체됐다. 두개골에 실금이 간 상황인데도 노모는 10월 9일 경기에 자원 등판해 7.1이닝 동안 144개 공을 던졌다. 그리고 10월 13일 경기에서는 10이닝 완투를 하면서 182개를 던졌다.

10월 17일에도 연장 10회까지 177개 공을 뿌렸다. 머리에 부상을 입은 채로 아흐레 동안 세 경기에 나서 503개 공을 던진 것이다. 이는 스즈키 게이시 감독을 향한 메시지였다. 그리고 일본에서 보여준 마지막 투혼이자 작별 인사였다.

시즌 후 노모는 구단에 다년 계약을 요구했다. 하지만 구단은 이를 거부했다. 이에 노모는 미국행을 선언했다. 노모는 '은퇴한 선수는 어떤 팀에서도 뛸 수 있다'는 조항을 이용해 FA 자격을 얻었다(일본 프로야구는 이후 이 조항을 고쳤다).

노모는 양키스와 메츠, 샌프란시스코, 애틀랜타 등을 방문했다. 하지만 반응이 시원치 않았다. 당시 메이저리그에 있는 동양인이라고는 1994년 LA 다저스에 입단해 2경기에서 4이닝을 던진 더블A 투수 박찬호가 전부였다. 134경기에 선발로 나서 80번 완투를 하고, 140구 이상 61번 던졌으며, 198구 16볼넷을 기록한 노모의 일본 프로야구 경력은 감탄이 아니라 우려의 대상이었다.

결국 노모는 입단 보너스 200만 달러와 최저 연봉 10만 9000달러를 제안한 LA 다저스의 유니폼을 입었다. 10만 9000달러를 당시 엔화로 환산하면 980만 엔으로, 그의 1994년 연봉(1억 4000만 엔)의 14분의 1에 불과한 금액이었다. 반면 메츠가 1994년 드래프트에서 폴 윌슨을 전체 1순위로 지명하면서 준 보너스는 155만 달러였다. 일본 최고의 투수였던 스물여섯 살의 노모는 그렇게 신인과 다를 바 없는 대우를 받고 미국 땅을 밟았다.

다저스, 노모 마니아

1995년 메이저리그에는 1990년 일본에서 일어났던 것과 똑같은 일이 일어났다. 노모 히데오가 엄청난 센세이션을 일으킨 것이다. 전해 시작된 선수노조 파업의 여파로 5월 3일에야 데뷔전을 치른 노모는 일본 프로야구 데뷔 당시 네 번째 경기에서 17삼진 타이기록을 세웠던 것처럼, 데뷔 네 번째 경기에서 14삼진을 잡아냈다. 그리고 6월 15일 9번째 등판에서는 16삼진이라는 다저스 신인 최고 기록을 세웠다.

노모가 들고 나타난 포크볼은 메이저리그 타자들이 난생처음 보는 공이었다. 메이저리그에 포크볼이 등장한 것은 1920년대였는데, 던지기도 힘들고 몸에 큰 무리가 와서 이후 그보다 던지기 쉽고 부상 위험성도 덜한(그리고 더 효과적인) 스플리터로 대체됐다. 이에 포크볼이라는 말은 아예 없어져버렸다(미국에서 일본 선수들의 포크볼을 스플리터라 부르는 이유도 이 때문이다).

메이저리그 타자들은 다른 메이저리그 투수들이 던지는 스플리터와는 비교할 수 없을 정도로 엄청난 낙폭을 자랑하는 노모의 포크볼에 연신 헛방망이질을 해댔다. 결국 그해 노모는 13승(6패)과 함께 평균자책점 2위(2.54), 탈삼진 1위(236)에 올랐다(물론 두 번째로 많은 볼넷도 허용했지만). 9이닝당 11.1개 삼진은 샌디 코팩스가 1962년에 기록한 10.6개 삼진의 다저스 최고 기록을 경신한 것이었다.

노모는 신인으로서는 1981년 페르난도 발렌수엘라 이후 처음으로 올스타전 선발투수가 됐다. 아메리칸리그의 선발 랜디 존슨과 맞대결에 나선 노모는 6명 중 세 타자(케니 로프턴, 에드가 마르티네스, 앨버트 벨)를 삼진으로 잡아냈다. 노모가 과연 신인이냐를 두고 메이저리그에서는 뜨거운 논쟁이 벌어졌지만, 신인상 투표에 참가한 28명 기자 중 18명은 히데오, 10명은 치퍼 존스(타율 0.265 23홈런

86타점)를 선택했다.

노모는 일본의 국민적 영웅이 됐다. 노모가 등판하는 날 일본에선 '다저스 시절 박찬호 등판일의 한국'에서와 똑같은 일들이 일어났다. 노모가 주인공인 무수한 호외도 뿌려졌다. 일본뿐이 아니었다. LA에서도 1981년 '페르난도 (발렌수엘라) 마니아' 열풍이 불던 때와 비슷하게 '노모 마니아'가 전역을 휩쓸었다. 에미상 수상자이자 다저스 열성 팬인 앨런 버그먼Alan Bergman은 노모 헌정가를 발표하기도 했다. 노모는 그해 11월에 열린 미일 정상회담에도 초대됐다.

그렇다고 모두가 노모를 반긴 것은 아니었다. 메츠 원정 경기에서 노모를 응원하러 온 일본인 팬들이 백인 청년들에게 집단 폭행을 당하는 일도 일어났다. 하지만 그렇게 점점 메이저리그는 동양인 선수에게 적응해가고 있었다.

1996년 9월 18일, 비가 추적추적 내리는 콜로라도 쿠어스필드에서 대사건이 일어났다. 노모가 '투수들의 무덤'이라 불리는 그곳에서 노히트노런을 달성한 것이다. 이후 쿠어스필드에서 노히트노런은 더 이상 나오지 않고 있다. 노모 이후 노히트노런을 단독으로 달성한 다저스 투수는 2014년 조시 베켓Josh Beckett과 클레이튼 커쇼 둘뿐이다.

그는 포기하지 않았다

1997년 노모 히데오는 드와이트 구든 이후 처음으로 데뷔와 함께 3년 연속 200탈삼진을 달성한 선수가 됐다. 하지만 메이저리그 타자들은 그의 투구 폼에 서서히 적응해가고 있었다. 시즌이 끝난 후 노모는 팔꿈치 수술을 받았다. 이에 포크볼의 보호막 역할을 한 패스

2005년 8월
뉴욕 양키스 산하의
트리플A 팀 콜럼버스
클리퍼스에서 뛰던 시절
36세의 노모 히데오.
그의 토네이도 투구 폼이
잘 보인다.
사진 Ryosuke Yagi

트볼이 구위와 구속이 뚝 떨어졌다.

1998년 노모는 12경기에 나서 2승 7패 5.05에 그치자 시즌 중간에 뉴욕 메츠로 트레이드됐다. 하지만 메츠에서도 달라진 것은 없었다(16선발 4승 5패 4.82). 1999년 노모는 시카고 컵스에 입단해, 구단의 요구대로 마이너리그에서 시즌을 시작했다. 하지만 계속 마이너리그 등판을 지시하자 문을 박차고 나왔다. 새로 자리를 잡은 곳은 밀워키 브루어스였다. 특히 필 가너Phil Garner 감독은 노모에게 큰 신뢰를 보냈다.

1999년 노모는 밀워키에서 12승 8패 4.54를 기록했다. 시즌 후 밀워키는 노모를 웨이버로 공시했고, 필라델피아 필리스가 클레

우리 시대의 에이스들

임을 걸어 데려갔다. 하지만 계약에 실패하면서 다시 FA가 됐다. 2000년 노모는 필 가너 감독이 자리를 옮긴 디트로이트 타이거스로 가 8승 12패 4.74의 성적을 냈다. 그의 메이저리그 경력은 그렇게 마감되는 듯했다.

하지만 그사이 노모는 변신을 진행하고 있었다. 노모는 포크볼이라는 자존심을 버리고 슬라이더와 커브를 가다듬기 시작했다. 2000년 시즌이 끝날 즈음, 노모가 시도한 변화는 막바지에 이르렀다. 이에 FA 시장에 나온 노모에게는 의외로 많은 팀이 달려들었다. 하지만 노모는 오로지 페드로 마르티네스의 피칭을 옆에서 보고 싶다는 일념하에 보스턴 레드삭스를 선택했다.

2001년 4월 5일 노모는 보스턴 데뷔전에서 볼티모어를 상대로 생애 두 번째 노히트노런을 달성했다. 팀의 데뷔전에서 노히트노런을 거둔 투수가 나온 것은 사상 최초였으며, 메이저리그 역사상 시즌 중 가장 빠른 날짜에 나온 노히트노런이었다. 보스턴 투수의 노히트노런은 1965년 데이브 모어헤드Dave Morehead 이후 처음이었다. 또 1992년에 개장한 '타자들의 구장' 캠든야즈에서 나온 처음이자 마지막 노히트노런이었다.

이로써 노모는 사이 영, 짐 버닝, 놀란 라이언에 이어 양 리그에서 모두 노히터를 만들어낸 역대 네 번째 선수가 됐다(이후 랜디 존슨이 역대 다섯 번째 선수가 됐다). 페드로 마르티네스가 부상에 신음한 그해, 노모는 팀 내 최다승(13)과 함께 삼진 220개(리그 1위)를 잡아내고, 1995년 내셔널리그에 이어 아메리칸리그에서도 탈삼진 타이틀을 따냈다.

노모가 기록한 9이닝당 통산 8.73개 삼진은 지금의 기준으로는 많지 않게 느껴진다. 그러나 2021년 메이저리그 평균이 8.90개인 반면, 노모가 10.00개를 기록해 아메리칸리그 1위에 오른 2001년의 메이저리그 평균은 6.74개였다.

그가 하고 싶었던 말

2002년 댄 에번스Dan Evans 단장이 이끄는 LA 다저스는 노모 히데오를 다시 데려와 개막전 선발을 맡겼다. 하지만 노모는 3이닝 4실점을 기록해 패전을 안았다. 이듬해에도 개막전 선발로 나섰다. 그리고 랜디 존슨과의 맞대결에서 완봉승을 따냈다. 그다음 경기에서 노모는 동양인 선수 최초로 100승을 달성했다(2003년 4월 21일).

노모는 2002년과 2003년 2년 연속으로 팀 내 최다인 16승을 올렸다. 하지만 2003년 시즌이 끝나고 받은 어깨 수술이 그의 마지막 불꽃을 꺼뜨렸다. 2004년 노모는 18경기에 나서 4승 11패 8.25에 그쳤고, 다저스 역사상 15디시전 이상에서 최악의 평균자책점을 기록한 투수가 됐다. 시즌 후 800만 달러의 옵션 사용은 당연히 거부됐다.

2005년 노모는 탬파베이 데블레이스와 80만 달러에 계약했고, 6월 17일 미일 통산 200승에 성공했다. 하지만 20경기 이상 선발로 나서면 인센티브 70만 달러를 주기로 했던 탬파베이는 20번째 경기 이틀 전 그를 방출했다. 노모의 성적은 가난한 구단 탬파베이가 70만 달러를 지불할 수준이 아니었다(5승 8패 7.24). 노모는 그해 뉴욕 양키스와 마이너 계약을 맺었지만 메이저리그에 올라오지 못했다.

2006년 노모는 시카고 화이트삭스와 계약했는데, 역시 메이저리그에 올라오지 못하고 방출됐다. 그리고 다시 한 번 팔꿈치 수술을 받았다. 이에 노모는 자신의 자존심이었지만 팔꿈치에 큰 부담이 되는 토네이도 투구 폼을 수정하기로 했다. 2007년엔 베네수엘라리그 팀과 계약하고 메이저리그 재도전을 준비했다.

2008년 노모에게 기회를 주겠다는 팀이 나타났다. 캔자스시티 로열스였다. 4월 10일 노모는 2005년 7월 16일 이후 거의 3년 만에 메이저리그 마운드에 올랐다. 하지만 알렉스 로드리게스와 호르헤 포사다에게 백투백 홈런을 맞았다. 3경기에 나서 4.1이닝 동안 9실점을 한 것이 노모의 마지막이었다. 노모는 그해 4월 29일 방출됐다. 그리고 7월 18일 메이저리그 123승, 미일 통산 201승으로 은퇴를 선언했다.

노모는 왜 롱런하지 못했을까. 물론 일본에서의 혹사도 큰 영향을 미쳤지만 투구 폼 자체가 몸을 갉아먹었다. 토네이도 투구 폼은 그렇다 치더라도, 그는 하이 패스트볼과 포크볼 간의 높이 차이를 극대화하기 위해 팔이 귀에 닿을 정도로 붙어 나오는 극단적인 오버핸드 딜리버리를 갖고 있었다. 샌디 코팩스가 커브의 낙차를 극대화하기 위해 그랬던 것과 같았다. 메이저리그 역사에서 극단적인 오버핸드 투구 폼을 갖고 롱런한 투수는 없다.

좀 더 몸을 아꼈다면, 좀 더 현실과 타협했다면 노모는 더 길고 평탄한 선수 생활을 했을지도 모른다. 하지만 이는 그에게 있을 수 없는 일이었다. 오늘 모든 것을 태워버리는 선수. 그것이 바로 우리의 기억 속에 남아 있는 노모다.

로이 할러데이, 마지막 완투형 에이스

로이 할러데이 Harry Leroy "Roy" Halladay, 1977~2017

투수, 우투우타

활동 기간 1998~2013(16시즌)

데드볼 시대의 투수 조 맥기니티의 별명은 '철인'(Iron Man)이었다. 아일랜드 더블린 출신인 아버지는 아일랜드 감자 대기근(1847년)을 겪는 과정에서 미국으로 건너왔고, 맥기니티는 광부로 일하다가 나중엔 주물공장에서 일하며 메이저리그를 꿈꿨다.

1899년 스물여덟 살 나이에 메이저리그 투수가 된 맥기니티는 하루 두 번 선발 등판은 물론 더블헤더 경기에서 완투를 달성하는 등 괴력을 뽐냈다. 이에 '철을 다루는 사람'이었던 맥기니티의 별명 '철인'은 지치지 않는 투수 또는 선수를 지칭하는 말이 됐다.

2632경기 연속 출장을 달성한 칼 립켄 주니어와 함께, 로이 할러데이는 우리가 목격한 마지막 철인이었다.

철인의 시작

콜로라도주 덴버가 고향인 로이 할러데이는 어릴 때부터 야구에 대한 열정이 남달랐다. 할러데이는 놀란 라이언을 꿈꾸며 라이언의 개인 코치였던 톰 하우스가 쓴 책들을 읽고 또 읽었다.

지하실에 할러데이를 위한 마운드를 만들어준 아버지는 아들의 재능을 확인한 후 지역 내 최고의 피칭 전문가인 버스 캠벨Bus Campbell에게 데려갔다. 캠벨의 제자 중에는 명예의 전당에 오른 마무리 리치 고시지가 있었다. 할러데이의 재능을 한눈에 알아본 캠벨은 일주일에 두 번 그를 가르쳤다. 그리고 수업료를 받지 않았다.

고교 졸업반인 할러데이가 1995년 드래프트에 나왔을 때 그를 눈여겨 본 팀은 필라델피아 필리스였다. 그러나 필라델피아는 1라운드 14순위로 투수가 아니라 야수를 택했다. 필라델피아가 할러데이를 뽑았다면 할러데이는 커트 실링의 뒤를 이어 필라델피아의 에이스가 됐을 것이다. 그리고 2008년 월드시리즈 우승을 함께했을 것이다.

그를 데려간 팀은 스승 버스 캠벨이 스카우트로 있던 토론토 블루제이스였다. 토론토는 할러데이의 체격을 마음에 들어했다. 토론토의 1993년 15순위 지명자 크리스 카펜터Chris Carpenter와 1995년 17순위 지명자 할러데이는 모두 198센티미터의 장신이었다. 할러데이는 캠벨에게 괘종시계를 선물했다. 그리고 메이저리그에 승격되자 자신의 등판을 볼 수 있도록 댁에 위성 방송 안테나를 달아줬다.

1975년생인 크리스 카펜터는 1997년 5월, 1977년생인 할러데이는 1998년 9월 메이저리그에 데뷔했다. 하지만 1992년과 1993년에 걸쳐 월드시리즈 2연패를 달성했던 토론토는 파티가 이미 끝난 후였다. 토론토는 할러데이가 있었던 12년 동안 대부분 긴축재정을 했다.

데뷔하고 두 번째 경기에서 스물한 살의 할러데이는 대기록에 도
전했다. 9회 2사까지 볼넷과 안타 하나 허용하지 않고 디트로이트
타선을 실책 하나로 봉쇄한 것이다. 그러나 마지막 아웃카운트를 남
겨놓고 대타 바비 히긴슨Bobby Higginson에게 홈런을 맞았다. 지금까
지 데뷔전에서 노히터를 따낸 투수는 없으며, 두 번째 경기에서 달
성한 선수는 1991년의 윌슨 알바레스Wilson Alvarez(시카고 화이트삭
스)와 2007년의 클레이 벅홀츠Clay Buchholz(보스턴)뿐이다.

총잡이의 탄생

1999년 풀타임 첫해의 성적이 준수했던 로이 할러데이에게 시련
이 찾아왔다. 2000년 19경기(13선발)에 나서 4승 7패 10.64에 그침
으로써 한 해 10경기 이상 선발로 나선 투수 중 역대 최악의 평균자
책점을 기록했다. 할러데이의 기록은 2011년 브라이언 매터스Brian
Matusz(볼티모어)가 12경기에서 1승 9패 10.69에 그치면서 경신했다.

마이너리그로 내려가고 나서도 갈피를 잡지 못하던 할러데이 앞
에 두 명의 새로운 스승이 나타났다. 토론토의 인스트럭터 멜 퀸Mel
Queen과 스포츠심리학자 하비 도프먼Harvey Dorfman이었다. 어린 날
의 스승 버스 캠벨이 따뜻했다면 퀸은 차가웠다. 퀸은 할러데이의
망가진 투구 폼을 바로잡는 한편으로, 때로 모욕적인 언사를 써가며
내재된 승부의 화신을 일깨웠다.

어릴 적 톰 하우스의 피칭 교본을 읽고 또 읽었던 할러데이는 이
때부터는 하비 도프먼의 책을 품고 살았다. 할러데이는 부진에 빠질
때마다 그의 책을 읽었고 그래도 해결되지 않으면 이메일로 상담을

받았다. 2001년을 싱글A에서부터 다시 시작한 할러데이는 더블A와 트리플A를 거쳐 돌아왔다. 그리고 질주를 시작했다.

할러데이는 팀 아나운서인 톰 칙Tom Cheek에게서 '닥Doc'이라는 멋진 별명을 선물받았다. 서부 시대의 실존 인물로 치과 의사이자 총잡이였던 닥 할러데이Doc Holliday와 이름이 거의 같아서다. 할러데이는 토론토의 '닥'이었다. 상대 에이스와 결투해 승리하는 총잡이이자 아픈 충치를 빼주는 치과 의사가 됐다.

할러데이는 2002년 처음으로 올스타가 됐다(239.1이닝 19승 7패 2.93). 2003년엔 사이영상 투수가 됐다(266이닝 22승 7패 3.25). 그해 할러데이는 9월 6경기에서 5번 완투를 만들어냈다. 그중 한 경기는 10이닝 무실점의 완봉승이었다. 이로써 1991년 월드시리즈 7차전에서 잭 모리스(미네소타)가 기록한 이후 처음으로 10이닝 완봉승에 성공한 투수가 됐다(이후 2005년 세인트루이스의 마크 멀더가 마지막으로 달성했다).

그런데 또 시련이 찾아왔다. 이번에는 부상이었다.

커터 2.0 버전

컷패스트볼(커터)은 로이 할러데이에게 중요한 공이었다. 하지만 커터를 던지면 극심한 통증이 찾아왔다. 부상을 입어 2004년 시즌을 망치고부터 커터를 자제했다. 2005년 할러데이는 사이영상 시즌을 만들어가던 중 케빈 멘치Kevin Mench(텍사스)의 타구에 맞아 정강이 골절상을 입고 시즌을 마감했다(18경기 12승 4패 2.33). 2006년 할러데이는 커터를 다시 꺼내들었다. 그러나 커터를 던질 때마다 팔의 수명이 줄어든다는 느낌을 받았다.

2007년 중반 할러데이는 떠돌이 포수인 살 파사노Sal Fasano에게 자신의 고민을 털어놨다. 파사노는 그립을 바꿀 것을 제안했다. 그러자 놀랍게도 고통이 사라졌다. 그해 올스타전에 출전한 할러데이는 마리아노 리베라를 찾아가 한 번 더 그립 수정을 받았다. 리베라의 조언대로 지지대 역할을 하는 엄지손가락을 깊이 집어넣자 커터의 움직임이 더 좋아졌으며 제구도 한결 수월해졌다.

살 파사노와 마리아노 리베라한테 도움을 받아 얻은 커터 2.0 버전은 실로 무시무시했다. 2008년 할러데이는 클리프 리(클리블랜드)에 이어 사이영상 2위에 올랐다(246이닝 20승 11패 2.78). 2009년 활약 역시 뛰어났다(239이닝 17승 10패 2.79). 할러데이가 2008년 양키스전 6경기에서 5승 1패 2.40, 2009년 5경기에서 3승 1패 2.70을 기록한 뒤, 양키스 선수들은 왜 그런 조언을 해줬느냐며 리베라를 타박했다.

할러데이의 첫 번째 목표는 토론토에서의 은퇴였다. 시즌 때는 혼자 토론토에서 지내고 시즌이 끝나면 미국으로 돌아가는 선수들과 달리 할러데이는 가족이 모두 토론토로 옮겨 와 살았다. 2004년 시즌이 끝나고 FA가 될 수 있었던 할러데이는 2004년 4년 4200만 달러, 2008년 3년 4000만 달러 계약에 흔쾌히 도장을 찍었다. 다른 에이스들의 연봉은 이미 2000만 달러를 넘어선 상황이었다. 그러나 토론토는 계약 종료 1년을 남기고 배신했다. 2009년 12월 할러데이를 트레이드 시장에 내놓았다.

할러데이가 눈엣가시였던 같은 지구의 양키스와 보스턴은 서로 할러데이를 데려가려고 했다. 그러나 두 팀 중 한 곳으로 보냈다가는 가뜩이나 분노한 팬들이 폭동이라도 일으킬 것 같은 분위기에서 토론토는 할러데이를 서부(LA 에인절스)로 보내기로 했다. 그러나 에인절스는 아트 모레노 구단주가 유격수 에릭 아이바Erick Aybar는 내줄 수 없다며 거절했다.

결국 할러데이는 필라델피아의 차지가 됐다. 1995년 고교 졸업과 함께 필라델피아에 뽑힐 뻔했던 할러데이는 2010년 최고 투수라는 타이틀을 갖고 필라델피아에 입단했다. 내셔널리그 타자들은 악몽이 시작됐다. 이제 할러데이는 내셔널리그를 폭격했다.

퍼펙트와 노히터 한 해 달성

2010년 로이 할러데이는 33경기에서 250.2이닝을 던짐으로써 경기당 27개 중 23개 아웃카운트를 책임졌다. 그해 성공한 9번 완투는 2위 애덤 웨인라이트Adam Wainwright(세인트루이스)보다 4번이 더 많았다. 통산 7번 1위에 오른 할러데이보다 완투 1위에 더 많이 오른 선수는 워런 스판(9회)이 유일하다.

그해 21승(10패 2.44)을 거둔 할러데이는 게일로드 페리, 로저 클레먼스, 랜디 존슨, 페드로 마르티네스에 이어 역대 5번째로 양 리그 사이영상 투수가 됐다(6번째로 2016년 맥스 셔저가 달성했다). 5월 30일 플로리다전에서는 2004년 존슨이 기록한 이후 처음이자 역대 20번째로 퍼펙트게임을 달성했다. 그리고 포스트시즌 데뷔전인 그해 디비전시리즈 1차전에서는 1956년의 돈 라슨(뉴욕 양키스) 이후 처음이자 역대 두 번째로 포스트시즌 노히터에 성공했다. 한 해 퍼펙트게임과 노히터를 모두 달성한 투수는 할러데이가 최초다.

2011년에도 할러데이는 232.2이닝을 소화하며 최고의 활약을 펼쳤다. 사이영상 투표에서는 클레이튼 커쇼(LA 다저스)에게 밀려 2위를 했지만 승리기여도는 할러데이가 더 좋았다.

할러데이는 2010년 리그 챔피언십시리즈에서 팀 린스컴(샌프란시스코)과 두 번 맞붙어 1승 1패를 기록했다. 하지만 필라델피아는 샌프란시스코에 무릎을 꿇으면서 월드시리즈 진출에 실패했다. 2011년 디비전시리즈의 상대는 세인트루이스였다. 할러데이는 1차전에서 승리투수가 됐다. 시리즈는 5차전 최종전까지 이어졌고 할러데이가 다시 나섰다.

5차전의 상대 투수는 운명적이게도 '절친' 크리스 카펜터였다. 할러데이는 시작하자마자 1번 라파엘 퍼칼Rafael Furcal에게 3루타, 2번 스킵 슈마커Skip Schumaker에게 2루타를 맞고 한 점을 내줬다. 하지만 경기가 끝날 때까지 더 이상 실점하지 않았다. 문제는 카펜터가 실점 없이 경기를 끝냈다는 것. 1회 초에 한 점을 낸 세인트루이스가 1대 0으로 승리함으로써 카펜터는 9이닝 무실점 완투승, 할러데이는 8이닝 1실점 완투패를 기록했다. 이것이 그의 마지막 포스트시즌 등판이 될 줄은 아무도 몰랐다.

완투의 상징

로이 할러데이는 35세 시즌인 2012년부터 흔들리기 시작했다. 2013년 13경기에서 4승 5패 6.82에 그쳐 2000년 이후 최악의 성적을 내면서 16년의 선수 생활을 마감하기로 했다. 2013년 9월 24일 마지막 경기에서 세 타자를 상대하고 내려온 서른여섯 살의 할러데이는 토론토와 가족의 품으로 돌아갔다.

4년 후인 2017년 11월 8일, 믿을 수 없는 소식이 세상에 전해졌다. 할러데이가 조종하던 비행기가 추락하면서 세상을 떠났다는 것.

2011년 4월 필라델피아 필리스 시절 34세의 로이 할러데이.

사진 Dirk DBQ

1977년 5월 15일생으로서 아직 명예의 전당 입회 자격(은퇴 후 5년)도 생기지 않은 그는 겨우 마흔 살이었다.

비행기 조종사였던 아버지를 동경하면서 자란 할러데이는 부인의 결사반대를 무릅쓰고 비행기를 구입했다. 비행기 조종사는 또 하나의 꿈이었다. 그가 40년 중 31년을 함께한 부인의 말을 듣지 않은 것은 이때가 처음이었다. 처음 만났을 때 할러데이는 아홉 살, 부인은 열두 살이었다.

이후 충격적인 사실이 더해졌다. 할러데이에게서 치료 목적을 크게 넘어서는 암페타민 항우울제 성분이 발견된 것이다. 추락 직전에 그가 위태로운 곡예비행을 했다는 사실도 밝혀졌다.

2019년 할러데이는 입회 자격이 생긴 첫해의 투표에서 85.4퍼센트를 얻어 명예의 전당 입회 기준인 75퍼센트를 넘었다. 그러나 할러데이는 이 세상에 없었다. 그의 모습이 새겨진 동판을 대신 들고 눈물을 쏟은 부인은 "토론토 선수로서 명예의 전당에 들어갈 것"이라고 했던 그의 생전 약속과 달리 모자에 아무것도 새기지 말아달라고 했다.

완투가 사라진 시대. 할러데이는 어떻게 '나 홀로 완투 머신'이 될 수 있었을까. 그의 목표는 효율성의 극대화였다. 아웃을 잡아내는 데 들어가는 투구 수를 최소화해 최대한 많은 이닝을 던지는 것이 목표였다. 할러데이는 우타자에게 몸 쪽 싱커, 좌타자에게 몸 쪽 커터를 던져 땅볼을 양산했다. 삼진이 필요한 순간에는 너클커브와 체인지업이 있었다.

할러데이는 지독한 연습 벌레이자 훈련광이었다. 새벽 5시에 나와 훈련을 시작했다. 다른 선수들이 출근하는 낮 12시쯤에는 이미

2009년 5월 토론토 블루제이스 시절의 로이 할러데이. 그 특유의 투심 그립이 잘 보인다.
사진 Keith Allison

훈련복을 한 번 갈아입은 상태였다. 하지만 경기에 대한 지나친 몰입 그리고 이후 수반된 스트레스는 결국 그의 생명을 갉아먹었다.

그는 완투의 상징이었다. 할러데이는 2003년부터 2011년까지 9년 동안 선발 등판의 23퍼센트에 해당하는 61번 완투를 했다. 같은 기간 2위는 31번 완투를 한 CC 사바시아였다. 그리고 이제 완투는 백악기 공룡처럼 멸종했다.

월 스미스 주연의 2007년 영화와 결말이 전혀 다른 1954년 원작 소설 〈나는 전설이다〉에서 주인공 로버트 네빌은 핵전쟁 이후 퍼진 변종 바이러스로 인해 흡혈귀로 가득 찬 세상을 살아간다. 그러나 닥치는 대로 달려드는 '이성이 없는 흡혈귀' 외에도 변종 바이러스와 타협점을 찾은 '이성을 가진 흡혈귀'들이 사회를 구성해나가며 인류를 대체하고 있음을 알게 된다.

"'나는' 그들로부터 시선을 돌렸다. 문득 '나야말로' 비정상이라는 생각이 들었다. 정상이란 다수의 개념이자 다수를 위한 개념이다. 단 하나의 존재를 위한 개념이 될 수는 없다."

이와 같은 독백을 통해 자신이 구세대 인류의 마지막 생존자였음을 자각한 네빌은 다음과 같은 말을 남긴다. "나는, 전설이다(I am legend)."

7이닝만 던져도 에이스가 될 수 있는 시대에 마지막으로 생존했던 완투형 에이스, 로이 할러데이. 그는, 전설이 됐다.

야구의 설계자들

야구가 그저 선수들이 하는 스포츠로 남았다면 메이저리그는 지금처럼 성장할 수 없었다. 메이저리그가 대형 산업으로 발전할 수 있었던 건 각자의 위치에서 노력한 인물들이 있었기 때문이다.

브랜치 리키는 혜안을 갖고 있었다. 선진 운영법으로 팀을 강하게 만들었다. 리키는 야구의 저변이 확대되려면 어떻게 해야 하는지도 알고 있었다. 그의 결단이 없었다면 메이저리그의 문호 개방은 한참 늦어졌을 것이다.

조지 스타인브레너는 독재자였다. 하지만 뉴욕 양키스의 자존심을 지켜준 수장이기도 했다. 스타인브레너의 카리스마가 더해지면서 양키스는 양키스다운 모습을 보여줄 수 있었다.

토미 라소다는 뜨거운 감독이었다. 빈 스컬리는 따뜻한 캐스터였다. 온도가 달랐던 이들은 야구를 대하는 행동이 달랐다. 하지만 야구를 사랑하는 마음은 같았다.

브랜치 리키, 로빈슨을 등용하다

**리키는 빠르게 지나가는 기차를 타고서도
창문 밖의 뛰어난 선수를 알아볼 수 있었다.** _짐 머리Jim Murray

브랜치 리키 Wesley Branch Rickey, 1881~1965

감독 및 단장

활동 기간 1913~1915, 1919~1955(40시즌)

1907년 6월 28일 뉴욕 힐탑파크에서 벌어진 뉴욕 하이랜더스(현 뉴욕 양키스)와 워싱턴 세너터스(첫 번째 세너터스) 간의 경기. 도루를 막지 못해 쩔쩔매는 하이랜더스의 포수에게 홈 팬의 야유가 쏟아졌다. 이날 '1경기 13도루 허용'이라는 메이저리그 최악의 기록을 세운 스물다섯 살의 포수는 결국 시즌이 끝나고 유니폼을 벗었다. 통산 120경기, 타율 0.239 3홈런 39타점.

그로부터 40년 후인 1947년 4월 15일. 예순다섯 살이 된 그 포수는 메이저리그의 역사를 바꾼다. 인종의 벽을 무너뜨린 것이다. 메이저리그 역사상 가장 위대한 도전이었던 이 드라마의 주인공은 재키 로빈슨이다. 그런데 이를 처음부터 기획하고 로빈슨을 캐스팅한 연출자는 '야구계의 링컨', '야구계의 레오나르도 다빈치', '마하트마', '혁명가' 등으로 불린 브랜치 리키였다.

리키는 언제나 생각 중

1881년 오하이오주의 작은 마을에서 태어난 브랜치 리키는 어느 날 어머니 앞에서 폭탄선언을 한다. 대학 졸업장을 버리고 야구 선수가 되겠다는 것. 말리다 못한 어머니는 안식일을 반드시 지키겠다는 약속을 받아내는 데 그쳤다.

선수 리키에게는 심각한 문제가 있었다. 생각이 너무 많다는 것. 방망이를 한 번이라도 더 휘두르기보다는 다른 선수들의 플레이를 유심히 관찰하고 야구에 대해 진지한 고찰을 하느라 정신을 뺏겼다. 벤치에서든, 그라운드에서든 언제나 생각에 잠겨 있는 리키를 감독과 코치가 좋아할 리 없었다.

선수 생활을 그만두고 은퇴한 후 미시간대에 다시 진학한 리키는 법학을 전공함과 동시에 야구팀의 감독도 맡았다. 당시 야구팀에는 역시 아버지에게 '정 야구 선수가 되겠다면 대학부터 마쳐라'라는 조건부 허락하에 뛰던 조지 시슬러가 있었다.

1913년 리키는 아메리칸리그 세인트루이스 브라운스(현 볼티모어 오리올스)의 감독이 됐다. 조지 시슬러도 내셔널리그에 탄원서를 내는 우여곡절 끝에 마이너리그 팀으로부터 자신의 계약을 사들인 피츠버그 파이리츠와의 계약을 무효화하고 브라운스에 입단했다. 리키와 함께하기 위해서였다.

감독 리키에게도 심각한 문제가 있었다. 생각이 너무 많다는 것. 더그아웃에서의 리키는 경기에 집중하기보다는 감독의 범주를 벗어

야구의 설계자들

나는 근본적인 고민을 자주 했다. 리키는 단장이 된 후 자신이 했던 생각들을 현실화시키기 시작했다.

리키가 몰고 온 첫 번째 변화는 스프링캠프였다. 당시 메이저리그의 스프링캠프는 시즌 개막을 앞두고 연습경기를 하는 것이 전부였다. 하지만 리키가 차린 스프링캠프에서는 수비 포메이션이나 베이스 러닝 같은 체계적인 훈련이 진행됐다. 그는 선수들을 앉혀놓고 이론 교육도 시켰다. 지금의 배팅 케이지와 피칭 머신도 바로 그가 고안한 것들이다. 배팅 헬멧을 보급하는 데도 앞장섰다.

팜 시스템을 만들다

1917년 입대해 화학탄 부대의 장교로 제1차 세계대전에 참전한 브랜치 리키는 1919년 제대한 후 내셔널리그의 세인트루이스 카디널스로 자리를 옮겼다. 현재 카디널스 선수들의 가슴에 자리한 '방망이의 양쪽 끝에 앉아 있는 붉은 새 두 마리'는 단장 겸 감독인 그가 교회에서 본 장식에 착안해 만든 것이다. 또 처음으로 어린이 팬들을 무료 입장시키는 마케팅을 펼쳤다.

리키가 세인트루이스 카디널스에서 이뤄낸 최고의 혁신은 팜 시스템이었다. 당시만 해도 메이저리그 팀들이 유망주를 얻으려면 마이너리그 팀에서 사 와야 했다. 그렇기에 대형 선수가 등장하면 치열한 돈 싸움이 벌어졌으며, 언제나 승리는 양키스 같은 부자 구단에 돌아갔다.

리키는 조용히 마이너리그 팀들을 사 모으기 시작했다. 그리고 자신들이 직접 선수들과 계약한 후 소속 마이너리그 팀으로 내려 보내 훈련을 시켰다. 지금의 팜 시스템이 탄생한 것이다.

1928년까지 세인트루이스 카디널스는 5개 마이너리그 팀과 수백 명의 선수들을 확보했다. 여기서 디지 딘, 짐 바텀리 Jim Bottomley, 에 노스 슬로터, 조 매드윅, 자니 마이즈, 레드 셰인딘스트, 스탠 뮤지얼 같은 명예의 전당 선수들을 비롯해 50명이 넘는 메이저리거가 쏟아 져 나왔다.

1925년 리키는 감독직을 로저스 혼스비에게 넘겨주고 단장 임무 에 집중했다. 때마침 팜 출신들이 본격적으로 가세하면서 세인트루 이스 카디널스의 시대가 화려하게 열렸다.

1926년 카디널스는 내셔널리그에 참여한 지 34년 만에 처음으로 리그 우승에 성공하고, 월드시리즈에서 뉴욕 양키스를 꺾고 우승했 다. 1928년과 1930년에는 리그 우승에 그치지만, 1931년과 1934년 에는 다시 월드시리즈 우승을 차지했다. 리키가 만들어낸 전성기였 다(그의 팜 시스템을 유심히 지켜본 후 가장 먼저 따라 한 팀이 있었으니, 뉴욕 양키스였다. 양키스는 1931년부터 팜 시스템을 조직했다).

카디널스에서 리키가 저지른 실수가 하나 있다. 세인트루이스에 서 태어나 카디널스 입단을 꿈꾸며 자란 요기 베라를 키가 작다는 이유로 돌려보낸 것이다. 하지만 요기 베라 편에서 언급했듯이 여기 에는 다른 주장도 존재한다. 베라가 카디널스의 트라이아웃에 참가 한 1942년은 리키가 이미 다저스로 옮기기로 결심했을 때로, 리키는 베라를 다저스에 입단시키기 위해 일부러 낮은 계약금을 제시했다 는 것이다. 하지만 리키가 짐을 싸기도 전에 양키스가 나타남으로써 남 좋은 일만 시켰다.

냉혈한 혹은 냉혹한

브랜치 리키는 야구에서 통계의 중요성을 가장 먼저 인식한 사람이기도 했다. 브루클린 다저스로 자리를 옮긴 뒤인 1947년, 리키는 통계 전문가인 앨런 로스Allan Roth를 고용했다. 로스는 OPS(출루율+장타율)라는 새로운 지표를 만들었다. 세이버메트리션의 시작이었다. 리키는 1954년 라이프지에 기고한 글에서 타율이 아니라 출루율과 장타율이 더 중요하다는 주장을 했다.

리키의 새로운 통계는 연봉 협상에도 유용하게 사용됐다. 항상 담배 연기가 가득 차 있어 '바람의 동굴'(The Cave of the Winds)로 불린 그의 사무실은 연봉 계약을 하러 들어가는 선수들에게는 두려움의 장소였다. 문이 열리자마자 시작되는 리키의 연설에 선수들은 한마디도 할 수 없었다. 리키는 선수들이 처음 보는 기록을 제시하며 성과를 낮췄고, 그마저도 통하지 않으면 청교도 윤리를 내세웠다. 적지 않은 선수들이 '욕심은 죄악'이라는 리키의 말에 참회하며 도장을 찍었다. 연봉 협상에서 언제나 승리를 거두는 쪽은, 때로는 비열해지기를 마다하지 않던 리키였다.

그가 인종의 벽을 허물게 된 계기로는 다음과 같은 일화가 전해진다. 대학팀 감독 시절 리키는 원정길에 올랐다가 팀 최고의 선수이자 흑인인 포수 찰스 토머스Charles Thomas가 숙박을 거부당하는 장면을 목격한다. 실랑이 끝에 자기 방에서 재우기로 한 리키는 토머스가 자신의 검은 피부를 한탄하며 통곡하는 것을 보고 이를 바로잡아야겠다고 생각했다는 것이다. 하지만 리키에게 가장 중요한 이유는 따로 있었을지도 모른다. 냉철한 사업가인 그에게 '흑인 선수'는 보고만 있을 수 없는 엘도라도였다.

돈에 관해서는 스크루지는 저리 가라 할 정도였던 리키를 설명하는 일화가 있다. 에노스 슬로터는 카디널스와 계약하면서 보너스로 사냥개 두 마리와 엽총 한 자루를 받았다. 하지만 개 두 마리는 오자마자 어디론가 사라졌다. 훗날 슬로터가 이 이야기를 디지 딘에게 꺼내자, 딘은 깜짝 놀라며 자기 역시 몇 년 전에 계약을 하면서 사냥개 두 마리를 받았는데 개들이 오자마자 도망갔다는 이야기를 했다. 슬로터와 딘은 그 개들이 같은 개들이 아니었는지 늘 궁금히 여겼다.

1942년 절친한 친구인 다저스의 래리 맥페일 단장은 제2차 세계대전에 참전하면서 그에게 다저스를 부탁했다. 때마침 리키도 그의 영향력이 커지는 것을 달갑지 않게 여기는 카디널스의 구단주와 갈등을 겪고 있었다. 리키는 무대를 옮겼다.

다저스에 온 후 사장 겸 단장직을 맡은 리키는 선수 관리를 더욱 엄격하게 했다. 클럽하우스에서의 카드놀이 및 음주, 흡연을 금지했으며, 불시에 체중 검사를 실시해 다이어트를 시킬 선수를 골라냈다. 특히 시간 엄수를 대단히 강조했는데 "한 사람이 1분 늦으면 150명의 2시간 반을 빼앗는다"며 호통을 치기도 했다.

세인트루이스 브라운스와 카디널스에 머물던 시절, 돈이 넉넉지 못해 추운 날씨에 덜덜 떨며 스프링캠프를 치러야 했던 리키는 따뜻한 스프링캠프를 차리는 게 꿈이었다. 다저스에서 리키는 소원을 이뤘다. 리키는 플로리다주 베로 비치의 낡은 군사 시설을 사들여 스프링캠프 구장을 꾸미고 이를 '다저타운'이라고 불렀다. 현대식 스프링캠프의 시작이었다.

야구의 설계자들

인종의 벽을 허물다

어느 날 갑자기 하늘에서 재키 로빈슨이 뚝 하고 떨어진 것은 아니었다. '운은 계획에서 비롯된다'(Luck is the residue of design)는 명언의 주인공인 브랜치 리키는 이를 위해 치밀한 계획을 세웠다.

1944년 종신 커미셔너였던 케네소 랜디스가 사망하자 리키가 움직이기 시작했다. 랜디스는 흑인 선수를 등용하려던 빌 베크의 계획을 무산시키는 등 인종의 벽을 앞장서 지킨 사람이었다. 베크의 실패를 생생히 지켜본 리키는 때가 오기만을 기다렸다.

리키는 니그로리그의 브라운 다저스에서 뛸 선수를 모은다면서, 실제로는 최초의 흑인 메이저리거를 찾기 위한 작업에 나섰다. 당시 스카우트를 맡고 있던 조지 시슬러에게 이를 부탁했다. 시슬러가 발견한 선수가 캔자스시티 모나크스에서 뛰던 재키 로빈슨이었다. 리키는 경기력도 경기력이지만 의지와 인내심, 그리고 백인들이 깔보지 못할 배경을 갖춘 선수를 원했다.

UCLA 시절 최고의 육상 선수였으며 사관후보학교(OCS)를 졸업하고 장교로 복무한 재키 로빈슨은 불의를 보면 참지 못하는 성격이었다. 차별을 당할 때마다 물러서지 않고 맞섰다. 그러다 보니 늘 사건 사고가 그를 따라다녔다. 참다못한 군으로부터 명예제대 조치를 받은 후, 로빈슨은 니그로리그에서 선수 생활을 하고 있었다.

리키는 자기 앞에 선 재키 로빈슨에게 다음과 같이 말했다.

"나는 아주 훌륭한 흑인 선수를 찾고 있네. 그냥 경기만 잘하는 선수가 아니야. 남들이 모욕을 줘도, 비난을 해도, 그냥 넘어갈 여유와 배짱을 가진 선수라야 하네. 한마디로 흑인의 기수가 될 만한 자격을 갖춘 사람이라야 해. 만약 어떤 녀석이 2루로 슬라이딩을 해 들어오면서 '이 빌어먹을 깜둥이 놈아' 하고 욕을 했다고 치세. 자네 같으면 당연히 주먹을 휘두르겠지. 솔직히 말하면 나도 그런 대응이 틀렸다고 생각하지 않아. 그러나 잘 생각해보라고. 자네가 맞서 싸운다면 이 문제는 20년은 더 후퇴하는 거야. 이것을 참아낼 용기를 가진 사람이 필요해. 자네가 그걸 해낼 수 있겠는가?"

한참 침묵이 흐른 뒤 재키 로빈슨은 이렇게 말했다. "그런 도박을 벌일 계획이라면 아무런 문제도 없을 거라고 약속드리죠." 그렇게 리키와 로빈슨은 손을 잡았다(고 이종남 기자의 글 중에서).

재키 로빈슨을 바로 데뷔시키면 위험할 수 있다고 판단한 리키는 1946년 그를 산하 마이너리그 팀인 몬트리올 로열스로 보냈다. 그곳에서 로빈슨은 최고의 경기력을 선보이며 팬과 동료들의 마음을 사로잡았다. 로빈슨의 대활약에 힘입어 우승하게 되자 백인 관중 수천 명이 거리로 쏟아져 나와 "로빈슨"을 연호했다. 혁명의 시작이었다.

피츠버그에서의 마지막

'흑인 선수'라는 보물 상자를 가장 먼저 연 덕분에 브루클린 다저스는 내셔널리그 최고의 팀으로 부상했다. 1921년부터 1946년까지 26년간 한 차례 리그 우승을 한 것이 전부였는데, 재키 로빈슨이 데뷔한 1947년부터 1956년까지 10년간 리그 우승을 6차례나 차지했다. 하지만 브랜치 리키는 중간에 다저스를 나와야 했다.

1950년 다저스는 공동 구단주 네 명이 25퍼센트씩 지분을 갖고 있었다. 그중 한 명이 리키였고, 또 다른 한 명이 구단 고문 변호사인 월터 오말리였다. 다저스를 독점하고 싶었던 오말리는 공동 구단주 한 명이 사망하자 그 지분을 재빨리 매입했다. 그리고 나머지 한 명

The Club Presidents

EDWARD G. BARROW
New York Yankees

BRANCH RICKEY
Brooklyn Dodgers

HORACE STONEHAM
New York Giants

The Club Managers

JOE McCARTHY
New York Yankees

LEO DUROCHER
Brooklyn Dodgers

MEL OTT
New York Giants

1944년 6월 제2차 세계대전 중에 전쟁 채권을 팔기 위해 개최한 뉴욕 야구 경기의 프로그램. 뉴욕 양키스와 브루클린 다저스, 뉴욕 자이언츠 등 뉴욕 세 팀의 각 감독은 아래 왼쪽에서부터 조 매카시, 리오 더로셔, 멜 오트. 단장 및 구단주는 위쪽 왼쪽에서부터 에드 배로, 브랜치 리키, 호러스 스토넘. **사진** War Bond Sports Committee

의 지분마저 사들인 후 리키를 쫓아냈다.

피츠버그 파이리츠로 옮긴 리키가 한 복수는 다저스에서 로베르토 클레멘테를 빼내 온 것이다. 다저스는 푸에르토리코 출신인 클레멘테와 1만 달러에 계약했다. 하지만 좋은 흑인 선수가 넘쳐나고 있던 다저스는 '4000달러 이상을 받고 입단한 신인 선수는 메이저리그 로스터에 들지 못하면 룰 파이브 드래프트의 대상이 된다'는 규정을 지킬 수가 없었다. 이 때문에 다저스는 클레멘테를 숨겼는데 당연히 리키는 이 사실을 알고 있었다.

다저스에 비하면 재정 상태가 너무나 열악했던 피츠버그에서 리키가 자유롭게 움직일 공간은 없었다. 리키는 1955년을 마지막으로 피츠버그에서 나왔다.

1960년 리키는 제3의 리그인 컨티넨털리그를 창설하려고 시도했다. 비록 이는 저지됐지만 이후 그의 노력은 1961년 LA 에인절스와 워싱턴 세너터스(두 번째 세너터스. 현 텍사스 레인저스)의 창단, 1962년 휴스턴 애스트로스와 뉴욕 메츠의 창단으로 결실을 맺었다.

1965년 6월 여든셋의 리키는 대학생들을 상대로 강연하던 중 쓰러졌다. 그리고 이듬해 여든네 살 생일을 보름 남기고 세상을 떠났다. 리키가 마지막 강연에서 강조한 것은 '남과 다른 생각을 할 것' 그리고 '도전을 멈추지 않을 것'이었다. 한 지인은 그를 보고 "야구에 미치지 않았다면 작가나 대통령 같은 더 위대한 사람이 되었을 텐데"라며 아쉬워했다. 하지만 리키는 야구를 택했고 위대한 사람이 됐다.

토미 라소다, '내 몸엔 푸른 피가 흐른다'

가능과 불가능의 차이는 그 사람의 투지에 달려 있다. _토미 라소다

토미 라소다 Thomas Charles "Tommy" Lasorda, 1927~2021
감독
활동 기간 1976~1996(21시즌)

"1년 중 가장 슬픈 날은 야구 시즌이 끝나는 날이다."

야구계의 유명한 어록 중 하나인 이 말은 토미 라소다가 남긴 명언이다. 21년간 LA 다저스를 지휘한 라소다는 전설적인 명장이다. 뛰어난 지도력에 세련된 유머 감각까지 겸비해 많은 사랑을 받았다.

라소다는 다저스에 71년 동안 머물렀다. 감독직을 그만둔 뒤에도 구단 내 다양한 역할을 수행하면서 다저스의 발전에 힘썼다. 다저스와 관련된 일이라면 만사를 제쳐두고 나섰다. 다저스타디움에서 가장 쉽게 찾아볼 수 있는 원로였다. 라소다는 다저스를 상징하는 푸른색이 자신의 몸속에 흐르고 있다고 말했다.

라소다는 야구를 사랑했다. 자신보다 야구를 더 사랑하냐고 묻는

아내의 질문에 "그렇다"고 말하는 남편이었다(그 대신 미식축구와 농구보다는 아내를 더 사랑한다고). 노년에도 야구를 보기 위해 왕성하게 구장을 방문했다. 누군가 힘들지 않느냐고 물었지만, 라소다는 "사랑하는 일을 하는데 어떻게 힘들 수 있느냐"고 되물었다. 그에게 야구는 삶 그 자체였다.

다저스와의 인연

토미 라소다는 어릴 때부터 야구에 빠져 살았다. 당대 리그를 주름잡은 선수들이 모두 그의 영웅이었다. 라소다는 선수 정보를 빠짐없이 외우고 다녔는데, 아버지는 그에게 "공부를 그렇게 했으면 명문대 교수가 되었을 것"이라고 말했다.

라소다는 좌완 투수였다. 1945년 열일곱 살 때 프로 무대에 도전했다. 군복무를 하느라 다음 두 시즌을 놓쳤지만, 돌아오고 나서 더욱 진지한 태도로 경기에 임했다. 라소다는 1948년 필라델피아 산하 스케넥터디 블루제이스에서 15이닝 25탈삼진 경기를 만들어냈다. 볼넷도 13개나 내준 이 경기에서 300개 정도 공을 던진 것으로 추측된다. 라소다는 이 경기에서 끝내기 안타도 때려냈다. 라소다의 원맨쇼를 관심 있게 지켜본 팀이 바로 브루클린 다저스였다. 라소다와 다저스의 첫 만남이었다.

다저스와 계약한 라소다는 메이저리그를 정조준했다. 트리플A에서의 성적은 부족하지 않았다. 1953년 36경기(29선발)에 나서 17승 8패 2.81을 기록했다. 이듬해 메이저리그로 승격됐는데 정작 메이저리그에서 인상적이지 못했다(9이닝 5실점).

라소다는 1955년 5월 6일 세인트루이스전 선발로 등판했다. 스탠 뮤지얼을 삼진으로 잡아냈지만, 볼넷 2개와 폭투 3개로 무너졌다. 이 과정에서 홈 커버에 들어가다가 주자의 스파이크에 무릎이 찍혀 부상을 입고 교체됐다. 다저스에서 그의 마지막 선발 등판이었다. 한편 다저스는 그해 계약한 신인 선수의 자리를 마련하기 위해 라소다를 트리플A로 내려보냈다. '황금의 왼팔' 샌디 코팩스였다.

그는 전형적인 AAAA 선수였다. 트리플A와 메이저리그 간의 간극을 좁히지 못했다. 샌디 코팩스에게 밀린 라소다는 어느덧 트리플A 6년차가 됐다. 한 팀에 오래 있다 보니 팀 사정에 정통하게 됐다. 동료들의 궁금증을 해소해주는 역할을 도맡았고 선후배 가리지 않고 두루두루 잘 챙겼다. 라소다 덕분에 팀 분위기는 항상 밝았다.

라소다는 청산유수였다. 사람 귀를 기울이게 하는 화술을 갖추고 있었다. 이에 그의 주변에는 늘 사람들이 많았다.

하루는 기자들에게 둘러싸인 라소다가 한 신인 투수의 성공을 확신했다. 장차 다저스를 이끌고 갈 재목이라고 소개하면서 지금 미리 사인을 받아두라고 소리쳤다. 기자들은 허풍으로 넘겼다. 하지만 그에 대한 라소다의 평가는 진심이었다. 라소다가 호언장담한 투수는 돈 드라이스데일이었다.

돈 드라이스데일은 라소다의 예언처럼 팀의 에이스로 거듭났다. 라소다는 자신과 달리 메이저리그에 안착한 드라이스데일이 부러웠다. 하루는 기자들에게 둘러싸인 드라이스데일을 멀리서 힘없이 지켜봤다. 정반대 성격을 가져 매사에 무뚝뚝했던 드라이스데일은 기자들에게 라소다를 가리키며 이렇게 말했다.

"저기, 저 선수를 기억하세요. 지금 미리 사인을 받아두는 게 좋을 겁니다. 장차 훌륭한 감독이 될 테니까요." 돈 드라이스데일의 예언도 적중했다.

알 캠퍼니스와 월터 올스턴

토미 라소다는 선수로서 더 각광받지는 못했다. 1956년 캔자스시티 어슬레틱스로 이적했지만, 18경기(5선발)에 나서 4패 6.15의 초라한 성적을 냈다. 라소다는 뉴욕 양키스를 거쳐 1957년 5월에 다시 다저스로 돌아왔다.

다저스에서 라소다는 메이저리그에 오르지 못했다. 트리플A에서 3시즌을 더 버틴 뒤 은퇴를 선언했다. 이때 라소다에게 스카우트직을 추천한 인물이 알 캠퍼니스였다. 다저스의 스카우팅 디렉터였던 캠퍼니스는 샌디 코팩스와 토미 데이비스, 로베르토 클레멘테 등을 발굴한 인물이었다. 캠퍼니스는 라소다를 이대로 보내고 싶지 않았다.

펜실베이니아주를 비롯해 동부 쪽을 순회하던 라소다는 1963년부터는 캘리포니아주를 담당했다. 1965년에는 스카우트직을 수행하면서 루키 리그 감독을 겸직했다.

감독으로서 라소다는 승승장구했다. 1969년 트리플A 감독으로 부임했고, 1970년과 1972년엔 팀 우승을 이끌었다. 그사이 라소다에게 기회를 준 알 캠퍼니스는 단장직에 올랐다. 캠퍼니스는 육성 능력이 탁월한 라소다가 더 중용되어야 한다고 생각했다. 라소다는 마이너리그 감독직을 내주고 메이저리그 코치로 올라섰다.

알 캠퍼니스는 라소다에게 은인이었다. 중단될 뻔했던 그의 야구 커리어에 호흡을 불어넣은 인물이었다. 라소다 역시 캠퍼니스를 아버지라고 부르면서 잘 따랐다. 1987년 캠퍼니스가 인종차별 발언을 해 사임했을 때도 눈물을 흘렸다(캠퍼니스는 재키 로빈슨의 데뷔 40주년 특집 TV 프로그램에 출연해 "흑인들은 머리가 나빠 감독을 할 수 없다"는 망언을 했다).

1973년 메이저리그 3루코치가 된 라소다는 월터 올스턴 감독을 보좌했다. 올스턴은 1954년부터 다저스 감독을 지내고 있었다. 1954년은 라소다가 다저스에서 데뷔한 해이기도 하다. 1955년 다저스에 첫 월드시리즈 우승을 안겨줬으며, 통산 네 차례 우승을 달성한 다저스의 최고 감독이다. 1976년까지 23년간 오직 다저스 감독으로만 지냈다.

그 무렵 다저스는 라소다가 마이너리그에서 돌봤던 선수들이 많았다. 당연히 라소다는 선수들과 유독 가까웠다. 일부 감독들은 선수들과 격 없이 지내는 코치들을 못마땅하게 여기는데, 월터 올스턴은 라소다에게 별다른 말을 하지 않았다. 자신의 가치관과 다른 부분이 있어도 라소다의 방식을 존중했다.

라소다는 월터 올스턴을 보면서 배웠다. 올스턴의 경기 운영을 가까이서 지켜본 건 행운이었다. 올스턴은 1976년 시즌 후 감독직을 내려놓았다. 후임은 라소다였다. 다저스 전담 아나운서 빈 스컬리는 올스턴의 뒤를 이어받는 상황이 부담스럽지 않느냐고 물었다. 라소다는 "내 뒤를 이어받을 누군가가 걱정될 뿐"이라고 답했다.

모티베이터

1977년 정식 감독이 된 토미 라소다는 첫 두 정규 시즌에서 우승을 차지했다. 내셔널리그 감독이 첫 두 정규 시즌에서 연속 우승한 것은 1930~1931년 세인트루이스 감독 개비 스트리트Gabby Street 이후 처음이었다. 비록 당시 월드시리즈에서 양키스를 넘지 못했지만,

라소다는 1981년 양키스를 꺾고 우승의 감격을 누렸다(4승 2패). 다저스로서는 16년 만에 거둔 월드시리즈 우승이었다.

라소다는 천재적인 감독은 아니다. 번뜩이는 아이디어로 고급 작전을 내세우지 않았다. 지금까지 없었던 전략을 만들어내는 창조성도 없었다. 오히려 그의 야구는 투박했다. 자신의 스타일과 비슷하게 거침없이 달려들었다.

그의 최대 강점은 선수들의 의욕을 끌어올리는 것이었다. 때로는 다독이고, 때로는 꾸짖으면서 선수들에게 끊임없이 동기부여를 했다. 타자와의 승부에서 피하는 모습을 보였던 오렐 허샤이저는 "타자들을 물어뜯어야 한다"는 라소다의 주문에 따르면서 '불독'이라는 별명을 얻었다. 그리고 실제로 달라진 피칭을 선보였다.

선수들에게 강인함을 강조했던 라소다는 투사였다. 말도 거칠었다. 비속어가 때와 장소를 가리지 않았다. 선수들에게도 예외는 아니었다. 1982년 샌디에이고의 커트 비바쿼Kurt Bevacqua가 다저스 투수들이 고의로 자신들을 맞혔다고 주장하자, "잘 치지도 못하는 빌어먹을 타자들에게 굳이 그렇게 해야 하나"라고 받아쳤다(순화한 내용이다).

라소다는 뚝심이 있었다. 배짱이 두둑한 승부사였다. 1988년 다저스는 월드시리즈에서 오클랜드를 상대했다. 객관적인 전력상 열세였다. 하지만 라소다의 예상치 못한 대타 기용이 분위기를 뒤바꿨다. 1차전에서 라소다는 왼쪽 무릎과 오른쪽 햄스트링에 부상을 입어 출장이 불가능했던 커크 깁슨을 9회 말 2사 1루에서 마지막 대타로 내보냈다. 깁슨은 오클랜드의 마무리 데니스 에커슬리의 슬라이더를 통타해 역전 끝내기 투런 홈런을 날렸다.

1988년 10월 월드시리즈에서 두 번째 우승을 차지했을 때의 토미 라소다.
사진 MLB 유튜브 캡처

커크 깁슨의 투혼은 다저스 선수들의 피를 뜨겁게 했다. 3차전만을 패한 다저스는 오클랜드를 4승 1패로 누르는 대파란을 일으켰다. 반전 시리즈의 주인공은 깁슨이었고, 그를 믿고 내보낸 라소다의 용병술은 오랫동안 회자됐다.

1996년 6월, 라소다는 심장마비를 일으켰다. 의사는 당장 감독직을 그만둬야 한다고 경고했다. 라소다에게 다저스 감독은 자랑스러운 자리였지만, 매일 펼쳐지는 승부의 세계는 스트레스가 극심했다. 결국 라소다는 한 달 뒤 다저스 감독에서 물러났다. 정식 감독으로 재임한 20시즌 동안 14번의 위닝 시즌을 기록했다. 통산 1599승은 월터 올스턴(2040승)에 이은 팀 역대 2위였다.

다저스를 향한 한마음

토미 라소다는 다저스를 떠나지 않았다. 다저스는 구단 수석 부사장 자리를 마련해줬다. 1998년에는 프레드 클레어가 시즌 도중에 경질되면서 잠시 임시 단장도 맡았다.

2000년엔 감독으로 복귀했다. 시드니 올림픽에서 미국 대표팀을 이끌었다. 라소다가 맡은 미국 대표팀은 준결승전에서 한국을 따돌리고 결승전에 진출했다(석연찮은 오심 논란이 있었다). 결승전에서는 쿠바를 격침하고 금메달을 목에 걸었다. 감독으로서 라소다의 역량이 아직 건재하다는 것을 확인해준 무대였다.

그럼에도 그의 1순위는 다저스였다. 신인 선수들을 만날 때마다 다저스 유니폼을 입는 것이 얼마나 의미 있는지 설명했다. 그에게 다저스는 선택된 선수만이 들어올 수 있는 특별한 곳이었다. 심지어 그는 세상을 떠난 뒤에도 다저스에 헌신할 방법을 고민했다. 그래서 자신의 묘비에 매년 다저스 경기 일정을 새겨달라고 부탁했다. 추모를 위해 모인 사람들에게 다저스 경기가 어디서 열리는지 알리고 싶었다. 다저스를 향한 그의 지극정성은 하늘이 감복할 정도였다.

2020년 라소다는 건강이 급격히 악화됐다. 병원에 있는 날들이 늘어났다. 공교롭게도 그해 다저스는 그가 1988년 우승을 일궈낸 지 32년 만에 월드시리즈 우승을 차지했다. 다저스가 시리즈 6차전에서 우승을 확정할 때 그는 가족들과 함께 현장에서 조용히 우승을 지켜봤다. 마지막 소원이 이뤄지는 순간이었다. 2021년 1월 93세를 일기로 눈을 감았다. 그에게 야구는 그 무엇과도 바꿀 수 없을 만큼 소중한 것, 그리고 곧 다저스였다.

빈 스컬리, 다저스의 목소리

솔직히. 내가 얼마나 많은 경기를 중계했는지는 관심이 없다. 그건 아무에게도 의미가 없다. 그저 많은 경기를 중계할 수 있어서 감사할 따름이다. _빈 스컬리

빈 스컬리 Vincent Edward Scully, 1927~

스포츠 캐스터

활동 기간 1949~2016(68시즌)

"It's time for Dodger baseball!"

LA 다저스 팬들에게 설렘을 안겨주는 한마디. 빈 스컬리의 인사로 다저스의 경기는 시작됐고, 그의 인사로 다저스의 경기는 끝이 났다. 브루클린 시절부터 다저스 경기를 전담한 스컬리는 67년간 다저스를 위해 중계했다.

LA 타임스는 LA 스포츠 역사상 최고의 인물이 누구인지 알아봤다. 토너먼트 형식으로 진행된 이 설문 조사에서 스컬리는 1960년대 NFL LA 램스를 이끈 '공포의 4인방'(fearsome foursome)을 누르고 결승에 올랐다. 결승전에서는 NBA LA 레이커스의 매직 존슨 Magic Johnson을 상대로 더 많은 지지를 받았다(스컬리 62.1퍼센트, 존

슨 37.9퍼센트). 참고로, 존슨이 준결승에서 따돌린 인물은 재키 로빈슨이었다.

이처럼 스컬리는 다저스 팬들 사이에서만 유명 인사가 아니다. LA 스포츠의 자랑이다(스컬리는 미식축구 중계도 한 적이 있다). 야구를 보지 않더라도 그의 목소리를 듣기 위해 다저스 경기를 시청하는 사람들도 있었다.

뉴욕 자이언츠의 팬

빈 스컬리는 1927년 뉴욕 브롱크스에서 태어났다. 양키스타디움과 그리 멀지 않은 곳에서 자랐는데, 스컬리가 응원한 팀은 양키스의 라이벌 뉴욕 자이언츠였다.

계기가 있었다. 스컬리는 여덟 살이 된 1936년에 월드시리즈 2차전을 관람했다. 양키스와 자이언츠의 대결이었다. 당시 양키스는 베이브 루스가 떠났지만, '신성' 조 디마지오가 등장해 루 게릭과 호흡을 맞추고 있었다. 양키스는 강력한 타선을 앞세워 경기 초반 일찌감치 승기를 가져왔다. 그런데 조 매카시 감독은 주전들을 교체하지 않았다. 양키스는 전의를 상실한 자이언츠를 상대로 18대 4 대승을 거뒀다.

이 경기를 본 스컬리는 양키스가 너무 가혹하다고 생각했다. 좌절한 자이언츠 선수들을 보면서 연민을 느꼈다. 스컬리는 자이언츠의 승리를 간절히 바랐지만, 결국 그해 월드시리즈 우승은 양키스가 차지했다(4승 2패). 참고로, 자이언츠는 이듬해 월드시리즈에서도 양키스를 만나 1승 4패로 무릎을 꿇었다.

스컬리는 틈만 나면 자이언츠의 홈구장 폴로그라운즈로 향했다.

야구의 설계자들

무료 티켓을 얻을 때도 있었고, 아르바이트를 해 티켓을 구매할 때도 있었다. 값비싼 좌석은 엄두도 내지 못했지만 야구를 볼 수 있다면 좌석은 어찌 되든 상관없었다.

스컬리는 자이언츠 선수 중 멜 오트를 좋아했다. 오트는 내셔널 리그를 대표하는 홈런 타자였다. 스컬리가 자이언츠 팬이 되기로 한 1936년에도 리그 홈런왕이었다. 대학 시절 야구를 했던 스컬리는 오트의 타격 폼을 따라 했다(오트처럼 스컬리도 좌타자였다). 방망이를 휘두르기 전 레그킥 동작을 취했지만 공을 제대로 맞히는 것조차 힘들었다.

포덤대 야구팀에서 외야수를 보던 그는 1947년 4월 13일 예일대와의 친선 경기에서 학교 대표로 출장했다. 타격을 연구하는 등 욕심을 냈지만 학구열이 높은 데 비해 성적은 저조했다. 이날 경기도 3타수 무안타로 침묵했다. 참고로, 스컬리처럼 3타수 무안타에 그친 상대편 1루수가 있었다. 미국 41대 대통령 조지 H. W. 부시였다.

스컬리는 야구에 소질이 없었다. 그러나 그에겐 청아한 목소리가 있었다. 뛰어난 발성과 정확한 발음, 화려한 말솜씨가 무기였다. 이에 친구들과 야구를 할 때면 혼자서 경기를 중계하곤 했다. 자신의 천직이 무엇인지 진작 알고 있었다.

스승 레드 바버

가야 할 길을 찾은 빈 스컬리는 1949년 워싱턴 디시에 있는 CBS 라디오 계열 방송사에서 인턴으로 근무했다. 맡은 일을 능수능란하게 처리했고, 급히 투입된 대학 미식축구 중계도 안정적으로 해냈다. 이 과정에서 스컬리를 눈여겨본 인물이 있었다. CBS 라디오 네

트워크의 스포츠국장과 다저스 중계를 겸임하고 있던 레드 바버Red Barber였다.

레드 바버는 당대 최고의 스포츠 캐스터였다. 브랜치 리키 단장이 브루클린 다저스의 중계를 위해 공들여 데려온 인물이었다. 바버는 프로 중의 프로였다. 중계에 앞서 준비를 철저히 했고, 경기를 보는 시선도 날카로웠다. 바버는 인턴으로 두각을 드러낸 스컬리를 불러 데리고 다녔다. 스컬리는 바버에게 캐스터가 갖춰야 할 덕목들을 배웠다.

한마디로 레드 바버는 스컬리의 스승이었다. 스컬리도 바버의 조언을 새겨들었다. 사실 바버는 대하기 힘든 사람이었다. 자신 못지않게 후배들을 평가하는 기준도 매우 높았다. 조금이라도 어긋난 행동을 보이면 심하게 몰아붙였다.

후배들은 레드 바버의 완벽주의 성향이 부담스러웠다. 스컬리도 처음에는 적응하기 쉽지 않았다. 그러나 뛰어난 캐스터가 되고 싶었던 스컬리는 바버가 내준 과제를 착실히 수행했다. 옆에서 따라 다니면서 필요한 점은 바로 기록해뒀다. 스컬리는 바버의 지시에 따라 일찍 구장에 나왔다. 감독 및 선수들과 최대한 많은 대화를 나누면서 정보를 얻어냈다. 바버도 스컬리의 성실함을 인정했다.

1950년 다저스 중계진에 변화가 일어났다. 중계진의 한 축을 맡고 있던 어니 하웰이 까다로운 레드 바버의 등쌀에서 벗어나고 싶어 했다. 훗날 명예의 전당에 오르는 하웰조차 바버를 견디기 힘들어한 것이다. 하웰이 자이언츠 중계진으로 이동하면서 그 공백을 스물세 살의 스컬리가 메웠다. 1950년 4월 19일 필라델피아전이 스컬리의 공식 데뷔전이었다.

레드 바버는 스컬리가 중계를 시작하자 더욱 엄격해졌다. 하루는 스컬리가 점심 때 기자들과 맥주를 마시는 모습을 보고 크게 꾸짖었다. 바버는 기자들 앞에서는 행동을 조심해야 한다고 주의를 줬다. 만약 중계 중에 실수라도 한다면 부메랑이 돼 돌아올 것이 뻔했다. 바버는 스컬리에게 눈뿐 아니라 귀도 열어둬야 한다고 말했다.

어니 하웰이 떠났지만 다저스 중계진은 굳건했다. 중저음 목소리로 사랑을 받은 코니 데스먼드Connie Desmond와 신예 스컬리가 독보적인 1선발 레드 바버의 양 날개가 되었다. 선배들의 든든한 지원을 받은 스컬리는 차곡차곡 경험을 쌓았다.

3인 체제가 무너진 것은 다저스와 양키스가 맞붙은 1953년 월드시리즈였다. 스폰서 측과 출연료를 두고 마찰을 빚은 레드 바버가 월드시리즈 중계를 포기했다. 그러면서 바버 대신 스컬리가 월드시리즈 중계를 맡게 됐다. 스컬리의 나이 스물여섯 살 때였다. 갑자기 중책을 짊어졌지만 스컬리는 차분히 자기 역할을 해냈다. 멜 앨런Mel Allen과 짝을 이뤄 성공적으로 월드시리즈 중계를 마쳤다.

1953년 월드시리즈가 끝나고 레드 바버는 양키스로 소속을 옮겼다. 방송 준비에 소홀하던 코니 데스먼드도 이내 입지가 흔들렸다 (데스먼드는 지독한 술고래였다). 다저스 중계진은 자연스럽게 세대교체가 이뤄졌다. 그 중심은 스컬리였다.

스타일, 표현력

위치는 달라졌지만 사람이 달라지지는 않았다. 빈 스컬리는 여전히 레드 바버에게 배운 점들을 실천했다(바버에게 주기적으로 자문을 구했다). 동시에 자신의 개성을 살리는 일도 잊지 않았다. 사람들은 친절하고 자상한 그의 중계를 선호했다.

스컬리는 야구에 대한 조예가 깊었다. 그러나 절대 교만하지 않았다. 감정을 지나치게 드러내지도 않았다. 경기 몰입에 방해되는 요소는 가급적 배제했다.

스컬리는 1955년 브루클린 다저스의 첫 월드시리즈 우승을 가장 감명 깊은 순간으로 꼽았다. 다저스는 1955년 이전에 5차례 월드시리즈를 모두 양키스에 패했는데, 마침내 양키스를 꺾고 창단 첫 우승 반지를 손에 넣었다. 7차전 우승이 확정된 순간 스컬리는 "신사 숙녀 여러분, 브루클린 다저스가 월드시리즈 챔피언이 되었습니다"라고 말했다. 그리고 한동안 아무 말을 하지 않았다. 더 길게 말을 이어가면 눈물이 날 것 같았다. 감정을 조절하는 건 그의 철칙이었다.

1958년 다저스는 브루클린 생활을 정리하고 서부 캘리포니아주로 넘어갔다. 스컬리도 동행했다. 야구팀이 생소했던 캘리포니아 주민들에게 그의 중계는 지침서였다. 스컬리는 이야기를 곁들여 야구가 얼마나 재미있는 스포츠인지 알려줬다. 구장을 찾은 관중들도 휴대용 라디오를 챙겨 왔다. 스포츠일러스트레이티드는 고속도로와 스모그처럼 스컬리도 LA의 일부가 되었다고 설명했다.

스컬리는 다저스 전담 캐스터였지만 경기를 편파적으로 중계하지는 않았다. 사실에 토대한 상황만 전달했다. 중립적 자세를 취하라는 레드 바버의 가르침이 있었다. 바버는 스컬리에게 "치어리딩을 하지 말고 리포팅을 해야 한다"고 강조했다. 스컬리는 한쪽으로 치우치지 않는 중계를 함으로써 더 많은 팬을 포용할 수 있었다.

새 보금자리를 찾은 다저스는 1959년, 1963년, 1965년 월드시리즈에서 우승해 팬들의 자부심을 키워줬다. 다저스가 강팀으로 발돋

2006년 5월 LA 다저스의 중계석에서 중계하는 빈 스컬리(가운데 부스).

사진 Dennis Ralutin

움하는 동안 스컬리도 더 유명해졌다. 다양한 종목을 섭렵한 스컬리는 골프와 테니스, 미식축구 중계까지 맡아 1년 내내 바쁜 날을 보냈다. 1982년에는 슈퍼볼을 중계하기도 했다. 한편 샌프란시스코 포티나이너스가 우승하고 쿼터백 조 몬태나Joe Montana가 MVP를 거머쥔 1982년 슈퍼볼은 희대의 명승부로 꼽힌다. 시청률도 49.1퍼센트를 찍어 역대 최고 기록을 세웠다.

스컬리는 만능이었다. 선수로 치면 파이브 툴 플레이어였다. 어떤 종목을 맡아도 어색하지 않았다. 물론 가장 빛을 발휘하는 종목은 야구였다. 스컬리는 야구를 말로 풀어내는 능력이 탁월했다. 언어의 연금술사였다.

그가 차별화를 둔 것은 표현력이었다. 기계적으로 같은 단어를 반복하지 않았다. 다른 단어로 다채로운 내용을 전하려고 노력했다. 대학에서 문학을 전공한 스컬리는 은유적 표현도 자주 사용했다. 트레버 호프먼의 체인지업에 대해 "비눗방울을 때리는 것 같다"고 했으며, 동점 상황을 가리킬 때는 "두 수사슴이 머리 뿔을 맞대고 대치 중이다"고 했다. 아무나 할 수 없는 기발한 멘트였다.

위트도 넘쳤다. 1루수가 다리를 찢는 학다리 수비를 펼치면 "가위를 벌린 것 같다"고 했다. 발이 빠른 모리 윌스가 달리면 "그가 뛰는 모든 길이 내리막길이다"고 했다. 재치 있는 입담에 듣는 입장에서는 지루할 틈이 없었다.

과거와 현재를 잇는 가교

빈 스컬리는 다저스의 역사였다. 첫 월드시리즈 우승을 비롯해 샌디 코팩스의 '황금의 5년', 모리 윌스의 104도루, 오렐 허샤이저의 59이닝 연속 무실점, 커크 깁슨의 1988년 월드시리즈 1차전 끝내기 홈런, 클레이튼 커쇼의 노히터 등 찬란한 순간에 자신의 목소리를 더했다. 또 돈 라슨의 월드시리즈 퍼펙트게임과 행크 애런의 메이저리그 최다 홈런, 1986년 어메이징 메츠의 우승 같은 메이저리그 명장면도 지켜봤다.

1982년 스컬리는 최고의 캐스터에게 주는 포드프릭상을 수상했다. 10년 뒤 1992년에는 전미 스포츠캐스터협회 명예의 전당에 헌액됐다. 각종 매체에서 역사상 최고의 캐스터로 그를 뽑았다. 그의 위대함은 스승 레드 바버도 넘어섰다.

스컬리는 모두의 존경을 받는 원로가 됐다. 그러나 처음 마이크를 잡은 그 시절을 기억했다. 항상 다른 사람을 배려하고 매번 겸손함을 유지했다. 실제로 평소 그를 동경한다고 밝힌 학생과 인터뷰를 가진 적이 있었다. 그런데 40분간 진행된 인터뷰가 녹음이 되지 않았다. 이 사정을 들은 스컬리는 당황하는 학생에게 "다시 하면 됩니다. 다시 합시다. 자, 나는 당신을 처음 보는 겁니다"라고 다독였다. 스컬리의 품격은 마이크를 잡지 않아도 느낄 수 있었다.

스컬리는 미국 대통령이 12번이나 바뀌는 동안 자리를 지켰다. 한 세대를 책임진 인물이었다. 하지만 그는 이러한 점을 과시하지 않았다. 과거와 현재를 잇는 가교 역할은 영광스러운 일이지만, 결국 그것이 야구라는 스포츠의 특성이며 자신은 그 일부라고 말했다. 스컬리가 자신을 낮출수록 사람들은 그를 우러러봤다.

2016년 10월 3일은 그의 마지막 중계였다. 다저스의 상대는 그의 첫사랑 자이언츠였다. 경기가 끝나자 스컬리는 담담히 작별을 고했다. 그리고 청춘을 다 바친 중계석을 떠났다. 그 감정은 한마디로 정의하기가 힘들었다.

스컬리의 노고가 있었기에 다저스의 경기는 더욱 풍요로웠다. 비록 더 이상 목소리는 들을 수 없지만 오랜 시간 그가 전한 따뜻한 온기는 아직도 다저스를 감싸고 있다.

조지 스타인브레너, 보스라 불린 사람

나는 지는 게 죽도록 싫다. _조지 스타인브레너

조지 스타인브레너 George Michael Steinbrenner III, 1930~2010
구단주
활동 기간 1973~2007(35시즌)

2010년 뉴욕 양키스 유니폼의 로고 위에는 'GMS'라는 글자가 새겨져 있었다. 그해 7월 13일 세상을 떠난 조지 스타인브레너의 이니셜이다. 양키스 선수들은 왼쪽 소매가 아니라 심장 위에 그의 이름을 올려놓았다. 그는 양키스라는 제국에 뜨거운 피를 쉼 없이 공급한 거대한 심장이었다.

1920년 양키스는 보스턴 레드삭스에서 베이브 루스를 데려왔다. 그리고 1964년까지 45년간, 아메리칸리그를 29번 제패하고 월드시리즈에서 20차례 우승했다. 양키스 없는 월드시리즈는 어색할 정도였다.

해가 지지 않을 것 같던 양키스에 위기가 찾아온 때는 1965년이

양키스 제국의 황제 조지 스타인브레너

다. 신인 드래프트가 처음 시행되면서, 무제한으로 공급되던 양키스의 유망주 파이프라인에 밸브가 채워졌다. 더 심각한 문제는 새로 바뀐 구단주가 CBS 방송국이라는 사실이었다. 이익을 추구하는 기업이 구단주가 됐을 경우 어떤 문제가 일어나는지를, CBS는 확실히 보여주었다.

1965년 CBS는 월드시리즈 패배의 책임을 물어 요기 베라 감독을 1년 만에 해임하고 우승 팀 세인트루이스에서 조니 킨 감독을 데려오는 해괴한 결정을 내렸다. 효과는 즉각 나타났다. 정반대 방향으로. 1966년 양키스는 40년 만에 5할 승률에 실패했고, 1967년에는 1912년 이후 54년 만에 처음으로 리그 꼴찌가 됐다.

이제 다저스와 자이언츠가 1958년 서부로 떠난 후 1962년에 창단한 메츠도 양키스를 위협했다. 뉴욕 메츠가 셰이스타디움을 개장한 1964년, 두 팀의 관중 수는 처음으로 역전됐다. 그리고 점점 벌어지기 시작했다. 메츠가 1969년 월드시리즈에서 극적인 우승을 차지하고 이듬해 메츠의 관중 수가 270만 명이었던 반면, 양키스는 그 절반에도 못 미치는 114만 명이었다. 1972년 양키스는 제2차 세계 대전 이후 처음으로 100만 관중 동원에 실패했다.

1965년부터 1972년까지 8년간 양키스는 한 번도 포스트시즌에 나가지 못한 것은 물론, 한 시즌도 우승 경쟁을 하지 못했다. CBS는 버티다 못해 양키스를 팔기로 했다. 양키스는 구원이 필요했다.

왜 승리해야 하는가

조지 스타인브레너는 1930년 7월 4일 독립기념일에 오하이오주 로키 리버에서 3남매 중 맏아들로 태어났다. 아버지 헨리 스타인브레너는 한때 유명한 허들 선수였으며, MIT를 졸업한 후 가업을 물려받아 클리블랜드 근교에서 선박 회사를 운영했다.

아버지는 대단히 엄격한 사람이었다. 국내 TV 다큐멘터리('SBS 스페셜')에도 소개됐을 만큼 밥상머리 교육을 철저히 시켰다. 스타인브레너는 꼬마 때부터 아버지가 주는 달걀을 팔았으며, 매일 장부 검사를 받았다. 아버지는 그를 사업가로 길렀다.

스타인브레너의 회고에 따르면, 아버지는 열 중 아홉을 잘하면 일단 칭찬을 해준 다음, 왜 나머지 하나를 잘하지 못했는지를 끝까지 알고 넘어가게 했다. 이러한 환경 속에서 그는 완벽주의자로 성장했다. 패배를 용납하지 않게 됐다.

오하이오주 출신인 아버지는 조 디마지오와 빌 디키를 좋아하는 양키스 팬이었다. 양키스가 클리블랜드 원정을 올 때면, 아버지는 어린 스타인브레너와 함께 관중석에 앉아 양키스에 대해 많은 이야기를 들려줬다. 아버지에게 양키스는 왜 승리해야 하는지를 설명하는 좋은 교보재였다.

군사학교를 졸업하고 대학에 진학한 스타인브레너는 1952년 대학을 졸업한 후 공군에 입대했다. 3년간 복무를 마치고는 오하이오주 콜럼버스의 한 고등학교에서 미식축구 코치 겸 농구 코치를 맡았다. 아버지를 따라 허들 선수로도 활약하던 그의 꿈은 최고의 미식축구 코치가 되는 것이었다. 스타인브레너는 노스웨스턴대와 퍼듀대 팀에서 보조코치로 일하며 꿈을 키워갔다.

그러던 중 1957년 아버지의 호출을 받았다. 그만하면 됐으니 돌아와 사업을 물려받으라는 얘기였다. 아버지의 뜻을 어길 수 없었던 스타인브레너는 꿈을 포기했다. 아버지 회사에서 그가 처음으로 맡은 업무는 배 안의 좁은 공간에서 하루 종일 리벳을 박는 일이었다. 스타인브레너는 밑바닥에서부터 시작해 사장이 됐다.

스타인브레너가 물려받은 회사의 사정은 그다지 좋지 않았다. 하지만 그는 정치가들과 인맥을 쌓는 등 놀라운 수완을 발휘했고, 1972년에는 연매출 100만 달러를 올리는 미국 유수의 선박 회사로 키웠다.

양키스 구단주

회사를 경영하게 된 후에도 스포츠에 대한 애정을 버리지 못한 조지 스타인브레너는 1960년 클리블랜드 파이퍼스라는 작은 농구 팀을 인수했다. 그리고 2만 5000달러를 투자해 미국농구리그(ABL) 우승 팀으로 만들었다. 파이퍼스는 NBA로부터도 리그 가입 승인을 받았다. 하지만 스타인브레너는 가입비를 마련하지 못했고, 결국 팀은 파산했다. 그는 돈을 더 모아야겠다고 생각했다.

1972년 마침내 때가 왔다. 고향 팀인 클리블랜드 인디언스가 매물로 나왔다. 스타인브레너는 훗날 양키스를 살 때보다 더 많은 900만 달러를 제시했지만 구단주가 되지 못했다. 클리블랜드의 운명이 바뀌는 순간이었다.

다시 CBS의 이야기로 돌아가보자. 양키스를 처분하기로 결심한 CBS 사장은 양키스의 회장인 E. 마이클 버크E. Michael Burke에게 구단을 팔기로 했다. 버크가 잡은 돈줄은 다름 아닌 스타인브레너였다.

1973년 스타인브레너는 투자자 그룹을 모아 뉴욕 양키스를 1000만 달러에 샀다. 하지만 이는 CBS가 체면을 지키기 위해 거짓 발표를 한 것으로, 훗날 스타인브레너의 매입 금액은 880만 달러임이 밝혀졌다. 그해 1월 4일 구단주에 취임한 스타인브레너는 자신은 회사를 운영하기에도 바쁘며, 구단 일은 E. 마이클 버크에게 전적으로 맡기겠다고 했다. 하지만 이는 새빨간 거짓말이었다.

그로부터 불과 4개월 만에 스타인브레너는 E. 마이클 버크를 구단 회장에서 해임했다. 그리고 다른 동업자들도 모두 손 털고 나가게 만들었다. 독재자의 위치에 오른 스타인브레너는 구단의 모든 일을 주무르기 시작했다.

1인 독재

조금의 흐트러짐도 용납하지 않은 아버지 밑에서 자랐으며 청소년기를 군사학교에서 보낸, 군인 출신의 조지 스타인브레너는 자신이 세운 엄격한 기준을 구단에 적용했다.

1973년 시즌 클리블랜드와의 홈 개막전. 국가가 울려 퍼지고 선수들이 모자를 벗자, 구단주석에서 이를 지켜보던 스타인브레너는 가만히 수첩을 꺼냈다. 그리고 등번호를 적어나갔다. 머리카락이 어깨에 닿는 '장발자' 명단이었다. 명단은 즉시 감독에게 전달됐고 곧바로 조치가 취해졌다. 훗날 돈 매팅리가 두발 자유화 투쟁에 나서기도 했지만, 돌아온 것은 '머리를 기르고 싶으면 팀을 나가라'는 답변이었다.

스타인브레너는 긴 머리는 물론 콧수염 이상의 수염도 금지했다. 선수뿐 아니라 구단에서 일하는 사람들 모두에게 해당됐다. "교도소도 이보다는 더 자유로울 것"이라고 푸념하는 선수도 있었다. 한편 스타인브레너는 대학 시절 아버지의 허락을 받아 콧수염을 기른 적이 있었다. '콧수염 외 수염 금지'는 지금도 양키스 선수들이 반드시 지켜야 하는 조항이다.

스타인브레너는 임무에 실패한 조직원을 가차 없이 제거하는 암흑가 보스와 같았다. 그는 1973년부터 1990년까지 첫 18년간 감독을 18차례 교체했는데, 누구도 풀타임 3년을 버티지 못했다. 단장도 마찬가지였다. 첫 26년간 13명 단장이 스타인브레너로부터 해고 통지서를 받았다. 양키스에서 11년간 3루수로 뛴 그레이그 네틀스Graig Nettles는 "매년 새 팀으로 트레이드되는 기분"이라고 했다.

'조직원 제거'의 결정판은 1985년이었다. 1984년 스타인브레너는 요기 베라를 감독에 임명했다. 베라로서는 1964년에 해임된 이후 20년 만에 복귀한 것이었다. 하지만 그해 양키스는 포스트시즌에 나가지 못했다.

1985년 시즌이 시작되기 전 스타인브레너는 이기든 지든 요기 베라가 끝까지 시즌을 맡을 것이라고 발표했다. 하지만 베라는 시즌이 시작되고 얼마 되지 않아 해임됐다. 그것도 단 16경기 만에(6승

10패). 명예와 자존심이 짓밟혔다고 생각한 베라는 14년이 지나고 나서야 스타인브레너의 사과를 받아들였다.

단장이나 감독 입장에서 더 억울한 것은 스타인브레너가 자기 마음대로 해놓고는 그 책임을 자신들에게 묻는 것이었다. 밥 왓슨Bob Watson은 단장에서 물러나면서 "잘되면 모든 게 자기 덕, 안 되면 모든 게 남의 탓"이라고 일갈했다. 댈러스 그린 감독도 "양키스의 감독은 전에도 조지였고 앞으로도 조지일 것"이라며 "조지 감독님, 잘 해보슈"라는 말을 남기고 떠났다.

스타인브레너에게 5차례 기용되고 5차례 해임된 빌리 마틴 감독은 처음 해임될 때 분을 삭이지 못하고 "이 거지 같은 팀에는 타고난 거짓말쟁이 한 명과 범죄자 한 명이 있다"고 했다. 전자는 경기 도중 자신과 멱살잡이를 한 레지 잭슨, 후자는 말할 것도 없이 스타인브레너였다.

깊은 수렁 속으로

공화당의 거물급 지지자이기도 했던 조지 스타인브레너는 1974년 리처드 닉슨 대통령의 재선 때 불법 모금 운동을 한 혐의가 밝혀져 유죄 판결을 받았다. 이에 보위 쿤 커미셔너로부터 직무정지 2년을 받았다.

스타인브레너가 없는 동안 게이브 폴Gabe Paul 단장은 클리블랜드에서 크리스 챔블리스와 그레이그 네틀스를 데려오고 론 기드리를 지키는 등 팀의 기틀을 다졌다. 스타인브레너가 돌아왔을 때 양키스는 몰라보게 달라져 있었다. 스타인브레너는 두 개의 선물 보따리를 풀었다. 사이영상 투수 캣피시 헌터(1975년 영입)와 홈런왕 레지 잭슨(1977년 영입)이었다.

1976년 뉴욕 양키스는 1964년 이후 처음으로 월드시리즈 진출에 성공했다. 그리고 1977년과 1978년에는 월드시리즈 2연패에 성공했다. 하지만 스타인브레너는 왜 자신의 팀이 매년 우승하지 못하는지를 의아해했다. 1980년 양키스는 1963년 이후 가장 많은 103승을 올렸다. 하지만 딕 하우저 감독은 챔피언십시리즈에서 패했다는 이유로 해임됐다. 완벽주의가 도지기 시작한 것이다.

1981년 월드시리즈에서 1977년과 1978년에 이어 LA 다저스와 다시 맞붙었다. 양키스가 5차전 패배로 2연승 후 3연패를 당해 탈락할 위기에 몰린 날, 스타인브레너는 손에 붕대를 감고 나와 밤에 긴급 기자회견을 열었다. 엘리베이터에서 만난 다저스 팬 두 명에게 폭행을 당했다는 주장이었다. 하지만 스타인브레너의 희생(?)에도 양키스는 6차전에서 패했다. 경찰은 스타인브레너를 폭행한 다저스 팬 둘을 끝내 찾아내지 못했다.

1981년을 마지막으로 양키스는 다시 암흑기가 시작됐다. 스타인브레너는 계속 감독을 교체하고 선수를 닥치는 대로 영입했다. 하지만 그가 몸부림을 치면 칠수록 팀은 더 깊은 수렁으로 빠져들었다.

완벽주의와 변화

1990년 뉴욕 양키스의 숨통을 틔워주는 일이 일어났다. 조지 스타인브레너가 두 번째 직무정지를 당한 것이다. 스타인브레너는 실망이 극에 달했던 데이브 윈필드에게 약속한 돈을 주지 않기 위해 뒷조사를 시켰다가 적발되면서 다시 추방 명령을 받았다. 양키스는 스타인브레너가 없는 동안 유망주 키우기에 전념했다. 1995년 세대

교체에 성공한 양키스는 1981년 이후 처음으로 포스트시즌에 진출했다.

1995년 양키스의 감독은 스타인브레너가 없는 동안 임명된 벅 쇼월터였다. 부임한 첫날 미팅에서 선수들에게 400페이지가 넘는 규정집을 나눠줄 정도로, 쇼월터의 완고함은 스타인브레너 못지않았다.

스타인브레너는 자신에게 당당히 맞서는 벅 쇼월터와 대립하면서도 그를 좋아했다. 하지만 디비전시리즈에서 탈락하자 곧바로 해임했다. 겉으로는 포스트시즌 실패의 책임을 물었다지만, 실제로는 스타인브레너에게 질린 쇼월터가 스스로 관둔 것이었다.

벅 쇼월터의 반란은 스타인브레너에게 큰 충격을 줬다. 1996년 스타인브레너는 앞선 15년의 감독 생활 동안 이렇다 할 성적을 내지 못한 조 토레를 감독으로 임명했다. 그리고 스타인브레너의 '감독 자르기'는 마침내 멈췄다.

조 토레가 스타인브레너 밑에서 12년간 버틸 수 있었던 것은 물론 비위를 완벽히 맞췄기 때문이지만, 스타인브레너가 달라진 덕분이기도 했다. 1998년 스타인브레너는 매표소 인턴부터 시작한 '친구 아들' 브라이언 캐시먼을 새 단장에 임명했다. 캐시먼과 토레는 스타인브레너를 어떻게 다뤄야 하는지를 알고 있는 사람들이었다.

양키스가 2000년 이후 다시 월드시리즈 우승을 차지하지 못하자, 스타인브레너의 조급증이 또 발동했다. 케빈 브라운, 랜디 존슨, 2007년의 로저 클레먼스는 스타인브레너의 전화 지시로 영입된 선수들이다.

하지만 시간이 지나면서 그의 탬파 사무실에서 걸려 오는 전화는 차츰 줄었고, 마침내 브라이언 캐시먼은 자신의 계획을 갖고 팀을 운영할 수 있게 됐다. 스타인브레너가 퇴진하고 두 번째 시즌인 2009년, 양키스는 2000년 이후 첫 우승을 차지했다.

'악의 제국'

스스로도 인정한 것처럼 조지 스타인브레너는 흠결 없는 리더가 아니었다. 성격이 너무 괴팍하고 참을성도 없었다. 모든 일을 자신의 뜻대로 해야 직성이 풀렸다. 그래도 그런 스타인브레너에게도 타의 추종을 불허하는 장점이 있었으니, 승리를 향한 엄청난 열망이었다.

그는 승리야말로 프로스포츠 구단이 팬에게 줄 수 있는 최고의 기쁨이라고 생각했다. 그에게 '승리보다 값진 패배'나 '아름다운 패배'는 있을 수 없었다. 팬도 팬이지만 당장 본인이 참지 못했다.

스타인브레너는 1998년 뉴욕타임스에 다음과 같은 말을 남겼다. "나는 지는 게 죽도록 싫다. 정말 싫다." 또 "내게 승리는 숨 쉬는 것 다음으로 중요하다" 같은 말도 남겼다.

그가 타인에게 엄격하고 가혹했던 것 역시 바로 승리 때문이었다. 승리와 관련되지 않은 사람에게는 누구보다도 따뜻했다. "조지는 정말로 좋은 친구다. 단 일만 같이하지 않는다면." 스타인브레너 밑에서 선수로 뛰고 또 감독을 지낸 루 피넬라의 말이다.

스타인브레너를 높이 평가할 수밖에 없는 부분은 매 순간 팀에 승리에 대한 열망을 불어넣은 것은 물론, 승리할 환경을 만들었다는 것이다. 돈보다 승리가 목표였던 그는 이윤을 따지지 않고 투자했다. 이는 양키스의 가치가 엄청나게 높아지는 결과로 이어졌다.

1973년 스타인브레너가 880만 달러에 매입한 뉴욕 양키스는 2021년 포브스의 발표에서 52억 5000만 달러의 가치를 가진 것으로 평가됐다. 이는 2위 LA 다저스(35억 7000만 달러)와 3위 보스턴 레드삭스(34억 6500만 달러)보다 15억 달러 이상 높은 액수다. 축구를 포함해 전 세계 프로스포츠 팀 중에서 양키스보다 가치가 더 높은 팀은 NFL의 댈러스 카우보이스(57억 달러)가 유일하다(축구 1위 FC바르셀로나 47억 6000만 달러, 2위 레알 마드리드 47억 5000만 달러).

메이저리그는 라디오 중계와 TV 중계를 통해 새로운 수익을 창출해냈다. 하지만 스타인브레너는 한 발 더 나아가 전용 방송국을 만들었다. 뉴욕타임스가 조지 스타인브레너를 '현대 스포츠 오너십의 개척자'로 칭한 것은 과언이 아니었다. 양키스가 더 유리한 조건을 갖고 시작한 것은 사실이다. 하지만 저절로 이루어진 것은 결코 아니었다.

양키스를 '악의 제국'이라 비난하지만(이는 양키스의 '소비를 통한 확장'을 롤 모델로 삼았던 전 보스턴 레드삭스 회장 래리 루치노Larry Lucchino에게서 나온 말이다), 이제 메이저리그와 다른 메이저리그 팀들은 양키스가 내는 사치세와 양키스가 몰고 다니는 원정 관중, 양키스의 흥행력에 철저히 의존하게 됐다. 역사상 메이저리그에서 양키스의 영향력이 이렇게까지 큰 적은 없었다.

한편 스타인브레너의 선박 회사는 1993년에 파산했다. 그럼에도 포브스가 평가한 스타인브레너의 2009년 개인 자산은 11억 5000만 달러로, 미국 400대 부호 중 341위였다. 그렇게 그는 곧 사라질 선박 회사의 사장에서 양키스라는 제국의 황제로 완벽한 변신을 이뤘다.

퇴장

2007년 후 조지 스타인브레너는 은퇴를 선언했다. 그리고 놀랍게도 맏아들 행크가 아니라 둘째아들 할Hal Steinbrenner에게 구단을 물려줬다(명목상으론 둘이 공동 구단주다). 행크는 아버지가 은퇴하기 전부터 아버지와 똑같은 행동을 하고 다녔는데 이것이 눈 밖에 났다. 스타인브레너는 자신과 판박이인 행크 대신 침착한 할을 선택했다. 이는 제국의 확장을 위해 전력을 다했던 카이사르가 후계자로는 '관리형'의 아우구스투스를 택한 것과 같은 이치가 아니었을까.

2009년 스타인브레너는 뉴욕 양키스 구단주가 된 순간부터 꾸었던 꿈을 36년 만에 이뤘다. 새 구장을 지은 것이다. 양키스는 스타인브레너가 구단주가 된 이듬해 신축이나 다를 바 없는 대대적인 보수 공사를 한 적이 있다. 이때 1974년과 1975년 2년간 메츠의 셰이스 타디움에서 셋방살이를 했다.

새 양키스타디움을 개장하고 열린 경기에서 관중들은 "조지, 조지"를 연호했다. 2004년 알렉스 로드리게스가 처음으로 양키스 유니폼을 입고 양키스타디움에 등장했던 그 순간처럼. 그때와 마찬가지로 스타인브레너는 눈물을 흘렸다.

우승 반지 수여식이 있던 2010년 4월 14일, 조 지라디Joe Girardi 감독과 데릭 지터는 반지를 갖고 스타인브레너 방의 문을 두드렸다. 지라디에 따르면 스타인브레너는 그렁그렁한 눈으로 한참 동안 말 없이 반지만 쳐다봤다고 한다.

2008년 양키스타디움에서 열린 올스타전에서 아들들의 부축을 받고 나온 스타인브레너는 말했다. 양키스는 양키스를 사랑하는 모든 이들의 것이라고. 그로부터 2년 후 열린 제81회 올스타전 당일 아침, 양키 제국의 황제는 여든을 일기로 생에서 퇴장했다.

메이저리그 전설들 2
마구를 던진 투수들

2024년 2월 13일 1판 2쇄 발행
2021년 11월 15일 1판 1쇄 발행

지은이 김형준, 이창섭
펴낸이 임후성　펴낸곳 북콤마
디자인 sangsoo　편집 김삼수

등록 제406-2012-000090호
주소 (413-756) 경기도 파주시 문발동 파주출판단지 534-2 201호
전화 031-955-1650　팩스 0505-300-2750
이메일 bookcomma@naver.com
블로그 bookcomma.tistory.com

ISBN 979-11-87572-34-3　04690
　　　979-11-87572-32-9　(세트)

ꞌ BOOKcomma